U0873611

元阅读理论与实践

主　编　张学忠

副主编　程红辉　刘红枚

安　磊　肖　睿

西南交通大学出版社

·成　都·

图书在版编目（CIP）数据

元阅读理论与实践 / 张学忠主编. —成都：西南交通大学出版社，2021.1
ISBN 978-7-5643-7712-0

Ⅰ. ①元… Ⅱ. ①张… Ⅲ. ①中学语文课 – 教学法 – 文集 Ⅳ. ①G633.302-53

中国版本图书馆 CIP 数据核字（2020）第 188427 号

Yuanyuedu Lilun yu Shijian
元阅读理论与实践

主编　张学忠

责任编辑　居碧娟
助理编辑　何宝华
封面设计　原创动力

出版发行　西南交通大学出版社
（四川省成都市二环路北一段 111 号
西南交通大学创新大厦 21 楼）
发行部电话　028-87600564　028-87600533
邮政编码　610031
网　　址　http://www.xnjdcbs.com
印　　刷　成都中永印务有限责任公司
成品尺寸　170 mm × 230 mm
印　　张　21.25
字　　数　323 千
版　　次　2021 年 1 月第 1 版
印　　次　2021 年 1 月第 1 次
书　　号　ISBN 978-7-5643-7712-0
定　　价　88.00 元

代　序

巴蜀语味

巴蜀菜系，地球人不论喜欢与不喜欢，食之均会久久难忘，因其极具特点的麻、辣、色、香，再配以“小酒”，不仅让许多大菜顿显乏味，而且令人津津乐道、回味无穷。

巴蜀语文人著文立说的“语文味”如何呢？

在“新冠肺炎”疫情肆虐全球之际，我受重庆市巴蜀中学校本家张学忠先生之重托，邀我给重庆市教委、渝中区教委两级“张学忠语文名师工作室”的 14 位学员、一百多篇教育教学研究论文成果写“序言”，我深感惶恐，原因是：不熟悉。

初识张学忠先生是在 2019 年 12 月，我们《中学语文教学参考》与百年名校巴蜀中学校合办的“第四届全国‘高精准’高考研讨会”上，由他主持的全国语文高考专家的“学术对话”给我留下了深刻印象：观点犀利，点评“精准”，还不乏幽默。

会后，他还听了我与无锡市参会老师的小型学术讲座“教学论文的出彩与添彩”。因此，我们有愉快的语文专业思想交流。他给我的感觉是：重庆山城，藏龙卧虎。

其实，人际交往不必认识或不认识，人与人的最大区别是思想，关键是情义。了解巴蜀语文人我想也不难——因为语文论文本会说话，也会闪光。因此，我利用周末休息时间，拜读了张先生发给我的 14 位学员写就的 106 篇教育教学研究论文。我不看不知道，一看吓一跳——这顿饕餮盛宴很有韵味，他们在“通往语文研究的途中”、在语文专业研究领域涉猎广泛，可圈可点可看之处多多，读之令人耳目一新，多处观点令人拍案叫绝。对此，必须“点赞”、必须推荐，值得分享！

第一道大菜："群文阅读"即"整本书阅读"。"整本书阅读"是课程标准提出的新理念，自然是团队研究的重点和热点。例如：重庆市梁平红旗中学校程红辉的《核心素养下的整本书阅读对写作的作用》《体悟式语文教学新价值》；重庆市第四十二中学校刘彦的《点燃一盏心灯——整本书阅读策略之导读手册编写》；重庆市渝中区渝中职业教育中心罗佳的《培养学生读和说的能力》；重庆求精中学牛联欢《语感培养现状调查报告》等诸篇论文均有解读新意和课堂参考价值。

第二道大菜："元阅读"。这不是新理念，但团队把"元阅读"做成了"招牌菜"，并引向课堂、贯穿教学、落实到位、搞出成果，却难能可贵。重庆市大足城南中学校李联川的《五步走进"元阅读"》《整本书阅读的高级形态：元阅读》，重庆市第二十九中学校李庆华的《同类比较：元阅读的基本方法》，重庆市巴蜀中学校刘红枚的"阅读思维、阅读理念、阅读审美"等诸篇论文如同套餐，理论联系教学，又能指导课堂实践。

第三道大菜：分级阅读、师生共读，风味独特。重庆市巴蜀中学校周斌的《任务驱动视野下的问题引领与思维对话》，重庆市万盛经开区教师进修学校石莉的《师生同考："跪射俑"材料作文》，重庆市第六十六中学校何燕的《〈天龙八部〉阅读指导案例与评析》《基于未来的语文学习》等诸论作高瞻远瞩，教学目中有人，比较接地气。

第四道大菜：多课型的课堂教学实践研究。重庆市第四十二中学校刘彦的"课文中那些未曾经意的物象""指导学生小说类整本书阅读策略初探——以编写《〈三国演义〉任务书》为例"，重庆市渝中区渝中职业教育中心罗佳的《数字化的班会课》《工具性的中职语文人文性教学》等诸家如八仙过海，各显神通。

第五道大菜：对高考的针对性研究。例如：石莉的《抓好课内外——2018 年高考全国卷语言文字运用题探讨》，刘彦的《新高考背景下高中生汉语语感能力培养》《新高考背景下高中语文教师专业发展的思考》，周斌的《论限定语境下高考作文写作内容的有效性》，重庆市第六十六中学何燕的《关注时事，接续作文的"源头活水"》等。其中，重庆一中安磊老师的 15 篇文章，全部定位高考，对高考的阅读、作文等重大专题进行了系统的分析。《解读 2017 年高考全国新课标卷文学类文本阅读》《高考阅读主观题的试题特征和作答原则》《论述类文本阅读的重难点》等文章对高考的重点专题做了深入而精准的分析，《经典一题·文化自信》《经典一题：理性思考与群氓心态》等系列文章则采取实际操作的形式，从理论到实操，进行了完整的示范，选题既符合新课标精神，也符合高考的最新价值导向，实现了对学生能力和价值观的双重培养。这些文章篇篇"对症下药"，相信会"药到病除"。

第六道大菜：创新写作、微写作。牛联欢的《杏坛春雨桃李芳，木铎声声育栋梁——疫情时期的高中语文教学》，刘彦的《立象尽意 文美意丰——如何让表达更有文采》，周斌的《整本书阅读视野下的读写结合新尝试》，石莉的《任务驱动型作文"面对面和键对键"写作导练》等体现出诸位老师捕捉生活信息敏感，高屋建瓴。

第七道大菜：文言文教学。文言文教学的重难点很多，需要凭绝技才能拿下。重庆市南开中学校龚春华独辟蹊径，成果丰硕，几乎独占鳌头：《朗读与节奏》《双音节词中的文言现象》《文言文的词义推断》《文言文翻译训练及应对策》《文言文理解性选择题策略》《不可忽略的文言虚词》等诸文让人们看到，巴蜀老师高人多，令人拍案还叫绝。

第八道大菜：巴蜀多民歌，诗歌自豪放。主研诗词教学的老友李联川的《利用完整的诗歌教学培养核心素养》《以诗养正》，牛联欢的《诗词时代风格的趋同性原因探析及其在教学的作用》，重庆市鲁能巴蜀中学严吉林的《高中现代诗歌综合性学习课程中的语言建构与运用》《从让墙"说话"到与墙"对话"》，诸篇宏文真正是"诗言志、歌永言"，洒脱不羁，奇崛耐品。

第九道大菜：加强传统文化教育。加强传统文化教育是国家战略，对此诸位老师各有高见：牛联欢的《儒道之于我的人生从容》《经典阅读对健全学生人格的作用》《君子人格的涵育》，李庆华《浮世春宵短，涵泳兴味长——慢读〈中国哲学简史〉》《走出成见看新诗——了解诗史方可言诗》，刘红枚的《多智而近妖——论〈三国演义〉中诸葛亮形象的神仙化》等诸篇中，我们能看到中华文化的博大精深及各位老师对其深入浅出的解读，也能感觉到作者深厚的学养。

第十道大菜：立德树人教育、人文精神关怀研究。例如重庆市第二十九中学肖睿的《立德树人背景下高中班主任管理工作的创新形式》

《用理性的灯照亮思维的前路》；程红辉的《高中语文教学中人文精神渗透》《构建新课标下的体悟式语文教学新价值》等文。透过这些文字，可鉴园丁之苦、慈母之心。

第十一道大菜：国际视野教育。巴蜀自古就有多元文化交融之传统，老师们自有国际视野。李联川的《开展多元文化教育，培养国际理解素养》《〈罗密欧与朱丽叶〉究竟是什么戏剧类型》《助力教师素养现代化》《推进基础教育国际化》等文让我深深感到山城丘壑，深不可测。

第十二道大菜：教师专业发展的“私房菜”研究。例如周斌的《核心素养下语文教师专业化发展的角色嬗变》《整本书阅读视野下的学术著作阅读范式实践》；石莉的《新课标下的小专题学习实践》《利用新技术优化区教研》《万盛经开区推进区域课改四“动”“力”》，程红辉的《重视教师的行为艺术》。这套“私房菜”够丰盛，有营养。

我当编辑近三十年，常年与全国各种语文老师交往，知道写一篇好论文不容易，组织、写好上百篇论文更难，虽未能亲身体会“一匹马拉两挂车”的感觉，但我亦明白，一定耗费研究者不少精力。

拜读张学忠先生 14 位高足的 106 篇教育教学论文，品巴蜀语文人著文立说的“语文味”，我感觉可以一叶知秋、窥斑见豹——虽有些文笔稍显稚嫩，或有些内容是老生常谈，但瑕不掩瑜。这顿饕餮盛宴不仅形质兼美，新颖精致，传承守正，而且火热实用！

《中学语文教学参考》编委会主任　张　矛

2020 年 4 月 13 日

*****此文本为张矛先生为张学忠市/区级名师工作室学员论文集《巴蜀语味》倾情而作的序。《巴蜀语味》的部分论文也被选录于此书，而此序更点出了巴蜀人语文探索的精神，故刊于此，代为《元阅读理论与实践》书序。谨以此表达对张矛先生的敬意！**

目录 CONTESTS

元阅读理论探索

元阅读教学实践

整本书阅读指导

元阅读课题探究

PART ONE

元阅读理论探索

“元阅读”是一个全新的概念。“元”者，始也，整也，原创也。

从此角度出发，研究者们对阅读书目的选取、阅读方法的建议、阅读过程的检查、阅读成果的呈现、阅读活动的开展等策略、方法，做了多方面的理论探索，择其优秀者录于此。

元阅读：新课标背景下高中整本书阅读策略新探

◎张学忠　重庆市巴蜀中学校
◎李庆华　重庆市第二十九中学校

【摘　要】　元阅读理念是基于整本书阅读的一种阅读策略，倡导尊重学生已有的阅读经验，注重学生对文本的个体认知，关注学生对文本阅读过程的反思，引导生成真实的阅读问题。同时，按照新课改与新高考要求，针对高中生心理特点，提供针对具体文本的具体阅读策略，引导学生通过元阅读策略，自主发现并解决阅读问题。本文尝试从理念到实践，概述近段时间元阅读研究的阶段成果。
【关键词】　高中语文　元阅读理念　阅读策略　同类比较

2014 年教育部研制印发《关于全面深化课程改革落实立德树人根本任务的意见》，首次提出“核心素养”概念。2016 年 9 月，中国学生发展核心素养研究成果发布，更加明确了“核心素养”内涵。时至今日，围绕“核心素养”教学已成为当今教育的新常态。其中，对文化基础、自主发展、社会参与等三方面的要求，让语文课堂，尤其是整本书阅读，有了全新的历史高度。从整本书阅读诉求出发，我们提出“元阅读”理念，并推进“元阅读”策略实践。这正是聚焦“核心素养”，参与语文新课改的有益尝试。2017 年，重庆张学忠名师工作室成功申报 2017 年度重庆市教育科学“十三五”规划重点课题“高中语文元阅读教学研究”。经过两年探索，“元阅读”理念已经逐步走进课堂，教师们结合假期阅读与课堂教学，全面开展元阅读教学策略实践，并取得了一系列成果。本文即从时间线出发简述元阅读从理念到实践的探索过程。

一、“元阅读”理念溯源

雷斯尼克对阅读有一个经典定义：“阅读是一种构造的过程，在这个过程中，读者的推断能力与原来的知识起到关键的作用。”20世纪初，西方学者就意识到阅读过程至少应包含着阅读积淀、计划、检查和评价等活动。桑代克则指出：“理解一段文章就如同解一道数学题。它由一系列的活动构成……大脑在接受文章信息时，都要在恰当的程序、意图和要求下进行选择、抑制、削弱、结合、组织等活动。”而古德曼认为，阅读过程不仅是一个选择的过程，还是一个暂时决定和预期的过程，这个过程包括元认知知识、元认知体验和元认知监控。基于以上理论，阅读应尤其重视阅读的过程及体验和阅读过程中出现的问题，并基于这些问题，提出相应的阅读策略。

20世纪60年代初，布鲁纳的发现学习理论强调学生自己去发现和创造，要求学生利用课本提供的材料与教师提供的信息，通过自己独立思考，找出解决问题的方式和方法。他提出了阅读的七个维度：第一，明确阅读目的；第二，了解阅读任务；第三，提炼课文中的重要信息；第四，监控阅读理解水平；第五，检测阅读目标；第六，评价阅读活动；第七，补救错误阅读行为。这些为元阅读理念提供了较为明确的参考。

在国内，元阅读理念早有萌芽。孔子“学而不思则罔，思而不学则殆”的反思学习即强调阅读过程；“博学之，审问之，慎思之，明辨之，笃行之”实则已涉及读思监控与筛选评判等问题，强调阅读思维品质。其后，朱熹有“虚心涵泳，切己省察”“需退一步思量……方可得古人意”等论述。这类反省阅读已经具备元阅读理念雏形。甚至王阳明心学中的正心诚意致良知，知行合一事上练等内涵，也不失为元阅读的一种遥远呼应。阅读是终生的阅读，思考是直达内心的基本方式。大道至简，元阅读本就推崇自我生命体验式的阅读方式。

20世纪90年代，董奇教授做了著名的“有关儿童阅读中元认知的培养实验”，这是国内较早进行阅读元认知的研究。沈韬在《元阅读：当代阅读理论的新进展》中提出“元阅读是当代学习策略的重要发展部分”的论断，首次提出元阅读这一概念。程素萍、王聪仙《阅读策略和元阅读策略在高中语文教学中的训练》一文介绍的“元阅读训练流程图”，也是一次有益探索。

但目前，学界对于元阅读理论的建构较为粗略，如梅桃认为“对自身阅读过程的认知即元阅读”，将元阅读等同于心理学中的认知过程，离语文本味越发疏远；郝美霞认为“对阅读的开始、过程和本质的研究，即元阅读”，这一理念过于笼统，语焉不详；程素萍、王聪仙等则索性将“阅读策略和元阅读策略”并列，指出“当代阅读理论认为：阅读活动不仅包括对阅读对象的认知，也包括对自身阅读过程的认知（即元阅读）”，更是简单粗暴。阅读策略针对文本而言，元阅读则是对自身阅读过程的认知。事实上，真实阅读的过程中，读者在学术水平、人文素养、知识结构、人生经验等方面千差万别，也会出现不同阅读层面。所以，我们有必要将研究定位在“高中语文元阅读策略”。

二、高中语文“元阅读”理念内涵

元阅读理念探索肇始于 9 年前。彼时巴蜀中学已在“雅道语文”领域摸索良久，成立课程研究中心，追求整本书阅读的指导策略和具体实施方式。正是基于这一需要我们提出“高中语文元阅读”策略，并将其作为新成立的市级名师工作室的中心工作。张学忠带领学员围绕“元阅读”理念进行细致的教研工作，大家逐步达成一致认识，探索出几种清晰的阅读策略。尊重学生已有的阅读经验，尊重学生对文本的个体认知，注重学生对文本阅读过程的反思，引导生成真实的阅读问题，按照新课改与高考要求，提供针对具体文本的具体阅读策略，引导学生通过具体阅读策略自主探究解决阅读问题。

《语文课程标准》（2011 版）指出：“语文教学应该立足于促进全体学生的发展，为他们的终身学习、生活和发展奠定坚实的基础……要多读书，好读书，读好书，读整本的书。”有效推进整本书阅读，要针对不同年龄阶段思维发展水平及心理特点。元阅读重视学生心理认知特点、教学真实困境及阅读实效，力求扎扎实实地推进阅读教学重视过程，走向实效。

第一，从思维角度看，高中生心理发展具有以下几个典型特质：不平衡性，即心理发展相对落后于生理发展；前瞻性，即作为过渡阶段，面对未来的前瞻性使得高中生富于理想，迫切追求自我实现等，少有心思来关注自己的内心世界，对自己的心灵空间及心绪变化茫然无知，一方面相对缺乏对灵魂世界的审视与拷问，缺少对内隐心理的关注，另一方面也缺乏自我阅读意识，缺少应有的自我反思、监控、调整能力。所以，当下高中生所缺少的不是阅读激情，而是阅读策略；缺乏的不是阅读选择，而是阅读方法。

第二，从阅读方法上看，元阅读的认知基点是元认知策略，而运用元认知策略其实早已成为高中语文教学的常态。比如，综合运用多种阅读方法，有选择地精读、品味语言；遇到阅读障碍或注意力不集中时，想办法解决阅读中遇到的问题和分析情绪动机使自己静下心来阅读；根据元阅读策略，读后检查自己做笔记、摘抄和标记的情况，记录自己的阅读心得。高中生利用元认知策略分析影响阅读活动的智力、非智力因素，调节阅读心态和策略，排除情绪上的干扰，增强阅读定力，使自己始终处于较长时间的持续阅读。

第三，元阅读理念具有生长性，倡导广泛阅读和终生阅读。恰如叶圣陶先生所言，使学生“自能读书”，即“教是为了不教”，所有一切“教”的活动都围绕学生的“学”而展开。元阅读理念建构基于元认知策略，如制定阅读计划、阅读监控、适时评价、注重阅读体验。只有快捷、高效的阅读策略，才能让高中生用相对少的时间阅读，集中获取相关知识内容，积累阅读经验，形成阅读能力。“元阅读”关注阅读过程与方法，要求学生进行整本书阅读时有清晰的阅读目标；遇到阅读障碍时学会调整积极健康的阅读心态，根据具体情况采取相应的补救措施；针对不同的阅读环境和阅读材料，能够在时间有限的情况下综合采用多种阅读策略选择。

“元”字从词源看，有“头、首、始、大”“ 基本”“ 未知数”等语义，因此，元阅读也相应有三重意味：第一是广泛阅读，语文阅读不局限于文学作品，可延伸到哲学、历史、地理、政治、文化甚至科普等领域，最大限度扩大学生知识面，元阅读有非功利性倾向；第二是基础阅读，元阅读的根本目的是夯实学生语文基础，提高语文核心素养，不应选择过于艰深、超越学生认知水平的文本及理论作品，要回归常识，注重阅读与思考的整体性、连续性；第三，探索阅读，推荐书目应有前瞻性、学术性，也鼓励师生相互推荐，平等对话，鼓励探索未知阅读领域，或探索作者意图、或追寻时代意味。简言之，元阅读追求的是整本书阅读、悦读与跃读。

三、高中语文“元阅读”策略举隅

综上，元阅读理念不是对元认知的横向移植，而是根据具体文本提出具体的阅读策略指导，是针对高中整本书阅读的有益尝试。不同文本有不同的元阅读策略，甚至不同文本也应有不同的阅读方式。鉴于高中教学对于古文、小说两种文本形式的重视，我们举古文文本的阅读策略进行说明。

古文阅读时可尝试采用同类比较法。以阅读整本《论语》为例。我们选取选修课文《子路曾皙冉有公西华侍坐》(以下简称《侍坐》)，用元阅读策略来切入此单篇课文，深入探究《侍坐》的文本内涵。即先从《论语》整本书看《侍坐》的独特性，再从相似篇章比较看《侍坐》的文本魅力，最后从文本发生学角度，让文本回到历史现场来发现意蕴。在《侍坐》中进进出出几个来回，凸显文本特点，在比较里出现意蕴。

首先，从“面”看“点”识全局：放在《论语》全书中看《侍坐》。与其他篇章比较，《侍坐》有三点较为突出：一是有较为丰富的动作描写，让人物形象更加鲜明；二是篇幅较长，有了情节的波澜起伏与人物心理状态的一波三折；第三点，也是最为紧要的一点是，与之前的“言志”或谈理想相比，《侍坐》更具文学审美意味与感染力。

其次，由“点”到“点”寻关键：与同类文章（如《颜渊季路侍》，以下简称《侍》）比较。《论语》中记录孔子与学生言行甚至举止的文段很多，但记录“侍”与“侍坐”的只有两篇，恰好又是早期与晚期。

两文都是孔子提出问题，问题相似，都是言志，但提问的方式有很大不同，《侍》是简单对话直线叙事，缺乏变化，《侍坐》中虚词的使用让孔子的形象显得更加亲切温和，有了一种散漫随意的语言效果。再则，两文都是子问生答，回答都是言志，言志的境界却高下立判，孔子的态度更是大相径庭。《侍》中孔子真诚地说出自己的志向，而且孔子也曾说过“当仁，不让于师”，但在《侍坐》中，他却对直率勇敢的子路“哂”之。孔子的“哂”可能与评价冉有的态度一样，都带着有一种失望感。二子都没有触及孔子礼乐治国的政治蓝图，甚至与孔子的政治理想截然相反，难免引起孔子的触动。这种复杂的态度与情感显然是《侍》中不曾出现的。甚至可以这样说，《侍》才是各言其志，而《侍坐》则是以孔子治国思想为主导的课堂。再则，两文同样都是“侍”，但《侍》里信息过于简略，而《侍坐》一文却仿佛有魏晋轶事小说的趣味，具备了《世说新语》式的表达方式，包括一波三折、出人意料的情节，丰富立体、各具风姿的人物形象，笔法多变，摇曳生姿。

最后，由“文”入“史”得深度，与《孔子世家》中的同类文本比较。《侍坐》叙事线索非常明确：孔子问志，诸生言志，然后曾皙疑问，最后孔子评志。暗线则是孔子的治国思想即礼乐治国，前三子或言战、或言小治、或谈邦交祭祀，都不合孔子的“治国以礼”，而曾皙的话虽深合孔子之心，却也触动了他怀才不遇之心、壮志难酬之情。这样就导致了孔子“与点”的同时还有个“喟而叹曰”。只有结合历史甚至实地考察，我们才能在文本与历史之间比较，发现“喟叹”在文本中的真相。

《孔子世家》中有两“喟”。第一次是灵公老，怠于政，不用孔子。孔子喟然叹曰：“苟有用我者，期月而已，三年有成。”孔子行。那是怀才不遇。第二次是及西狩见麟，曰：“吾道穷矣！”喟然叹曰：“莫知我夫！”还是怀才不遇，他有经天纬地之能，却终成“屠龙之术”。《侍坐》中，孔子听完曾皙一番描绘，感慨这不正是自己一生的政治构想吗？可惜人到暮年，纵然老骥伏枥、志在千里，但终究回天乏术，多少苍凉一“喟”中。再放到《侍坐》的语境中去看，这一声“喟”也不免有一种“俱往矣，数风流人物”，还看子路、曾皙、冉有、公西华他们吧。毕竟，儒者生来弘毅，任重而道远。

元阅读的开放理念，让它永远都是未完成的状态，这也是元阅读的魅力。在元阅读理念的指导下，我们应尊重已有经验，激发学生的阅读兴趣，注重阅读过程及调控，提供具体文本的阅读策略，提升高中生自主阅读能力。

参考文献

[1] 吴增芥. 谈谈学习问题[J]. 教育研究，1982.

[2] 皮亚杰. 结构主义[M]. 北京：商务印书馆，1984.

[3] 王策三. 教学论[M]. 北京：人民教育出版社，1985.

[4] 中国大百科全书（心理学卷）[M]. 北京：中国大百科全书出版社，1991.

[5] 朱智贤. 心理学大词典[M]. 北京：北京师范大学出版社，1991.

[6] 布鲁纳. 教育过程[M]//任钟印. 世界教育名著通览. 武汉：湖北教育出版社，1994.

[7] 张庆林. 元认知的发展与主体教育[M]. 重庆：西南师范大学出版社，1997.

[8] 张楚廷. 元学习概念及其教学论意义[J]. 教育研究，1999（1）.

[9] 顾明远. 教育大辞典[M]. 上海：上海教育出版社，1999（9）.

[10] 沈韬. 当代阅读理论新进展[J]. 中学语文教学参考，2000（1）.

[11] 余文森. 走进新课程[M]. 北京：北京师范大学出版社，2002.

[12] 李丽群. 影响元阅读能力的心理归因[J]. 语文教学与研究，2002（9）.

[13] 余文森，吴刚平. 新课程的深化与反思[M]. 北京：首都师范大学出版社，2004.

[14] 董奇，张红川，周新林. 数学认知：脑与认知科学的研究成果及其教育启示[J]. 北京师范大学学报：社会科学版，2005（3）.

[15] 程素萍，王聪仙. 阅读策略与元阅读策略在高中语文教学中的训练[J]. 教育理论与实践，2005（8）.

任务驱动视野下的问题引领与思维对话

——通过“生活热点”探究“整本阅读”的有效性

◎张学忠　周　斌　重庆市巴蜀中学校

【摘　要】　“整本阅读”教学中学生以怎样的身份参与、教师以哪些话题导入、大家以什么样的方式推进等，都是本文论述的重点。笔者通过分析认为，“整本”的“整”是意义的整合、思考的延续、思维的碰撞，它关注学生，使之成为对话的主体；也关注老师，让之选择有效嫁接学生思维的话题，产生意义；更要求师生、生生、生本在思维碰撞与多重对话中，启发思维。

【关键词】　情境性　共生性　思维对话　意义建构

一、“整本阅读”的必要性与突破口

碎片阅读时代，瞬时性、标题党、片段性等成为大众阅读的关键词。学者张颐武认为，面对当前千万种文化碎片，人们缺乏真正经典阅读的经验，这使人生空心化（张颐武《最主要的是直接和经典接触》，《人民日报》，2010 年 7 月 26 日）。著名学人陈平原也认为，今天已经没有阅读了，只有阅览和检索（陈平原《读书的风景：大学生活之春花秋月》，2013 年 8 月 18 日在南国书香节的演讲）。当类似于浏览新闻的阅读心理蔓延到所有阅读时，短时消费与自我满足似乎成为大众对抗无聊与浮躁的主要方式，而这样的方式又如时代顽疾般不断吞噬着个体的宁静与思考，从而让大众对时代与自我的认识变得扁平与虚幻。

著名学人钱理群认为，读书和学习，要有“沉潜十年”的勇气。“沉”就是沉静下来，“潜”就是潜进去，潜到最深处，潜入生命的最深处，历史的最深处，学术的最深处。要从长远的发展着眼，不要被一时一地的东西诱惑。所以，当个体无奈地从自我走向社会，当阅读与思考

似乎无法解决当代人的心理问题时，或许有人会问：完整的思想，连续的思考在哪？人们的精神寄托、人生期待又在哪？于此，我们不得不说，回到阅读本身，回到思考本身，让阅读与思考延续下去，让整本阅读成为语文教学的突破口。

整本阅读，一般认为是读完整本书。对个体而言，它意味着带着期待视野，运用知识经验与思维方法与文本相遇。也就是说，作者、读者、世界、文本的共生，成就了读者对文本的理解。可这只是我们假想的读者，学生的兴趣基础、认知水平、思考方式等都不明确。更何况，在整本阅读的教学中，我们面对的还不只是单一的个体，而是具有参差不齐的知识经验、思维方法，或有或无期待视野的学生群体。有时候，思考是相对的。思维的逼仄处也是认知的敞亮地。我们与其试图运用知识经验与理性思维来选择方法，还不如重新回到大众阅读心理上来。也就是说，在碎片化、消费性、标题党的分析中，移栽学生的认知兴趣，将碎片思维整合，将问题意识梳理，以生活热点来作为阅读教学的起点，不恰到好处？

二、突出期待视野：明确学生认知期待

1. 承认习惯阅读，廓清阅读形式

对于习惯阅读的学生，阅读是自然而然地走进文本的过程，是学生在和文本相遇的过程中产生思想的行为。而当不少人习惯于把阅读等同于经典阅读时，这便会成为不擅长经典阅读的人不再阅读的理由。我却习惯于把阅读看成当下青年学生的普泛追求，即大家其实都爱阅读。他们要么习惯阅读经典，要么习惯阅读青春读物，要么习惯在网上阅读。

不少青年学生对网上阅读的投入与痴迷，要远远大于对于经典阅读的热爱，甚至丝毫不亚于对游戏的痴迷程度。我们时常觉得，那些负责游戏开发的工程师们更懂得把握与分析青少年的心理，而如若我们也适当地借鉴这些来为阅读服务，我们的整本阅读还会担心不受青少年欢迎吗？所以，整本书阅读的期待视野不是一般意义上的“不会阅读”，而是

基于现代技术传媒的影响造成阅读形式多样化以后，大众对青少年阅读情况辨识不清。

2．巧借游戏心理，强化参与意识

同样，学生的网上阅读及其对游戏的追逐，是可以比较分析的。大家或许会质疑网络阅读的文本质量、选文内容、呈现方式、推送梯度等，但是却不会怀疑网络青春文学中诗意灵动的文字、感伤浪漫的情绪、交错迷乱的纠葛以及青少年对它们的热情。对照之下，我们发现学生的期待视野，可看作是承认个体的生命体验基础上的自我认同，还要考虑到他们的年龄与心理特点的参与性、话题性、共鸣性等。比如，在给学生分析“坝坝舞背后的社会思考”时，不少学生总是打不开思维的阀门，完全局限于学生视角；而我分组时让他们切换视角，分别从老年人角度、老年人子女角度、受影响人角度、普通观众角度、城管角度、警察角度、记者角度展开讨论时，他们不但能为自己的切身利益精细考虑，还在对比中看到了社会身份对认知看法的影响。比如，为什么有些人习惯用“贴标签”的方式来判断群体，不顾及个体差异？为什么利益对立的双方不能留一些道德与良心的余地；在对自我道德放纵与对他人道德严格要求的对照中，我们看到了哪些复杂的人性特质？我借用学者陈嘉映的一句话：“道德原则是否具有普遍性，其全部争论点可能恰在于环境是否相仿。”“通常，将某一唯一身份强加于一个人是挑拨派别对立的一个关键的‘竞技’技巧。”让学生充分地参与到话题中来、参与到问题中来，甚至让他们成为故事的主角、讲说的主体，无疑是让他们在对问题的思考中，形成对自我的综合认识。我相信，如果再加上我们对游戏特质的借鉴，比如情境性、持续度、挑战性、反馈性、奖励性，那么，我们的整本阅读教学便会在师生、生生、生本的共生中逐步走向完善。

三、明确阅读起点：在认同基础上进行思维对话

1．兴趣与认同是阅读的心理基础

传统意义上看，整本阅读要求学生在知识经验与心理经验的基础

上，完成对文本意义的建构。而从心理学维度看，学生们还不完全具备概括、判断、推理等思维能力，那么，兴趣与认同无疑构成连接学生阅读的心理纽带。相应地，我们对学生阅读结果的期待就不能为意义建构，因为即便是成年人也未必能够达到这一点。

以此为前提，整本阅读就不只是一字不落地读完一本书或做好读书笔记；也不只是按照自己的想法圈定内容，对喜欢的章节做好标识；也不只是想读到哪里就是哪里，下次接着读，直到漫不经心地读完。可以这样认为，这样的整本阅读是学生在自觉程度上对文本的细节把握，或者说还较为缺少对“整本”的关照，整本阅读的价值也不能得到较为充分的体现。

兴趣与认同是学生阅读的心理基础。就高中学生而言，我们选择的书目，要么是小说类，故事性较强，自然少不了学生对整本阅读的关照；要么是文艺类、历史学类、社会学类等具有一定理论水平的书籍，这样的文本由于与现实生活有一定距离，加上一些不常见的专业术语，与陌生化的文字组合，让学生容易被长句困住，被读不懂的段落章节绊住，被不常见的思维碾压冲击。凡此种种实践中的困难，让我们如何教育学生自觉地整本阅读？于此，我们又如何开掘文本兴趣，引发学生的自我认同？

诚如生活是我们的第一任老师一样，我们始终不会失去对生活的分析与关照，从生活中认识自我的价值与意义。对成年人而言，我们也经常反问自己，在这个远离思考的平面化年代，我们读理论书籍的动力和初衷又是什么？各种回答都会加深我们对生活的认识，让我们更好地自我关照。正因为如此，我们习惯带着对生活的疑问出发，带着对自我的思考出发，我们希望在阅读中发现不一样的经验。别人遇见的或者描述的生活世界虽然和我们有差距，但大家认识的思维方式、心理基础甚至处理事情的方式其实还是有相似之处的。这就是间接经验辅助我们认识世界。

2．意义的共生：问题的引导与思维的对话

我和学生一起分析当红的电视节目现象，比如《我是歌手》为什么能够在消费主义与“快餐文化”盛行的当下，逐渐沉淀为流行文化类的

时尚经典。学生们习惯于用具体的例子来回答较为理论化的问题，比如某某明星的口才出众，“吸粉”无数，社会影响力大；比如，在自媒体时代，“草根”平民拥有和明星一样的机会，凭借实力提升自我等。当把学生引向对“快餐时代”的受众心理进行分析时，他们也自然而然地追问，娱乐至上的时代，什么才是人们的终极追求？消费主义心理侵蚀的当下，经典的标准又该如何定义？这一系列问题让学生们逐渐感受到平面化思考的局限性，即从现实生活的表面现象中已经无法总结出较有说服力的理由。于是他们把目光投向了老师、投向了纵深层面、投向了自我的思考中。我趁此机会认真剖析了深层次思考对学生思维的影响、对学生探究兴趣的引发。

之后，我抛出了话题：“也许，我的回答说服不了你们，甚至你们自己也能感受到思考对思维的挤压，但我听说尼尔·波兹曼的《娱乐至死》能够给你们提供思考。”书中有这样两段：

> 电视改变了公众话语的内容和意义；政治、宗教、教育和任何其他公共事务领域的内容，都不可避免地被电视的表达方式重新定义。一切公众话语都日渐以娱乐的方式出现，并成为一种文化精神。一切文化内容都心甘情愿地成为娱乐的附庸，而且毫无怨言，甚至无声无息，“其结果是我们成了一个娱乐至死的物种”。
>
> 波兹曼认为，媒体能够以一种隐蔽却强大的暗示力量来“定义现实世界”。其中媒体的形式极为重要，因为特定的形式会偏好某种特殊的内容，最终会塑造整个文化的特征。这就是所谓“媒体即隐喻”的主要含义。而20世纪的传媒技术发展，使人类从以印刷文字为中心的“读文时代”转向以影像为中心的“读图时代”，其中电视图像已经成为当代支配性的传媒形式，它改变了社会认知与人际交往的模式，引发了深刻的文化变迁。

学生们眼前一亮，“读文时代”和“读图时代”的说法清晰明了地解释了电视对社会的冲击。怎么生活中的事例也可以用来进行深刻的说理？是不是深刻不一定只存在于艰深的理论文字中，还可以是有形象直观的说理？我顺势解释道：“媒介即隐喻，当读图时代来临，我们对世界的感知也成为娱乐化的产物。读图是形式，娱乐是追求；能够满足人们心理，且能够在读图时代经受大众对娱乐的期待与考验，也自然会被人们记住。人们也自然在图像化的时代形成自己的评判标准。”同学们似乎渐渐地有些感悟。

3. 意义的聚焦：从认识当下到定位自我

我接着对学生说道：“这只是部分升华，是不需要经过深入思考就能进入大众视野的认知判断。”学生们有点惊讶，我接着介绍：“如果你们看了《娱乐至死》的‘媒介即隐喻’‘媒介即认识论’‘娱乐业时代’‘赫胥黎的警告’等章节后，你们更会明白，波兹曼的如下忧虑。”

> 有两种方法可以让文化精神枯萎：一种是让文化成为一个监狱，另一种就是把文化变成一场娱乐至死的舞台。
>
> 如果一个民族分心于繁杂琐事，如果文化生活被重新定义为娱乐的周而复始，如果严肃的公众对话变成了幼稚的婴儿语言，总之人民蜕化为被动的受众，而一切公共事务形同杂耍，那么这个民族就会发现自己危在旦夕，文化灭亡的命运就在劫难逃。

当一切都娱乐化以后，我们对世界的感知、对当下的认识、对自我的把握，都会扁平化。或许，我们平日一直被包裹在图像的时代里自我沉醉；或许，我们平日一直得益于娱乐的滋养而自得其乐，甚至还为拥有更好的娱乐生活而奔波努力。殊不知，在意义被颠覆的时代，这到底是不是奋斗的方向。摆在眼下的问题是，“娱乐至死”到底是人性的自我迷失，还是在装睡的时代谁都不愿醒来？一系列的追问让部分学生感受到了思考的乐趣。同时，他们也因为这种生活化的场景与对自我的认识而不得不思考，这正是引导学生走进整本阅读的契机。

四、锁定阅读细节：在思辨与对话中建构意义世界

1. 问题意识：争辩与对话的基础

阅读不只是认同，还有质疑、对话或者生成。整本阅读也是这样，

我们不要求学生以仰望的姿态走进文本，也不要求学生以对立的姿态肢解文本，而是要求学生在坚持立场的前提下，运用已有知识结构与思维基础理解文本、合理质疑、平等对话、碰撞生成。也就是说，学生们是在老师的建议下带着问题走进文本。其实，阅读不只是简单地为我们提供知识与答案，它是为我们寻找答案提供思维导引或者认识启迪，这才是阅读的真正含义。如果在阅读中，我们能养成平心静气的阅读心理，那么，阅读的思维价值与认识意义便会逐一体现了。

一如我们对《娱乐至死》的整本阅读教学指导，当带着问题把学生的认识引向阅读之后，是不是学生的思考开始进入就意味着学生真的走进了整本阅读呢？当学生觉得自我的行为与认识变作尼尔·波兹曼的论述以后，是否就会因为参与性与自主性而将思考继续推演下去？崭新的术语与新颖的思维如何在陌生化的语词组合中产生新的意义？学生如何才能有层次地表达自我的想法，甚至还能感知到自己思维的递变、思想的纵深？这绝非简单的问题引导就能实现。整本阅读的“整本”到底如何体现？

一周过去了，有的学生按照老师的要求去读“媒介即隐喻”等章节，也有学生超出了老师的要求硬着头皮啃完了整本书。在做好相应的读书笔记之后，有学生来“质问”老师：“怎么我读了之后，并没有直观地找到‘娱乐至上的时代，什么才是人们的终极追求？消费主义心理侵蚀的当下，经典的标准又该如何定义’的固定答案。是您的提问不够精确，还是我们对书本的期待过高；是我们读得不够仔细，还是作者的论述我们没有看懂？”绕开他们的问题，我反问道：“看过这本书后，你怎样看待这些问题？或者说，作者对 20 世纪后半叶的认识和今天有没有本质的不同？大家认为整本阅读就是这样吗？那和过去的整本阅读又有何不同？”

围在老师跟前，大家一愣，并没有及时地回答上来，但我能感受到大家没有停止思考。过了一会儿，一位女生盯着《娱乐至死》，试探地读了里面的一句：文化将成为一场滑稽戏，等待我们的可能是一个娱乐至死的“美丽新世界”，在那里“人们感到痛苦的不是他们用笑声代替了思考，而是他们不知道自己为什么笑以及为什么不再思考”。顿时，其他同学用掌声表达了对这一回答的肯定。我也笑了笑，对大家说道：

“能用这样的句子回答老师，代表你们的认识已被《娱乐至死》的思维影响。因为，尼尔波兹曼的警告不在于结论对世界的震惊，而在于此种思维方式引导下的人们的思考将何去何从。”

2．问题写作：思维转换与意义生成

接着，我让学生们选取自己疑惑的问题，尽量不完全用自己的话语来表达看法，而尝试用波兹曼的话语以及他的思维方式来分析世界、认识当下。我们试着来看一个学生的习作片段：

在这个网络信息爆炸时代，在“技术垄断文化”的今天，鼠标轻轻一点，随处就是链接，我们无法去过滤。因为被吸引，所以被埋没。就这样，我们坐在了这些高信息流量的器材面前，任凭他们将东西倾倒给我们的大脑，我们看到了娱乐，感到好笑。笑声中，头脑就被冲刷，变得麻木。技术是赢家，文化是输家，所以会出现“文化向技术投降”。新的科学技术使得信息源源不断增加的同时，信息的重要性一落千丈。在瞬间传递、不断更新的信息浪潮中，每个信息所处的社会环境和文化环境被割裂开来，受众所接受的只是“碎片化”的语境，甚至整个世界都变成了信息所存在的语境。这些没有依据、毫无关联、支离破碎或流于表面的信息常会让人产生错觉，以为自己知道了很多事实，实际却离事实真相越来越远。

由于信息过剩使我们不得不处在信息垃圾的包围之中，而这些信息垃圾又时时处处在向我们提供娱乐，或用娱乐来引诱我们。这样的娱乐会毒化、矮化、粗俗化我们的文化：阅读可以用看电视替代、受约束的困境可以用立竿见影的满足替代、罪孽感可以用心理治疗替代、政治意识形态可以用受欢迎的魅力替代；甚至《红楼梦》中林黛玉埋葬的花也可以找到技术来替代。

虽然这样的文章只是少数，虽然学生对问题的认识参差不齐，但是，“整本”的意义已然呈现：学生们带着波兹曼的思维方式与波兹曼的术语对波兹曼提出的问题进行了再思考以及深化与回应。也就是说，“整本”的“整”是意义的整合、思考的延续、思维的碰撞。它既包括学生按照老师的思维要求直入文本，和作者对话、和自己对话，将思考过后有价值的观点看法进行过滤、梳理与总结，也包括学生在自我思维的引导下，对作者的观点进行再加工，比较遴选，进行过程总结，从而以较全面的视角呈现自我对观点的综合看法。

以生活热点为视角，在学生习惯的认知领域内建构思维起点，让游戏思维成为引导学生思考的突破口，让问题意识成为激发学生思考欲望的引擎，这是学生在阅读前进行的思维梳理与问题整合，更能反映出教师的治学功力。当参与性、角色性、情境性、挑战性在整本阅读中得到体现时，聚焦问题、质疑辩难、资料整合、问题写作成为我们廓清认知的有效渠道。也许，太过于强调思维演绎的阅读方式对高中生而言有些拔高，但是，对于学生思维模式的引导、对于问题意识的梳理、对于整本阅读的反思来说，强调深层次思考是必不可少的。整本阅读也因之而意义非凡。

参考文献

[1] 钱理群. 我的教师梦[M]. 上海：东师范大学出版社，2012：124.
[2] 陈嘉映. 说理[M]. 北京：华夏出版社，2014：224.
[3] 阿马蒂亚·森. 身份与暴力[M]. 李风华，陈昌升，译. 北京：中国人民大学出版社，2012.
[4] 尼尔·波兹曼. 娱乐至死[M]. 桂林：广西师范大学出版社，2011.

浅谈“整本书阅读与研讨”之“三精”

——我读《普通高中语文课程标准（2017年版）》

石　莉　重庆市万盛经开区教师进修学校

【摘　要】　整本书阅读与研讨作为“新课标”中的第一个学习任务群，在“学习目标与内容”和“教学提示”两个方向上，呈现出精选书目、精到方法、精心研讨的特点。

【关键词】　整本书阅读与研讨　精选书目　精到方法　精心研讨

中华人民共和国教育部制定的《普通高中语文课程标准（2017年版）》（以下简称“新课标”）围绕核心素养设计了十八个学习任务群。其中，整本书阅读与研讨是第一个学习任务群，贯穿必修、选择性必修和选修三个阶段，这也意味着整本书阅读与研讨将成为今后高中语文教学重要的学习内容和学习方式。

整本书阅读与研讨“旨在引导学生通过阅读整本书，拓展阅读视野，建构阅读整本书的经验，形成适合自己的读书方法，提升阅读鉴赏能力，养成良好的阅读习惯，促进学生对中华优秀传统文化、革命文化、社会主义先进文化的深入学习和思考，形成正确的世界观、人生观、价值观”。为了实现这个目标，“新课标”从“学习目标与内容”和“教学提示”两个方向进行了详细说明。通过细读这两个方向的说明，笔者发现，整本书阅读与研讨，呈现出“精选书目”“精到方法”“精心研讨”的特点，笔者将其归纳为“三精”。下面，笔者将分别予以阐释。

一、精选书目

整本书阅读，首先考虑的应该是文本的选择。高中学生应该读哪些整本书呢？在书目确定上，“新课标”呈现出精选书目的特点。

1．兼顾文体，指向高考

“学习目标与内容”中指出，“在指定范围内选择阅读一部长篇小说”“在指定范围内选择阅读一部学术著作”，就从文体角度将阅读文本的对象确定为长篇小说和学术著作。前者的故事情节性强，学生一般都乐于阅读；后者的知识性学术性强，学生阅读时难免有一点障碍。这也给了我们一个信号，高中生的阅读，不能局限于叙事类的作品，而应该向学术类著作延伸，以拓宽阅读视野，让自身阅读有一定的深度和宽度。小说恰好与全国高考卷中的文学类阅读相呼应；学术著作则与论述类文本和实用类文本相衔接。从这个意义上说，整本书阅读其实也指向了高考。

2．紧扣教材，辅助教学

“教学提示”中建议，“指定阅读的作品可从教材课文节选的长篇作品中选择”。阅读与教材相关的长篇作品，与课内阅读建立关联，是对教材的补充与延伸，可以增添阅读的纵深感，加深学生对教材的深度理解。翻阅教材，可以发现，人教版必修一至必修五每册之后都有两部名著导读，包括《论语》《大卫·科波菲尔》《家》《巴黎圣母院》《高老头》《莎士比亚戏剧》《谈美》《三国演义》《堂吉诃德》《红楼梦》10 部作品，它们应该成为整本书阅读的首选；与现行人教版教材节选相关的《老人与海》《雷雨》《哈姆莱特》《水浒传》《边城》等长篇作品也应纳入整本书阅读的范畴。在学习相应节选时，让学生读原著、读整本书，对课内学习是一种有效的补充，有助于学生对教材内的人物形象有更全面的认识。

3．尊重学生，弘扬个性

“教学提示”中指出，整本书阅读要“根据学生的生活实际和发展需要，注意选择反映中华传统文化、革命文化和社会主义先进文化的作品”。这里可以看出，“新课标”是真正为学生考虑的，所选的整本书着眼于学生的发展、切合学生的实际、充分体现了对学生的尊重。“可由师生共同商定 3 ~ 5 部作品”，此处，也充分尊重学生的选择权，突出教学的民主性和学生学习的自主性。整本书阅读是一种连贯性阅读，也是自主性阅读，如果学生对所选择的著作没有兴趣，或许只读了个开头，就读不下去了。这就需要教师先做一个学生阅读现状调查，包括已读书目、自荐书目以及当下有关整本书阅读的需求和主要障碍，这样，可以把握学生的不同阅读趣味和特长，从而进行个性化的书目推荐，充分满足学生的多样化需求。

4．思文兼备，发展素养

当然，无论选择哪类作品，“新课标”都强调，要注意“指定阅读的作品，应语言典范，内涵丰富，具有较高的思想水平和文化价值”，可以看出，语言性、思想性和文化性是整本书书目选择的宗旨。

“语言典范”的整本书，容易使学生受到作品语言的影响，可以使学生在阅读中逐步建构与发展语言，从而在自己的言语表达中体现出来。余华《活着》中，当家珍求着福贵离开赌场回家去的时候，“我给了她两巴掌，家珍的脑袋像是拨浪鼓那样摇晃了几下。挨了我的打，她还是跪在那里”。这里的细节描写深刻反映出家珍在承受着困苦艰难的情况下，散发出人性中最美好也最伟大的爱的力量，生动的细节描写让人难忘。沈从文的《边城》中“黄泥的墙，乌黑的瓦，位置却永远那么妥帖”“两人沿城墙走去，一面是城，一面是水”等诗化的语言也给人美感，也能使学生在阅读中建构语言。

“有较高思想水平”的作品，在思维的敏捷性、深刻性、独创性上，必然有其独到之处，也无疑能促进学生思维品质的良性发展。比如，《傅雷家书》中，“只有事实才能证明你的心意，只有行动才能表明你的心迹”“辛酸的眼泪是培养你心灵的酒浆”“有矛盾正是生机蓬勃的象征”等人生哲理与思想，无疑能引起学生深思，激活学生思维。

有“文化价值”的作品，承载着丰富的文化信息，学生会受到文化的熏陶感染，获得丰富的情感与生命体验，在审美品位提升的同时，也能够进一步理解、认同、热爱中华文化，并理解、借鉴国内外不同民族和地区的优秀文化，从而传承与发展文化。比如读余秋雨的《文化苦旅》，能深刻感受到作者凭借山水风物来寻求文化灵魂和人生真谛的意识，能跟随作者一起探索中国文化的历史命运和中国文人的人格。

二、精到方法

确定好了读哪本书，接下来就应该是怎样读整本书了。就学生而言，什么样的方法去阅读整本书才能有实效呢？“新课标”给出了精到方法。

1．借鉴前人，传承读法

“学习目标与内容”中指出，整本书阅读要“重视学习前人的阅读经验”。前人的阅读经验有哪些？“新课标”没有指明，但是通过网上搜索会发现，前人总结了很多读书方法。比如，诸葛亮有“观其大略”读书法，主张泛读大概，撷取精华，掌握其实质；陶渊明有“会意”读书法，追求读书会意，着重领会书中深含的旨意，而不死抠个别字句；郑板桥有“精当”读书法，强调多读必须以精读为基础，用精读中得到的知识，再去联系新知识，围绕一个课题深入下去；明代学者张溥有“七焚”读书法，强调读写并用，强调“眼到、手到、心到”。当然，还有韩愈的“提要钩玄法”、朱熹的“熟读精思法”、焦循的“于无疑处求有疑法”等，它们与今天倡导的多种读书方法一脉相承，都有值得借鉴的地方。对前人读书方法的学习，也是一种重要的文化传承。

2．精略结合，读懂文本

“学习目标与内容”也指出，要“根据不同的阅读目的，综合运用精读、略读与浏览的方法阅读整本书”。精读是指深入细致地研读，逐字逐句地深入钻研，对重要的语句和章节所表达的思想内容进行透彻理解。如何精读整本书呢？我认为可以找出经典的句子，可以对书中的名词、概念加以界定，可以归纳出基本观点和特征，可以用同类事物进行比较，可以运用例子进行联想等。略读是快速阅读文章以了解其内容大意的阅读方法，这要求读者面对整本书时，有选择地进行阅读，可跳过某些细节，以求抓住整本书的大概，从而加快阅读速度。浏览是精读的前提，目的在于大致了解阅读物的主要内容。每一本书都有其主题或重点，浏览就是要抓住重点，弄清结构，以形成一个概括性的了解，为进一步的精读奠定基础。浏览范围包括封面信息、内容提要、目录、序言和后记。比如读房龙《与世界伟人谈心》，首先就可以通过浏览目录，了解本书所写的主要人物之身份和性格特点。综合以上三种阅读方法读整本书，能帮助学生“读懂文本，把握文本丰富内涵和精髓”。

3．不同文体，不同读法

对于长篇小说的读法，“学习目标与内容”中有具体规定，这里不再罗列。从中可以看出，读长篇小说，既强调整体把握，又要观照“故事、人物、场景、语言”等方面内容，其中对人物形象的把握又是重中之重。比如，指导学生阅读路遥的《平凡的世界》时，就可以建议学生在梳理归纳中整体把握故事内容；指导学生重点关注孙少安、孙少平、田润叶、田晓霞等主要人物的言行举止、心理活动、情感态度，以此把握人物性格；指导学生学习塑造这些人物所运用到的细节、心理描写，安排情节所运用的伏笔、照应手法等写作技巧。

对于学术著作，“新课标”建议目标是让学生通过读学术著作，能读懂，能做内容提要，能把握重要观点和价值取向，探究语言特点和论述逻辑。要真正读懂艰深的学术著作，可以采取的方法有勾画圈点、资料助读、反复阅读和思考。

“近美·品味美·爱上美——《写给大家的中国美术史》书册阅读教学现场”在学术著作的读法上做了很好的尝试。在学生初步完成本书阅读后，教师要求学生小组讨论，梳理中国美术史的发展线索，梳理宋代美术和元代美术的文本结构，目的就是训练学生筛选整合信息、提取观点的能力；教师补充倪瓒生平介绍、《容膝斋图》等资料，以引导学生分析倪瓒性格特点、探寻倪瓒诗画心灵，拓宽学生鉴赏评价的视角与思路。这些做法较好地指导了学生学术著作的读法。

4．读出作者，读出自我

新课标要求学生“学习检索作者信息、作品背景、相关评价等资料，深入研读作家作品”。读出作者的写作特点、读出作者的作品风格后，再去读作家其他作品时，就有一定的阅读经验。比如读刘亮程的散文集《一个人的村庄》，读者会发现他的作品蕴涵了深刻的悲悯情怀和人生哲学意义；也会发现他善用比喻、拟人的手法，并用短句行文成整篇文章；他用词朴实、凝练、准确、简洁、丰富、明澈而又形象传神。读出这些风格对读懂作家另外的作品有辅助作用。新课标还要求“联系个人经验，深入理解作品，享受读书的愉悦，从作品中汲取营养，丰富自己的精神世界，逐步形成正确的世界观，人生观和价值观”。只有联系个人经验，才能设身处地理解作家的感受，把自己放进作品中，与作品中人物共命运，能更细致地体会作品中人物所思所想，也就能相对客观地赏析形象。

综合运用以上方法，学生会逐渐建构阅读整本书的阅读经验，形成适合自己的读书方法。

三、精心研讨

阅读完整本书之后，又该以怎样的形式展示阅读成果呢？新课标要求：精心研讨。

1．课时保证，研讨前提

新课标指出，“本任务群在必修阶段安排 1 学分，18 课时”“课时可安排在两个学期，宜集中使用”。这相当于每学期有近两周的时间可以进行整本书阅读与研讨。给出时间，确保课时，是整本书阅读与研讨的前提，是整本书阅读落地的基础。因高中生繁重的学习任务，阅读时间放在课内不太现实，所以学生就要充分利用寒暑假的时间进行阅读。阅读后，在一段集中的时间里，教师组织学生深入研讨整本书，可以强化学生对整本书的理解；如果有充足的时间，教师可以引导学生从不同的点切入书稿内容，又可以拓宽学生的视野。

2．教师主导，学生主体

关于教师在整本书研讨中的任务，新课标强调：“教师的主要任务是提出专题学习目标，组织学习活动，引导学生深入思考，讨论与交流。”学习目标的提出，首先需要教师细读文本，选择适合教学、符合学情的内容，开展相应的教学活动。活动的形式也是多种多样的，可以结合文本设计以对整本书做理解、分析、概括、评价等常规任务为主的阅读教学课，也可以基于所读整本书的特点开展朗诵、辩论、演讲、故事分享、课本剧等形式的读书报告会。以《雷雨》为例，既可开展常规的阅读教学研讨课，以引导学生理解人物语言中表达的思想感情以及在对话过程中人物的心理反应。也可节选周朴园与鲁侍萍三十年后的意外重逢作课本剧表演，还可以选择“周朴园是真爱鲁侍萍吗”这一辩题开展辩论会，让学生深刻体验激烈的戏剧冲突，把握人物鲜明的性格特征。但无论是哪种形式，都应该与文本密切结合，能引起学生深入思考，能让学生广泛参与讨论与交流。整个过程中，教师只是一个主导者，参与的主体应该是学生。“教师应用自己的阅读经验，与学生平等地交流讨论，解答学生的疑惑。”师生之间是平等的，当学生交流讨论的成果很精彩时，教师在赞美的同时，可想方设法引领学生提升思维的高度和广度；当学生讨论交流的成果是明显不足、苍白无力的，教师也应想方设法，适度追问，激活学生思维，引导学生咀嚼文本关键处，获得新的思考和阅读体验。

3．方法引导，经验建构

整本书阅读“重在引导学生建构整本书的阅读经验与方法”，教师可以引导，但是更需要学生自己在整本书阅读的过程中去建构阅读经验与方法。学生有了自己整本书阅读的经验与方法，再去阅读其他整本书，也就容易多了。学生怎样去建构自己整本书的阅读经验呢？新课标指出：“学生在反复阅读过程中，每读一遍，重点解决一两个问题，有些地方应仔细推敲，有些地方可以略读或浏览。阅读要有笔记，记下自己思考、探索、研究的心得。”这说明阅读一遍是不够的，因为印象不深刻。在阅读的过程中，应带着问题、带着任务去推敲关键句，去咀嚼词语，去记下自己阅读的心得体会。学生整本书的阅读经验建构起来后，教师还应该“善于发现学生阅读整本书的成功经验，及时组织交流与分享”。在交流分享中，教师应该组织学生在读后谈论自己的读书感受和体味，对学生的独特见解及时表扬，保护其创新意识，可进一步增强学生整本书阅读的自信。教师也能通过聆听学生的读书体会获得新的认识和理解。

4．成果分享，形式多样

“用自己的语言撰写全书梗概或提要、读书笔记与作品评介，通过口头、书面形式或其他媒介与他人分享。”各个文本形式的阅读成果，都可以呈现为一场论文报告答辩会。也可以根据不同的文本形式，通过多样的语文活动，用其他媒介呈现。比如，《雷雨》可以呈现为一台话剧，《边城》可以呈现为精美的手抄报、诗歌改编、歌舞再现，《诗经》可以呈现为一台配乐配画的“朗读者”活动，小说读后感可以呈现为话剧改编或者小说续写。但无论哪种活动，都应该紧扣书之特点。

总之，以上就是笔者研读“整本书阅读与研讨”学习任务群的体会。每一次阅读，都是一次独特的发现。笔者相信，按照“新课标”要求，高中语文教师精选阅读书目，运用精到的阅读方法，做精心的阅读研讨，整本书阅读一定能落地生根。当然，2017 版课标的“整本书阅读与研讨”学习任务群也有令人遗憾的地方，就是对整本书阅读的评价机制没有说明。这也给我们提供了一个研究的方向。

参考文献

[1] 中华人民共和国教育部. 普通高中语文课程标准（2017 年版）[M]. 北京：人民教育出版社，2018：11-13.

[2] 赵福楼. 完善中小学语文阅读体系——“整本书阅读”倒逼语文阅读教学的改革[J]. 语文教学通讯，2017（9A）：23-25.

[3] 吴欣歆，许艳. 书册阅读教学现场[M]. 北京：教育科学出版社，2017.10.

[4] 温儒敏，王本华. 名著阅读课程化丛书[M]. 北京：人民教育出版社，2018.2.

[5] 黄会兴. 整本书阅读与研讨[M]. 上海：上海教育出版社，2018.

五步走进“元阅读”

◎李联川　重庆市大足城南中学校

“元阅读”是重庆市高中语文名师工作室主持人、语文正高级教师、重庆名师张学忠先生联合重庆市小学语文名师工作室、重庆市渝中区初中语文名师工作室组织的，从小学一年级到高中三年级 12 年一贯制的整本书阅读活动。

“元阅读”，是带着对生命、自然、社会、自我的原初看法，不加粉饰，不加说明，充分发挥自我的主观能动性，与作品对话的阅读方式。它因为提倡不带功利目的地阅读整本原著，所以具有系统性、层次性、针对性、方法性、评判性、展示性、交流性、生成性、完整性等特点，明显不同于一般意义上的整本书阅读，甚至可以说是整本书阅读的高级形态。

如何开展“元阅读”活动呢？从实际操作来看，大致有五步。

一、书目推荐：真正自选，力求优秀

《全日制义务教育语文课程标准（实验修订稿）》（后简称《课程标准》）将原来的“鼓励学生自主选择阅读材料”改为“鼓励学生自主选择优秀的阅读材料”。这个新增的“优秀”的标准很难统一。

从目前的情况来看，不管是《课程标准》后边推荐的篇目，还是各学校自己推荐的篇目，都存在两个问题：

1. 这些书未必就真的优秀。它们可能在历史上被认为优秀，有很多也是经过了时间检验，但是古人认为优秀的，今人不一定也认为优秀；成年人认为优秀的，孩子不一定也认为优秀；老师认为优秀的，学生不一定也认为优秀。

2. 这些书不是真的由学生自主选择的，所以都是教育者的一厢情愿，学生未必真的爱读。

但是，元阅读则不一样。工作室组织学员所在的20多所学校近万名学生，为本年级、低年级同学推荐自己真实读过的、完整的、喜欢的阅读书目3万余册次，再由工作室认真讨论，形成从小学一年级到高中三年级12年一贯制的、系统的、有层次的中小学生寒暑假阅读书目推荐体系。

这样，既集思广益，让推荐书目真正来自学生，具有针对性，接地气，又有老师把关，能够精选出优秀的阅读材料，保证了经典性和教育性。

二、读法指导：着眼整体，注重批注

教师指导时，既要强调整体感知，又要引导学生逐步深入阅读，通过各种批注挖掘细节，促进对整本书的理解，最终使之形成独特的见解或者阅读体验。

1. 常规阅读方法指导

教师进行常规的阅读指导，教给学生精读、略读、浏览、速读等方法，指导学生合理使用工具书，指导学生边读边思考，多比较、多归纳、多揣摩、多体会，一字一句都不轻轻放过，激发学生多角度、有创意地阅读。

另外，如果是整部的书，要侧重于掌握大意；如果是单篇文章形成的集子，则适宜精细研读。

2. 树立整体意识

首先要指导学生读序、跋。现代书籍中，序言常常侧重于介绍和评价书的内容，其中自序常常说明书的主旨、主要内容、命题含意以及成书过程等，而他序常常对作品加以介绍和评价；跋则侧重于说明写作经过和有关事宜。好的序、跋，往往语言精练、技巧纯熟、情文并茂、文质兼美。总之，序和跋是书籍的重要组成部分，既能引导读者更好地了解梗概、理解正文，又能给人以美的享受。

其次要指导学生关注目录。目录是本书的眉目，具有提要的性质。读者可以把目录串联起来了解主要内容，也可以利用目录进行检索，找到自己想看的内容，进而整合全书。

通过读序、跋和目录，了解了书的主要内容和特点之后，就可以决定读还是不读、精读还是略读。现代社会，书籍浩如烟海，时间极其有限，学会整体把握不无裨益。

再次，通读整本书，了解主要内容，初步形成整体印象。

3．指导学生做批注

批注是我国传统的读书方法，养成做批注的习惯能大大提高阅读的效果。批注的质量往往体现着一个人的文学底蕴。

我们可以利用有限的空间，从修辞生动、用词准确、哲理深刻等方面做眉批、旁批、尾批。除此以外，还可以增加注释，补充材料，记下心得，联系现实进行点评，还可以写下疑惑，提出批评、建议。当然，在初读时还可以用一套固定符号，注音、释字、划出重点词句、标出中心句或重点语句等。

三、自由读书：享受乐趣，记录收获

元阅读最大的特点应该是自由快乐。要尽量保证学生的读书时间，避免阅读的功利性，注重潜移默化，从而让学生养成阅读习惯。

1．时间充足

通常一个寒假或暑假只读一本书，对阅读速度、阅读时间等不做硬性规定，尽量不给学生增加负担。甚至连简单的读书计划都不必制定，心情好就读多点，心情不好就少读或者不读，反正只要读完就行。

2．形式不限

可以利用“枕上、厕上、椅上”等零碎时间、躺着、蹲着、靠着均可，自由而惬意。试想，午后清风，冬日暖阳，沏一杯清茶，倚一圈藤椅，细读诗书，墨香四溢，褪去浮躁，静心凝神，定觉此种生活，就是终极幸福。

3．记录整理

可以摘录优美的语句，可以写读书的心得，可以对某个人物、观点发表看法，可以缩写故事，可以想象续写，可以写小论文等。读完书之后，可以整合读书笔记，将好的摘抄、有创见的看法或者他人的评价进行梳理并汇总，可以到图书馆、书店或网上查阅相关的书评、论文或者专著，做好分阶段性的资料完善工作。

四、评价检测：师生同读，关注差异

按照阅读的质量来评价学生的整本阅读状况，显性状况主要依靠指导老师“定制”的检测题来考核，隐性状况可从阅读的兴趣、习惯等方面来考查。

元阅读还有一个特点，就是指导教师和学生同读。在开展阅读以前，教师要审阅、修改学生的读书推荐语，激发学生的兴趣；在读书过程中，教师必须和学生一起做批注、写心得、写论文；读书之后，要命制 7 ~ 10 个阅读检测题。

各参与学校要通过小组评估、班级评估、年级评估、校级评估的方式，开展校级验收评估，完成对整本阅读阶段性、针对性、真实性、系统性等方面的考核。验收评估包括检查书目阅读情况（阅读书目、笔记痕迹、资料搜集等），定时完成指导老师命制的 7 ~ 10 个阅读检测试题，小论文评比等。

由于学生的阅读水平存在差异，教师还要注重个别指导，可以采取个别谈话、修改读书笔记等方式进行个性化的阅读指导。

五、交流展示：形式多样，精神激励

整本阅读需要很长的时间，为了使阅读更见成效，每次阅读之后都必须为学生搭建一个平台，使他们及时交流阅读的体验、展示阅读的收获、吸收新的观点、产生新的思考、获得持续的阅读热情。

校级评价优秀者将参加重庆市“元阅读联合交流会”，会上会展示他们阅读的书籍，张贴他们的阅读检测试卷并交流小论文。为了激发更多的学生参与整本阅读，课题组将为优秀学生颁发奖状，赠送《课堂内外》等阅读材料，还将在《课堂内外》刊发优秀的小论文。

读书交流要从整本书开始，又要从整本书结束，体现整本意识。在交流之前，学生可以通过做书签，写读后感、书评等形式做好准备。指导老师也要做好充分准备，以便和全市的学生交流、探讨。除此之外，还可以开展其他交流展示活动，如组织与阅读书目有关的故事会、朗诵会、知识竞赛以及小品表演等。这些交流展示活动能够激发学生的阅读兴趣，吸引更多的青少年参与阅读，养成整本阅读的习惯，和元阅读的“无功利性”并不矛盾。

“元阅读”大致通过这五步来推广整本阅读，激发学生的阅读兴趣，使之掌握读好整本书的方法，养成终身阅读的好习惯。

整本书阅读教学探究

◎肖　睿　重庆市第二十九中学校

叶圣陶先生在《论中学国文课程的改订》一文中，曾建议中学语文教科书“除单篇的文字而外，兼采书本的一章一节，高中阶段兼采现代语的整本的书”，这或许是最早提及“整本书阅读”教学思想的地方。新课程改革以来，《普通高中语文课程标准》鼓励学生“读整本的书”，并且明确地提出了阅读课程的目标和实施建议：“阅读优秀作品，品味语言，感受其思想、艺术魅力，发展想象力和审美力”“通过阅读和鉴赏，体会中华文化的博大精深、源远流长，陶冶性情”“通过阅读和思考，领悟其丰富内涵，探讨人生价值和时代精神。养成独立思考、质疑探究的习惯，增强思维的严密性、深刻性和批判性。乐于进行交流和思想碰撞，在相互切磋中，加深领悟，共同提高”。2016 年，教育部从“文化基础”“自主发展”“社会参与”三个方面建构了中国学生核心素养体系，在语文学科教学中，则提出包含“语言建构与运用”“思维发展与提升”“审美鉴赏与创造”“文化传承与理解”四个维度的学科核心素养体系。

当前中学生，生于网络时代，似乎时刻都在阅读，但事实上，他们很少阅读整本书。他们的阅读呈现出表面化、碎片化的特点，这样的阅读是无法支撑学生核心素养的培养和发展的。在这种情况下，整本书阅读的价值就非常明显了。

一、整本书阅读的内涵与意义

和传统单篇阅读不同，整本书阅读的容量更大，作品更强调经典性和整体性。“整”，即完整一体，既包括对全书结构内容的整体把握，也包含对具体情节、人物形象的延伸思考；“本”可以是“一本”，也可以是相互关联的多本；“阅读”对象可以是文学作品、也可以是学术著作，方法可以是精读、也可以是泛读。因此，整本书阅读具有“动态性、综合性、开放性”等特征，更加注重考查学生的鉴赏能力和个性化解读能力。

这一学年，我和年级组的老师们一起将整本书阅读融合在语文课程教学中，把它作为一种正式的学习活动来组织、进行。我们认为在有限的学习时间内，师生一起阅读的整本书应该是对学生成长和发展具有深远影响的经典作品，它理应体现语文课程的性质。通过整本书阅读活动，学生可以养成良好的阅读习惯，探索个体阅读方法，建构独特阅读经验，发展自身的语文核心素养。

二、整本书阅读教学实践探究——以《红楼梦》阅读为例

1．突出学生自主阅读，重视自我的阅读感受和体验

阅读是搜集处理信息、发展思维、获得审美体验的重要途径，它应该成为思维碰撞和心灵交流的动态过程，是一种共同参与甚至是共同创造的过程，因此，作为读者的学生，应该是文学活动的主体。

一般来说，学生阅读一本经典著作，首先要浏览，了解这本书的大致结构和内容；然后精读，在阅读过程中进行旁批、质疑，最后就自己感兴趣的问题行研读、思考。

寒假期间，我们就布置了《红楼梦》的阅读任务，让学生利用假期在家自行阅读《红楼梦》，对其内容和人物有了一个宏观的了解。本学期开学以后，我们进入精读环节，安排每星期三章的阅读任务，要求学生在相应的内容旁边有自己的批注或者是质疑。

2．对感兴趣的人物和事件提出论题

《语文课程标准》特别强调“对课文的内容和表达有自己的心得，能提出自己的看法和疑问”。“学贵有疑”，阅读要能抓住要点、抓住关键进行提问。提出有价值的问题，是一种能力的表现。我要求学生每星期对自己阅读的篇章至少提出一个论题，它可以是自己不明白的地方，也可以是自己感兴趣的问题。交给老师后，再由教师精选出若干相对有探讨意义的论题，最后将论题在班上展示出来。

这些论题可以是人物方面的，如人物形象的塑造、情节设置的作用等。例如：“黛玉初次进贾府时，为什么用如此多的笔墨描写王熙凤?”“为什么说秦可卿‘擅风情，秉月貌’是败家的根本？”也可以是情节安排方面的，例如：“贾老爷极恶宝玉不思上进，为何又会在会客的时候带上宝玉呢？他到底喜不喜欢贾宝玉？”“甄士隐和贾宝玉都梦到过太虚幻境，他们的梦境什么异同？作者这样写的目的是什么？”“十九回中袭人分明不想离开贾府，却为何偏要对宝玉说想离开，并且一反常态地讽刺宝玉？”也可以是有关文章主题、细节的，例如：“林黛玉、贾宝玉、薛宝钗的名字有什么关系？”“为何书中总

是用僧侣作为神仙的化身来暗示人物命运？”也可以是对小说中诗文的探讨，例如：“对《好了歌》进行赏析并评述其作用。”“元宵佳节，宝玉和姐妹们所出的灯谜对他们命运是否存在暗示？”只要是有探讨意义的问题都是有价值的论题。

3．重视阅读中的交流和分享

整本书阅读教学中最为重要的环节就是交流与分享。上面所提到的第二个步骤只有和这一环节组合在一起，才能完成一个完整的“探究性阅读”，即提出自己的看法和疑问，“利用图书馆、网络等信息渠道”，运用合作的方式，在讨论和交流中，共同探讨问题。我们可以把“探究性阅读”看成是一种“挑战性阅读”，它要求学生自主完成阅读的组织和阅读结果的总结和整理，也要求学生“将所学习的知识、方法进行综合运用”，“从而培养学生的语文实践能力，提高学生的语文综合素养”。

在这个环节的安排上，我提前让学生自行分组，七人一个小组，并且取一个和《红楼梦》有关的组名。所选问题在课堂上展示出来以后，全班同学选择出他们最感兴趣的论题，再由本星期负责承担问题探讨和交流的四个小组自行选择话题。接下来，利用一个星期的时间，小组成员各自重点研读，并查找资料，然后小组内部成员组合研讨，形成组内意见，最后完成课堂交流和分享。交流形式多样，可以是论文形式，也可以是 PPT 展示。交流的角度也非常广泛。有的紧扣论题作答，例如 11 班“天枢组”在讨论“《红楼梦》一僧一道的作用”时，分别回顾了一僧一道在文中的七次出现，得出“道士和僧人的形象，与《红楼梦》全书骨架有关”的结论，最后得出观点：“道家有一个很重要的理论，那就是事物的发展都有一个由无到有、由弱到强，再由强到弱、由有到无的过程，从而形成环状的循环。《红楼梦》所塑造的宝玉曾是个离经叛道、抗拒封建主义的‘混世魔王’。他厌恶功名利禄，一心追求随心所欲的生活。宝玉具有道家无用之用的思想，道家的虚静之心是他心理基础的一部分。在一开篇，《好了歌》就通过一个癞头和尚和道士唱出来：要想人生好，必须了却功名、金银、娇妻和儿孙。这表明万贯家财终会如尘土般散去，世事多变，暗示贾家衰败的结局，也同时也暗示着宝玉最后的结局。这正是庄子主张的‘无名’‘无功’‘无情’。道与佛教的思想中都有着一种不问俗世，追求自我、不以己悲的思想。”

有的从自己所探讨的人物挖掘文章主旨，体会作者的内心感受，例如 12 班“蘅芜咏菊组”在论及“刘姥姥”这一人物形象时，指出：“刘姥姥三进荣国府，给我们展现了贾府由盛转衰的过程，也暗示着封建腐朽制度终将衰败。作者通过写刘姥姥，体现了作者对底层人民的关心。作者也经历过家族的大起大落，他亲自用社会底层人民的眼来看封建大家族奢侈至极的生活，从而表示了对封建社会以利益为中心的贵族的讽刺，对追名逐利者的厌恶。”

有的巧妙地运用自己感兴趣的内容，个性化地解读问题，例如 12 班“石说新语组”，运用五行“金木水火土”来解读林黛玉、贾宝玉和薛宝钗的名字和人物命运：“水润则生木，木腐朽为土，尘复归于土，土凝为石，石中蕴金。林黛玉是绛珠仙草转世，自归于木；贾宝玉胸前的通灵宝玉是他的象征，玉为石；薛宝钗的金锁亦是如此，锁为金，三者相生相克，纠缠不清，也侧面表现了‘木石前盟’与‘金玉良缘’之前的爱恨情仇。”

有的由所探讨的问题延伸出自我对人生的思考，例如 12 班“良玉组”在赏析完《好了歌》的内容和作用之后，进一步感叹道：“曹雪芹写《好了歌》，意在批判那些把名和利视为自己一生追求目标的人。名和利本是用来满足人的基本需求的，却有人用来满足自己无限的欲望。记得史铁生曾说过：‘人把怎样活着看得比活着本身更重要，只有人才会顽固地追问生命的意义。’让人生变得充裕的不是名利，而是明确自己的目标并为之奋斗。正是因为曹雪芹清晰地知道自己要做些什么并且为此用尽全部心思，才有了现在空前绝后的《红楼梦》一书。”

当然，在学生进行交流与分享的时候，教师也要结合自己的阅读经验进行指导，使学生进一步地加强对小说人物和事件的理解和认识，享受读书带来的乐趣。例如，学生在探讨《红楼梦》中贾宝玉的人物形象时，更多论及的是贾宝玉的“常规形象”——尊重女性，看似离经叛道实则是对现实的反抗。这种情况下，我便请学生们翻开《红楼梦》第三十回，回顾贾宝玉踢门无意伤到袭人这一部分的描写。“哦！对了！其实宝玉也多少有一些大家族纨绔子弟的习气！他尊重女性，但一般是貌美、有性格、有才华的年轻女性，而不是尊重所有女性和下人，他还是存在局限性的！”有学生恍然大悟道：“真有意思！‘红楼’果然是需要‘品’啊！”由此可见，学生和学生之间、老师和学生之间的阅读交流可以使课堂氛围更为热烈，从而让学生在轻松的学习氛围中进一步提高自己阅读的水平和能力。

另外，最值得一提的是，学生在这一环节中，表现出了极大的积极性和自主性，不仅有很多“自主研究”，还在展示形式上给了我很多的惊喜。例如“模仿师生问答形式”，更加有效地促进了同学之间的交流；还有针对“贾宝玉人物形象分析”等这类看似比较“常规”的问题，学生通过“讲相声”的形式，“逗哏”和“捧哏”一问一答，将人物对待他人或事件态度和他们自己在生活中的态度进行比较，寓教于乐，让我们的课堂不再仅仅有“学术气”，还有了“生活气”。

4．关注阅读评价

整本书阅读的容量大、时间跨度长，如何让学生在学习过程中保持热情，完成阅读任务？过程评价是不可或缺的环节。

整本书阅读应该提倡评价主体多元化，包含教师评价、学生自评互评、家长评价以及学校评价等。其中，由于整本书阅读的特点，评价活动的重点环节应该是学生自评和互评，学生主动参与评价活动，对照目标发现自己的不足，调整自己的思考方向。同时，要注重评价方法的多样性，只有充分运用多种评价方法，才能对学生的整本书阅读情况进行较全面的评价。

在我们的《红楼梦》整本书阅读过程中，“评价”实际上是贯穿于整个教学过程之中的。最开始的对论题的选择就是一个教师评价、学生自评互评的过程；然后在“交流分享”阶段，各小组在完成自己的展示后，由学生共同评选出优秀小组，进行积分奖励；之后各小组进一步整合与同学、与教师的阅读交流情况，整理自己的论题内容，形成小论文；感兴趣的同学也可以独自完成小论文的写作。教师再将这些小论文收集起来，交给部分家长，家长看后，写出自己的评语，这些评语同样收入册中，最终集成册子。我想，这或许可以成为高中阶段，我留给孩子们的最好的纪念了。

在平时的考试中，我们也对《红楼梦》整本书阅读情况进行了考察与评价。我们分别从主题、人物形象和情节等角度进行设题，例如“《红楼梦》第五回‘贾宝玉神游太虚境，警幻仙曲演红楼梦’中，警幻仙子邀请贾宝玉品茶酌酒，茶曰‘千红一窟’，酒名‘万艳同____’。请先完成填空，然后说一说如此命名运用了什么手法，作者的用意是什么。”“《红楼梦》第五回贾宝玉神游太虚幻境，‘金陵十二钗副册’中，有一页画着一枝桂花，下面有一池沼，其中水涸泥干，莲枯藕败，后面书云：‘根并荷花一茎香，平生遭际实堪伤；自从两地生孤木，致使香魂返故乡。’这是谁的判词？结合你阅读过的章节举 2 ~ 3 个细节，对人物形象加以解说。”“‘未若锦囊收艳骨，一抔净土掩风流。质本洁来还洁去，强于污淖陷渠沟。’诗句往往是人物自身的写照。上面这四句诗句是《红楼梦》中哪位人物的写照？体现出人物怎样的形象？请做分析。”如此，我们运用多种评价方法，实现了对学生整本书阅读的评价。

真正的阅读，实际上是“自主的阅读”。“工欲善其事，必先利其器”，整本书阅读教学对培养和发展学生的核心素养有着非常重要的作用，给学生的阅读创造一个范例，而学生自己又恰好是这个范例中的主体，从而使得学生们既能了解阅读的方法，又能直接地获得文学熏陶和审美体验，懂得阅读的快乐，体会收获的快乐！

参考文献

[1] 徐鹏. 整本书阅读：内涵，价值与挑战[J]. 中学语文教学，2017（1）.

[2] 巢宗祺. 语文课程标准（实验稿）解读[M]. 武汉：湖北教育出版社，2002.

[3] 王丹. 高中语文整本书阅读策略探讨[J]. 试题与研究，2019（31）.

整本书阅读的高级形态：元阅读

◎李联川　重庆市大足城南中学校

《普通高中语文课程标准》（2017 年版）将整本书阅读列为 18 个学习任务群之首。近年来，各地整本书阅读研讨活动如火如荼，重庆在这一方面走在了前列，编写了《红楼梦》《论语》《乡土中国》《三国演义》等一系列“整本书阅读任务书”，开展了一系列相关的研讨活动。

我们工作室在参与编写“整本书阅读任务书”和教学研讨的过程中，越来越清晰地意识到：我们工作室 2016 年寒假期间开始推广的元阅读，其实是整本书阅读的高级形态。

一、“元阅读”是什么

“元阅读”是一项由重庆市高中语文名师工作室主持人、语文正高级教师张学忠联合重庆市小学语文名师工作室主持人刘小红、渝中区初中语文名师工作室主持人吴莲子发起，由 23 名学员联合组织，20 多所中小学积极参与的阅读活动。

“元阅读”倡导名师引航、学生推荐阅读书目，保障阅读的认知起点适应学生年龄段；倡导学生阅读“原著”，在“原著”上圈点勾画旁批，记录下阅读的初始心迹；倡导阅读后写出自己真实的心得体会，并尝试“元创作”。“元阅读”，即学生阅读起点的“元”（符合学生阅读水平）、阅读过程的“元”（完整的书籍阅读、真实的过程记录）、阅读感悟的“元”（自我且创新）。

2000 年，沈韬在《元阅读：当代阅读理论的新进展》中提出了“元阅读”这一概念。张学忠老师 2016 年在重庆市高中语文名师工作室工作会上提出的“元阅读”，既与之有相同的理论基础，却又大不相同。我们工作室的元阅读研究的理论基础是元认知。元认知过程实质是人对认知活动的自我意识和自我控制。所以，我们的元阅读侧重唤醒学生阅读的自我意识，引导学生进行自我控制。学生自主推荐书目，包括但不限于“新课标”推荐的书目。学生人手一本原著进行阅读，必须在书上勾画批注，写出心得体会，与同学深度交流探讨。在此基础上展开的教学实践，必须包括教学以及诵读、表演、文学创作、书画、影视等相关的活动。

简言之，“元阅读”就是带着对生命、自然、社会、自我的原初看法，不加粉饰、不加限制，充分发挥自我认识的主观能动性与作品对话的阅读方式。它提倡对整本原著的阅读、不带功利目的的阅读、滋养生命的阅读，能够使学生真正完成自我与文本、作者、世界的有意义的对话。

二、为什么说元阅读是整本书阅读的高级形态

1．整本书阅读的概况

中国的传统教育，一直是重视整本书阅读的。1941 年，叶圣陶在《论中学国文课程标准的修订》中提到“把整本书作主体，把单篇短章作辅佐”，第一次明确提出要读整本书。2001 年《全日制义务教育阶段语文课程标准（实验稿）》，明确提出了“提倡少做题，多读书，好读书，读好书，读整本的书”。从此以后，整本书阅读有了很大的发展，很多老师大胆探索，形成了众多的研究成果，有的学校甚至开发了整本书阅读课程。不过，这些研究成果总体来说还只是零星的、局部的、碎片化的。《普通高中语文课程标准》（2017 年版）发布之后，各地整本书阅读研讨活动风生水起。

2．现阶段整本书阅读的弊端

整本书阅读搞得轰轰烈烈，客观上消减了一段时间以来“碎片化阅读”的负面影响，有利于倡导一种更好的阅读习惯，提升阅读的质量和效率。但是，表面的热闹下也暗藏着不少隐忧。部编语文教材总主编温儒敏先生在题为《“三新”背景下的教师业务水平提升》的演讲中讲

道："整本书阅读，我觉得搞得太热了，是不是泼点冷水啊。需要一段时间的实践和思考。……整本书阅读的目标，是拓展读书的视野，形成自己读某一类书的方法。"

事实上，在重视整本书阅读的背景下，作为推动阅读的主阵地的学校却准备不足：高中各方面压力很大，阅读时间明显不足；师资素养不够，如何指导整本书阅读成为难题；评价相对滞后，如何考核评价整本书阅读的效果也是个问题；有一些专家主张考试，但又容易过于强化应试的功利性；有的测试要求过高，出题略显偏、难、怪……

另外，阅读教学容易形成思维定式：既然进入了课堂，那似乎免不了讲授一番，从阅读目标到活动设计，从问题设置到信息反馈，似乎又诞生了一种全新的、可复制、可推广的"新课型"。这种方式肯定有一定的价值，但也容易僵化，甚至从"整本书阅读"走向了"整本书考试"。这样的结果应该是新课标"整本书阅读"提出者不希望看到的。

3."元阅读"与现阶段整本书阅读的区别

"元阅读"在形式上倡导的也是整本书阅读，但又不同于一般意义上的整本书阅读，它不是主题先行式的指导阅读，也不是带着目的的功利主义阅读，更不是在教学中完成的对文本意义的集体建构。

元阅读主要是本源阅读。具体而言，它是"元"阅读：首次利用寒暑假，有针对性地指导阅读并全面展示阅读成果。它也是"原"阅读：阅读整本原著，品尝原汁原味。它还是"圆"阅读：培养圆熟的阅读技巧，训练圆通的写作能力，达到圆融的学习境界。它更是"源"阅读：追求阅读本源，超越世俗生活，建立精神世界。可以说，元阅读最大的特点是追求阅读的本源：自由快乐。

"元阅读"具有如下特点。

（1）系统性：从小学一年级到高中三年级分别引领，每个年级分别推荐书目，阅读的建议、评估手段、展示方式系统完整。而现阶段的整本书阅读则相对笼统，只是分学段推荐阅读内容。

（2）层次性：注重学生年龄差异，针对不同的对象制订阅读目标和任务。阅读过程有专门的老师指导，针对性强。而现阶段的整本书阅读则忽略了学生的层次差异，大体上还是“一刀切、一锅烩”。

（3）方法性：讲究策略，根据课上阅读、课余阅读的不同情况提供合适的阅读方法指导，指导学生对书的内容、主题、艺术特色等进行评价，教会学生终身阅读。而现阶段的整本书阅读则更多强调应试型的阅读方法，忽视终身阅读的习惯养成和方法指导。

（4）交流性：及时对阅读状况（书上的批注情况）及效果进行检查、反馈与评价，择优展示；组织学生及时总结阅读的经验和教训，交流提升，并将阅读能力转化为写作能力。而现阶段的整本书阅读除了课堂就鲜有交流，其实是不太完整的阅读。

综合来看，我们的元阅读更接近新课标设计的“整本书的阅读与研讨”。它是真正的“以学生利用课内外时间自主阅读、撰写笔记、交流讨论为主，不以教师的讲解代替或限制学生的阅读与思考”。教师除了提出学习目标，组织学习活动，引导学生深入思考、讨论与交流外，主要是分享自己的阅读经验，平等地参与交流讨论，解答学生的疑惑。它能够有效地避免阅读走向实用主义甚至功利主义，避免浅尝辄止、断章取义地截取片段信息。它能够真正培养善于深入思考、具有创造思维的人才，培养良好的阅读习惯，提升运用语言的能力、辩证思维的能力、去伪存真的能力。

从这个意义上说，我们的元阅读更能达到课程标准的要求，可以说是“整本书阅读的高级形态”。

三、如何开展“元阅读”（详见本书第 27 页《五步走进“元阅读”》）

1．书目推荐：真正自选，力求优秀

（略）

2. 读法指导：着眼整体，注重批注

（1）常规阅读方法指导。
（2）树立整体意识。
（3）指导学生作批注。

3. 自由读书：享受乐趣，记录收获

（1）时间充足。
（2）形式不限。
（3）记录整理。

4. 评价检测：师生同读，关注差异

（略）

5. 交流展示：形式多样，精神激励

“元阅读”可以更好地激发学生的阅读兴趣，使之掌握读好整本书的方法，养成“多读书，好读书，读好书，读整本的书”的习惯，从而真正成为“整本书阅读的高级形态”。

参考文献

[1] 张楚廷. 元学习概念及其教学论意义[J]. 教育研究，1999（1）.
[2] 沈韬. 元阅读：当代阅读理论的新进展[J]. 中学语文教学参考：教师版，2000.
[3] 程素萍，王聪仙. 阅读策略和元阅读策略在高中语文教学中的训练[J]. 教育理论与实践，2005（15）.
[4] 罗丽. 高中语文教学过程中的整本书阅读探索[J]. 语文教学通讯·D刊：学术刊，2020.

高中生整本书阅读的培养策略

◎石　莉　重庆市万盛经开区教师进修学校

【摘　要】　整本书阅读已经成为语文届的共识。本文主要结合实践探讨高中生整本书阅读的培养策略，即合理安排时间、精心推荐书目、用心指导方法、积极分享成果。

【关键词】　整本书阅读　时间　书目　方法　分享成果

语文学习的关键在阅读。放眼现代社会，知识、信息剧增，碎片化阅读、浅阅读成为主流。在高考、中考的压力下，单篇阅读、应试阅读在语文教学中成为主流。高中学生学习时间紧、学业负担大、考试任务重，但从终身发展和语文素养的提升的角度，笔者还是认为：高中生应该坚持整本书阅读。

整本书阅读是课标的要求。《普通高中语文课程标准（实验）》在必修课程“阅读与鉴赏”中指出，学生应“具有广泛的阅读兴趣，努力扩大阅读视野，学会正确自主地选择阅读材料，读好书，读整本书，丰富自己的精神世界，提高文化品位”。

而且早在 1942 年，著名语文教育家叶圣陶先生在《论中学国文课程改订》中也谈道：“国文教材似乎该用整本的书，而不该用单篇短章……退一步说也该把整本书做主体，把单篇短章做辅佐。”虽然已过去 70 余年，但今天看来，他的思想依然熠熠生辉。

什么是整本书阅读呢？笔者认为，整本书阅读是相对于单篇文章而言的课外阅读方式。名师余党绪在《为什么我们都主张“整本书阅读”》中谈道：“一本书就是一个完整的体系，如同我们的人生，要学会完整地看。”那应该怎样培养高中生阅读整本书呢？笔者经过多年的实践，总结出以下操作策略，以飨读者。

一、合理安排时间

整本书阅读不同于一篇文章的阅读，它篇幅长、阅读量大、耗时多。高中生平常课业负担很重，周考、月考又相当频繁，正常行课期间即便能挤出时间看书，也会是零零散散、断断续续的。学生之前看的内容，过不了几天就会遗忘。学生的思维难以集中，阅读的感悟也不够深刻。所以，安排好阅读时间，是整本书阅读有效推进的前提。

笔者一般将整本书阅读的时间放在寒假、暑假以及国庆 7 天长假。暑假时间较长，一般读 3 本书；寒假时间较短，一般读 2 本就可以了。短小一点的书一般放在国庆节 7 天长假中来读。为了减轻学生负担，让学生心无旁骛地读书，笔者一般不会在这几个阶段给学生布置其他作业。这样安排，学生在假期就会把读书当作重要的任务对待，精神上安心，读书压力也不会很大。

二、精心推荐书目

整本书从哪里来？《普通高中语文课程标准》（实验）指出：“应根据不同学生的具体情况，适时推荐文化品位高、难易程度适当的课外读物。”高中学生经过义务教育阶段的学习，已经具备一定的语文素养。在阅读书目的推荐上，课程标准指出，课外读物包括高中学生阅读的各类图书和报刊，也提供了详细的课外读物建议，有文化经典著作、古今中外小说、诗歌散文、剧本、语言文学理论著作、当代文学作品、科学与人文读物等，可以说涵盖的范围很广，而且都是课本内容的延伸，与课文内容有密切的联系。所以，笔者每学期都要根据必修教材内容，结合学生阶段特点，从课程标准推荐的读物中挑选书目，让学生阅读。

年级	时间	推荐书目	目　的
高一	入学前	《朱自清散文集》 《史记》《双城记》	让学生早日适应高中的阅读量，为必修一、二教材教学做准备
高一	国庆节	《泰戈尔诗选》	巩固现代诗歌的学习，学会迁移
	寒假	《诗经》 《红楼梦》	巩固必修二古代诗歌，与必修三《林黛玉进贾府》教学相衔接
	暑假	《西厢记》《苏东坡传》《契诃夫短篇小说选》	巩固必修四中的剧本、诗歌教学，衔接必修五的短篇小说教学
高二	国庆节	《欧亨利短篇小说集》	巩固必修五第一单元的短篇小说教学
	寒假	《古文观止》 《百年孤独》	巩固选修教材《中国古代诗歌散文选修》，衔接《外国小说选修》
	暑假	王国维《人间词话》 爱克曼《歌德谈话录》	衔接《中国现代诗歌散文选修》《外国小说人物传记》
高三	国庆节	朱光潜《谈美书简》	衔接高三一轮复习中的论述类文本阅读
	寒假	《古今中外名人传记》	巩固高三一轮复习中的人物传记阅读
	暑假	《庄子》《呐喊》《女神》《堂吉诃德》	扩充知识面，为走进大学奠基

张小兵老师在《走进操作层面的整本书阅读》中谈道："每个人的阅读都是有倾向的，教师不能以自己的阅读取向来约束和规定学生的阅读方向。"笔者深表赞同。于是，笔者在推荐读物之余，也会将另外一本书的推荐权利交给学生。但不管哪种推荐方式，教师和学生都必须撰写自己推荐书目的推荐语，让大家明白书籍主要内容。如果是学生推荐的作品，笔者会先将学生写的推荐语汇总，再反馈给学生，然后让学生通过推荐语自行选择，最后以同学们选择最多的书目作为相应时间段内整本书阅读的书目。所以，在学生的推荐下，《与世界伟人谈心》《小窗幽记》《时间简史》《偷走影子的人》《写在人生边上》等作品纷纷进入了高中学生的视野。

需要强调的是，无论是教师还是学生推荐的书籍，教师都必须要跟随学生一起阅读，因为教师的阅读量是否足够、阅读面是否宽广、阅读经验是否丰富，都将直接影响今后的整本书阅读效果。当学生出现阅读困惑的时候，如果教师能够凭借自己的阅读体验加以精当的点拨和指导，就能让学生感觉到老师的关爱。

三、用心指导方法

整本书阅读书目确定后，为了培养学生的良好阅读习惯，接下来，教师就要对学生整本书阅读进行方法指导。这是做针对性的引领，正如叶圣陶先生提出的那样“关于阅读各书之具体方法，应由教师提示之”。阅读方法层出不穷、各式各样，笔者在多年的整本书阅读活动实施中，一般给高中学生提供以下方法指导。

1．词句抄录法

整本书中必然有许多描写精当、意境优美、意蕴深厚、富含哲理、修辞新颖的句子，学生首先要做的是将这些最激荡心灵的词语、句子摘录下来，誊写在阅读积累本上，读一读、背一背、仿一仿，写作、日常说话的时候还可以引用它们，真正将阅读转化为自己的表达资源。正如叶圣陶先生说：“多读作品，多训练语感，必将渐能驾驭文字。”长此以往，学生积淀丰富了，自然会厚积薄发、熟能生巧。

2．圈点批注法

圈点勾画、评点批注是一种传统的阅读方法，强调学生的阅读个性，非常适用于整本书阅读。如何做批注、做哪几类批注，教师都要给学生讲解、示范。遇到不认识或难懂的字、词、成语，应让学生查字典，批注词义，积累高考字词；遇到一些学生不了解的文化常识、历史典故，应让学生查阅资料，批注关键内容，扩充知识面；读到一些震撼心灵的句子，应让学生批注自己独特的理解、感悟，提升思维能力；读到一些有疑惑的句子，应让学生批注自己的疑问，提高质疑能力；读到一些启发人联想的句子，应让学生及时批注自己想象的内容，培养学生的联想能力；还可以批注中心思想、写作手法、文章结构、语言特点等。从形式上，可以是符号批注、文字批注，也可以画一幅画、编一首歌、写一首诗。总之，不管批注什么内容，都要尊重学生的阅读体验，都要鼓励学生深入文本，大胆与文本对话，与作者对话。

3．读写结合法

叶圣陶先生说："阅读是吸收，写作是表达。"写就是把阅读后的思考通过文字固化下来。整本书阅读完之后，应该让学生对整本书有一个系统的思考，指导学生从"文"中脱离出来，对文字材料进行评价，质疑变通，写一篇较为完整的读后感、小论文、人物评论、书评、札记等。这是对阅读的一种宏观鉴赏，具有超越性。学生的优秀作品，教师可以鼓励其投递到相关报刊。如果学生的文章在报刊上发表，将极大激发他们的阅读和写作热情。优秀作品数量较多的话，教师可以将它们汇编成册，成为班级整本书阅读活动的精品成果。这样读写结合，随着读书量的增多与质的提升，必然会提升学生的语文综合能力。

当然，"教方法"的真正目的是引导学生形成属于自己的整本书阅读方法，而不是命令学生亦步亦趋。学生在方法的引领下，阅读整本书的时候就会更加有序。

四、积极分享成果

整本书阅读完了，学生也有了一些成果。教师就要创设各种活动，利用多样的形式来分享学生的阅读成果，碰撞智慧，提炼升华。笔者一般采取的形式有以下几种。

1．晒晒阅读痕迹

假期结束后，教师应该立即将学生阅读的整本书收上来，检查学生的阅读痕迹。对于批注详细、见解独特、赏析精妙的学生书籍，教师除了表扬之外，可将它们陈列在教室的图书角，供学生课间翻阅。这样既鼓励了做得好的同学，又能起到很好的示范作用，还可以鼓励学生对上一个学生批注内容中自己感兴趣的部分用另一种颜色的笔继续批注。

2．举行阅读报告会

报告会的形式多种多样，可以是朗读比赛，可以是课前演讲，也可以用专门一节课，选各个层次的学生做报告分享。教师可以将报告分享的核心内容以手抄报或者班刊的形式汇总，向班级以外的更多学生展示。

3．做一套阅读试题

学生看完作品后，对内容熟悉与否，可以通过阅读题来检测。笔者一般会在学生阅读后，放假归来时，给学生两套题，一套来源于老师，一套来源于学生。笔者主要是结合考纲，针对书目内容，精心设计阅读试题，让学生在课堂上定时完成。每个学生也结合自己的阅读体验，设置一个题目，教师再从中挑选有考试价值的题，组合起来，以专题知识抢答赛的形式，供学生抢答。

4．开展课堂讨论

学生阅读完整本书后，教师可以选择具有代表性的、不同侧面的内容展开课堂教学，开展一些大小、难度适中的课堂讨论，引导学生再次与文本对话、与作者对话、与老师对话、与同学对话，碰撞智慧，交流阅读方法，提升阅读能力。

教育家苏霍姆林斯基曾说："让学生变聪明的方法，不是补课，不是增加作业量，而是阅读、阅读、再阅读。"整本书承载的内容丰富，如果一个语文教师能让自己的学生爱上阅读，爱上整本书阅读，那将是一件使学生终身受益的事情。

参考文献

[1] 张小兵，倪峰．走进操作层面的"整本书阅读"[J]．语文教学通讯，2016（9A）．

[2] 佘党绪，叶开．为什么我们都主张"整本书阅读"[J]．语文教学通讯，2016（7-8A）．

[3] 乐赟. 高中生整本书阅读策略思考[J]. 教育科学：全文版，2016(7).
[4] 胡春梅. 外国文学名著整本书阅读策略探析[J]. 语文建设，2016(9).
[5] 侯晓田. 名著导读课的设计策略[J]. 中学语文教学参考，2016(7).

整本阅读　一条提升语文素养的捷径

◎程红辉　重庆市梁平红旗中学校

【摘　要】针对当前中学生阅读层次浅，不系统以及阅读功利化等现象，本文强调整本书阅读的重要性，还对整本书阅读的一些路径进行了探索。

【关键词】整本书阅读　深层次　语文素养

“一个人的精神发育史就是他的阅读史。”[①]不阅读或浅阅读或将造成学生群体的精神贫瘠荒芜。如何提高中学生的语文素养？如何在阅读与高中语文教学之间架起一座桥梁，避免高中语文教学之路越走越窄的窘境？笔者认为除了有效地利用课内资源之外，引领学生进行课外的“整本书阅读”将是一条捷径。

教育部发布的《高中语文新课程标准》要求高中生“具有广泛多样的阅读兴趣，努力扩大自己的阅读视野。学会正确、自主地选择阅读材料，读好书，读整本书，丰富自己的精神世界，提高文化品位。一年内课外自读五部以上文学名著及其他读物，总量不少于 150 万字”。

---

① 朱永新：《改变，从阅读开始》，天津：天津教育出版社，2007 年。

但放眼当下，由于学习压力大、时间紧，高中生的阅读情况不容乐观。问题主要体现在以下几个方面。一是阅读面窄，层次浅：部分学生喜欢快餐文化、娱乐文化、网络文化，看一些意义不大甚至有负作用的书籍，造成开卷无益，浪费时间。二是阅读不系统、无目的，散乱随意，收益甚小。三是为了阅读而阅读，这类阅读只是为了应付高考、提高作文成绩而进行的片段式阅读，急功近利，浅显浮躁。这种浅层次、散乱式、功利化的阅读无疑不利于提高学生的语文素养和文化品位，与阅读的本意、与《高中语文新课程标准》提出的“读好书，读整本书，丰富自己的精神世界，提高文化品位”的要求相差甚远。余秋雨先生曾在《青年人的阅读》一文中说道：“只有书籍，能把辽阔的空间和漫长的时间浇灌给你，能把一切高贵生命早已飘散的信号传递给你，能把无数的智慧和美好对比着愚昧和丑陋一起呈现给你。区区五尺之躯，短短几十年光阴，居然能驰骋古今、经天纬地，这种奇迹的产生，至少有一半要归功于阅读。”所以，无论我们想培养一个能够在考试中脱颖而出的骄子，还是想培养出一个智慧的能人，进行整本书阅读无疑将是最有效的培养方式。

在语文教学中，阅读，尤其是整本书阅读的重要性日渐突出。吕叔湘先生在谈到阅读的作用时曾说：“同志们可以回忆自己的学习过程，得之于老师课堂上讲的占多少，得之于课外阅起的占多少。我想自己大概是三七开吧，也就是说，百分之七十是得之于课外阅读。”吕先生谈到的这个比例不一定精确，但探寻那些杰出人才的求学之路，谁能否认整本阅读的深远影响呢？因此，课堂上的和书本上的教学是单薄的，有限的。要提升学生的语文素养、提高学生的整体文化水平，就要提倡整本书阅读。整本书阅读为学生提供了广阔的思维空间，让他们在不同的作品之间、不同的作者之间、不同的时代之间进行感知比较，从而在与他人的观点交锋中促使自己做出更准确更有力的判断，获得良好的熏陶。整本阅读不同于单一文章或是杂乱文章的阅读，也不同于教材上的单篇短章阅读，它要求学生读整本的书，了解、激发学生的阅读兴趣，让之有强烈的阅读成就感。整本阅读让学生对语文课堂上学到知识能够举一反三，豁然开朗；让学生学到最丰富的语言，有利于他们根据自己的喜好进行整理吸收。当他们读到大量的经典作品的，阅读能力将会大大提高，这种提高不是暂时的，而是可持续的，是能给学生升学和成长提供丰厚养料的，在将来的人生路上也于他们有极大益处。

整本阅读真正体现了语文教学中“老师是主导，学生是学习的主体”的新课标要求。在语文课堂上，教师以课本为主，引导学生对其中的作品进行字、词、句和篇章的理解。老师讲解细致、深刻，学生查阅资料进行补充学习。但对于有些鸿篇巨制的某一节选，学生在有限的时间内查阅到的部分资料是不够的，必须要读原著、读一整本书，然后再精读、精学课本中节选的内容，在语文教师的引导下，才能更深刻地体会作品的精妙之处。以《红楼梦》为例，《红楼梦》的语言是汉语运用的最佳典范，无论是叙述语言还是人物语言，都十分纯熟，课文中节选的是“林黛玉进贾府”这部分内容，此文对人物的刻画比较典型，但是要体会出《红楼梦》语言运用的高妙与精彩，仅仅是这一小部分是不够的。学生没有对文中主要人物有一个系统的感知，对贾府的具体情况不了解，就很难把握《红楼梦》中体现的一个簪缨世家的礼节是如何繁复、等级多么森严！再如课文中节选的《老人与海》和《林教头风雪山神庙》这两篇课文，如果能让学生整本阅读后再来品鉴这两个小部分，学生在课堂上就会有话可说，感受各不相同。如此的课堂，老师上起课来，得心应手，效果事半功倍。

那么如何指导学生进行有效的整本书阅读？除课本阅读之外，面对大量课外书目，大部分学生都比较茫然，不知该选择哪些书，更不知该怎样有效地阅读。在这里我们提倡“元阅读”：带着我们对生命、自然、社会、自我的原初看法，不加粉饰、不加说明，充分发挥自我认识的主观能动性，通过阅读的方式与文本进行对话。它不是主题先行式阅读，也不是带着目的的功利主义阅读，更不是在讨论中完成的对文本意义的集体构建，而是在自我知识经验的基础上，让思考成为文本与自我的真实的对话。

一是调整阅读的心态。

指导学生从自我阅读需求出发，不急功近利。不带功利之心去读书，不用浮躁之心去读书，从自我的阅读需求出发，感受书中的宏大震撼、深沉厚重、优雅淡定、温情美好……莫言在诺贝尔文学奖答谢晚宴致辞时说："文学和科学相比较的确没有什么用处。但是文学的最大用处，也许就是它没有用处。"无用方为最有用，这种最有用体现在潜移默化和润物无声上。无用之美、方为大美，无妙之妙、人生大妙。孟子曾说："学问之道无他，求其放心焉而已矣。"唯其放心，才能面对整本书有耐心地读完，唯其不急功近利，才能体会阅读整本书的妙处。

二是引导学生阅读的方法。

在以往的整本书阅读中，我们大多是囫囵吞枣式的阅读，读完了事，较少地进行深入思考，过目即忘。怎样才是有效的读书方法呢？笔者最推崇的是毛泽东的阅读方法，这个方法用于整本书阅读同样有效。毛泽东博览群书，其中"三复四温"式阅读和"不动笔墨不读书"是他主要的读书方法。所谓的"三复四温"就是对自己看过的书不断地重温、反复地研读，书读百遍、其义自见。一本作品，往往内涵丰厚，学生每读一遍，自然会有不同的感受和发现。所谓的"不动笔墨不读书"就是在阅读的过程中，要留下阅读的痕迹，进行圈点勾画，做批注。这种阅读方法可以让学生在读中思、在思中读，同时也可以获取一些好词好句。在作文及交流中运用的批注，可以是符号式、圈点式的勾画，也可以是文字式的阅读理解、心得体会、字句推敲、对比联想等。当然，当学生遇到那些比较难懂的书籍，教师要指导他们根据自己的需求进行泛读，甚至是"硬读"。我们提倡以"泛读"为基础，然后选择自己中意的书"硬读"下去，否则，整本书阅读很难完成。

三是创造良好的读书氛围。

为了更好地引导学生进行整本书阅读，学校应该创设良好的读书环境，开展一系列读书活动。如明确推荐书目、明确跟读指导老师、明确阅读时间和阅读任务。明确在什么年级可以读哪些书，由学校提供书目，学生根据自己的喜好进行选择。明确跟读指导老师，使学生在进行整本阅读遇到无法解决的困难时，可以向相应的指导老师求解。明确阅读时间和阅读任务，整本阅读以寒暑假时间为主，平日课余时间为辅，完成相应的阅读任务，参与学校组织的阅读活动。这些活动的目的就是要创造良好的读书氛围，激发学生的阅读兴趣。如趣味测试，由老师和学生一起根据学生阅读的书本命题，学生参与试题竞赛；把文学作品的内容改编成话剧，进行表演；提出一本书内的某个问题，让学生围绕这个话题开展辩论赛；聘请专家开展阅读讲座，深入探究作品；开设整本书阅读交流角，定时定点定交流的内容；等等。

古人说，最简便的修养就是读书。当整本阅读得以落实，当阅读成为一种习惯，高中语文的教学之路将会越走越宽阔、越走越深远。从这个意义上讲，鼓励学生进行整本书阅读的方法是高中语文教学中的一股清流，是提升学生语文素养的一条捷径！

参考文献

[1] 罗丽. 高中语文教学过程中的整本书阅读探索[J]. 语文教学通讯·D刊：学术刊，2020（5）.

[2] 何郁. 为整本书阅读提供一份样例[N]. 中华读书报，2020-04-01（10）.

[3] 赵岩. 中学整本书阅读教学中的教师定位[J]. 中国教师，2020（3）.

[4] 陶学敏. 基于核心素养的整本书阅读拓展活动策略研究[J]. 科学咨询：科技·管理，2020（3）.

以“整本阅读”为途径，提升当今中学生人文素养

◎罗　佳　重庆渝中职业教育中心

【摘　要】　随着素质教育的不断发展，人们对学生人文素养的重视与培育已经发展到了一个相当重要的程度。学生的人文素养可以体现他们与自然、与社会和与其他人相处时的人生观和价值观。人文素养的缺失会直接影响个人甚至整个民族社会和国家的发展。学生是民族的希望，承担着未来国家精神文明和物质文明建设的重大任务，因此通过阅读特别是整本阅读来提高学生的人文素养非常有必要。本文将从“整本阅读”的概念入手，谈一谈整本阅读与当今中学生人文素养养成的关系。

【关键词】　整本阅读　人文素养　途径

一、整本阅读概念

1941，叶圣陶老先生在《论中学国文课程标准的修订》中对“读整本的书”做了专门的阐释——“把整本书作主体，把单篇短章作辅佐”，这是叶老第一次明确提出要读整本书。

1949 年，《中学语文科课程标准》中做了这样的表述：“中学语文教材除单篇的文字外，兼采书本的一章一节，高中阶段兼采现代语的整本的书。”

2001 年 7 月出版的《语文课程标准（实验稿）》在教学建议部分也这样提到：“培养学生广泛的阅读兴趣，扩大阅读面，增加阅读量，提倡少做题，多读书，好读书，读好书，读整本的书。”

最近几年，教育界更加注重在语文教学中普及“整本阅读”的主张，“要重视培养学生广泛的阅读兴趣，扩大阅读面，增加阅读量，提高阅读品位。提倡少做题，多读书，好读书，读好书，读整本的书”。

由此可见，“整本阅读”是语文学习中一个非常重要的理念。

二、为什么要整本阅读

教育家苏霍姆林斯基曾说：“让学生变聪明的方法，不是补课，不是增加作业量，而是阅读、阅读、再阅读。”还有这样一句话：“要想解决学困生的问题，光靠补课是不行的，靠题海战术也是不行的，只有一个方法：用心地读书。”而且越是学习困难的学生就越得大量地读课外书。为什么要读课外书呢？因为教科书虽然是精心选编，但是篇幅短小、内容狭窄，与浩如烟海而且经过大浪淘沙后沉淀下来的文学巨著相比，只是沧海一粟。书本只能让学生们课内得法，但却无法获得大量的知识、经验，无法形成宽广的知识文化结构，更无法培育出学生深厚的人文素养。正如朱永新教授所说：“一个人的阅读史就是他的精神发育史”，要想让同学们精神更丰富，语文能力更突出，为学生一生的发展而奠基，就得大量的阅读。

也就是说，要形成宽广的知识结构，丰富的文化内涵，陶冶情操，提升品格，整本阅读必不可少，它是提升学生人文素养的一个重要途径。

三、当今中学生人文素养现状

人文素养是人通过学习人文知识而形成的内在品质和修养，也是人文知识和人文精神作用于人而形成的心理品质。人文素养需要优秀文化来滋养，需要人文精神来熏陶，它是人文素质的基本内核，没有人文素养作底蕴，不可能有人的全面发展。当代中学生只有具备基本的人文素养才能不断地完善个人品性，才能真实地感受和体验到人生的美好与幸福。

但是，当今社会正处于一次大规模、全方位的转型时期，在社会的这种巨大转型中，在传统与现实的交锋中，各种新观念纷至沓来，从不同程度上影响当代高中生的道德素养、文化素养、业务素养以及价值取向，给高中生内心带来了浮躁和不安。随着市场经济的不断发展，我们常常仅通过技能的掌握来衡量学生的能力，而忽视了学生人文素养方面的教育，致使许多学生对人类的文化遗产知之甚少，对中华民族的悠久历史、灿烂文化缺乏应有的了解，缺乏高中生应具有的文化素养和情操品格。新时代学生人文素养的缺失，将会造成整个社会的人文精神滞后，不利于社会精神文明的发展。

在这样的时代背景下，我们提出要以整本阅读为途径，提高当今中学生的人文素养。只有通过大量广泛的阅读，学生才能接触到不同的读物，从不同种类的书籍中取其精华，满足自己的精神需求，提高自身的道德情操。日积月累的阅读能够帮助学生树立正确的人生观、世界观和价值观，在广袤的阅读海洋中，他们能够开阔视野，感受文学作品中的人文精神，丰富自己的人文素养。

四、以整本阅读为途径提高中学生人文素养

1. 教师充分准备，进行指导交流

指导学生进行整本阅读之前，教师必须应对书单要求书目通读一遍，要做尽可能充分的前期准备，保证在学生的阅读过程中能进行有针对性的交流与指导，同样也能恰当地保持对学生持续性阅读的期待。

2. 根据学生实际，精心挑选书籍

事先调查学生的阅读状况，了解学生的阅读基础。以东西合璧、古今结合、读经典为原则指导学生整本阅读，根据学生基础分层推荐，尽可能让每个层次的学生有持续阅读的兴趣。让不同层次的同学有比较充分的选择自由，这样可以最大程度上降低学生“被迫阅读”的抵触心理。

3. 采取多样形式，激发阅读兴趣

兴趣是最好的老师，尽管整本书阅读是学生利用课余时间的自主阅读，但若能在教师的持续引导鼓励下自觉阅读，无疑会使整本书阅读事半功倍。例如教师可以安排“读书交流会”，让学生分享自己对于读书

的认识以及经验，给学生一个自由交流的空间，同时教师也可以看到学生已有的成果或者问题，及时调整指导思路，提高阅读效率。还可以以读书笔记的形式，让学生和文本作者对话，获得和作者大体相同的感受；让学生和文本对话，学习文本语言及基本的表达方式；让学生和自己对话，在生活中、在阅读中找到自己的感受……

整本阅读是提高当今中学生人文素养的有效途径，它以阅读为手段，渗透和贯彻人文素养的培养，对于学生未来的发展起着至关重要的作用。因此，教师一定要勤摸索、勤实践，通过引导学生进行整本阅读，使学生养成健康的人格及高尚的道德情操。通过介入学生的阅读过程，成为学生整本阅读的参与者、指导者，最终引导学生成为整本书阅读的真正主人，全面提高学生的阅读能力及语文水平，并使之养成喜欢阅读、终身阅读的良好习惯。

参考文献

[1] 王晓东，陈桃源. 高中历史应用能力训练教程[M]. 北京：中国电力出版社，2006：98-100.

[2] 董菊初，吕志敏. 叶圣陶语文教育思想概述[M]. 北京：开明出版社，1998：58.

君子人格的涵育对当代学生成长作用浅析

——以阅读《论语》和《道德经》为例

◎牛联欢　重庆市复旦中学校

【摘　要】　当今的应试教育的背景下，人们过多地强调学生的成绩，忽视了学生的全面发展，以至于与学生有关的极端事件时有发生。这无不反映出学生人格的缺失。怎样涵育学生的君子人格是每一个教育者面临的问题。君子人格本身含有丰富的道德内涵，阅读中国传统文化的重要载体《论语》和《道德经》，我们在吟诵和探讨中领悟君子人格的真谛，在现实中践行，使学生全面而自由地发展。

【关键词】 君子人格 《论语》 《道德经》

君子最初意思为“君之子”，在先秦典籍中常与小人相对，更多强调其政治地位，由于其崇高的政治地位、对知识的拥有以及在社会上的影响力，在儒家的经典《论语》中，君子更多成为一种理想人格，被赋予了更多的道德内涵。

当今社会，校园欺凌事件多有发生，大学投毒事件也见诸报端，种种现象让人触目惊心，折射出教育中健全人格教育的缺失。教育的本质是人的全面、自由的发展，不是简单的唯成绩论，当我们把成绩看作评价学生的唯一标准时，学生正确的世界观、价值观、人生观也就无从形成了。

如何让学生全面自由地发展，让学生在拥有知识的同时兼具君子人格，拥有较高的道德品性？如何让学生在进入这个竞争激烈的社会后能够拥有平和的心态，理智地面对生活中的变故，进退从容，不骄不躁，能够更好地发展自己？此答案我们可以在对传统文化的学习中找到。从传统文化中汲取营养，对高中生进行君子人格的涵育，健全其人格是十分必要的。因此，对传统文化重要载体《论语》和《道德经》的阅读是非常有必要的。

《论语》是记载孔子及其言语行事的重要儒家经典，自从西汉董仲舒提出“罢黜百家，独尊儒术”之后，以《论语》为载体的孔子思想迅速传播，影响日益深广，涉及政治、思想、文化、教育、伦理等各个领域，成为中国传统文化重要的源头。

《道德经》是中国古代道家学派的主要经典，内容富赡，思想深邃，说理透彻，思想辩证，文字隽永，对中国传统文化的形成、发展以及对中国人国民性格的塑造起到了很大的作用，其思想直至今日依然影响着我们。

司马迁在《史记》中说："世之学老子者则绌儒学，儒学亦绌老子。"在百家争鸣的时代，两种思想在不断地交锋。然而，两种思想在表现出相异的同时也有相通的一面。

利用课前五分钟进行阅读。高中生由于学习紧张，阅读时间少，对于这种难度比较大的阅读是有畏难情绪的。首先准备好这两本书，选定好版本，人手一本。每节语文课都会让学生轮流做"课前五分钟"，学生事先做好准备，在积累本上摘抄一段或者两段文字，并用红笔标出重点的字词，投影出来，自己面向同学背诵，背诵完之后，可以结合身边或社会上的事情来谈谈自己的感悟和看法。这样可以积少成多，亦可古为今用。

如读《论语·乡党》时，学生首先背诵："厩焚，子退朝曰：'伤人乎？'不问马。"学生在背完后，会结合现实谈到自己的理解，他会谈到孔子比较重视人而不大关心马。如果理解到此为止，那么对这句话的理解势必停留在比较肤浅的层面。当然，这对阅读面不广、知识积累不足的学生来说，也是非常正常的。这时就需要老师做好引导，老师可以诱导性地提出问题。如：关心人胜于关心马，这不是很正常吗？这也值得记载在儒家经典《论语》中吗？通过诸如此类引导性的问题，引导学生逐步理解。正如对上面这个问题的引导，学生就会了解到，在春秋时期那个阶级分明的社会，在贵族的眼中马毫无疑问比作为奴隶的养马人更为重要，但是当马厩失火后，孔子首先关心的是养马的奴隶，这里面无疑体现了一种博大的人文关怀，体现了对生命的尊重、对生命的珍视。这种在阅读的过程中对学生的润物细无声的滋润，可以健全学生的人格。

阅读《论语》，能使学生树立高远理想。孔子周游列国，名闻天下，虽其主张屡不见用于君王，但他始终坚信君子无终食之间违仁，即使厄于陈蔡，惶惶如丧家之犬，但他始终和弟子始终弦歌不绝，高扬理想主义的大旗，始终不忘自己对于家国天下的责任，怀着"虽千万人，吾往矣"的无畏精神奔走呼告。梁启超曾经大声疾呼并期待中国少年强大，正是期待少年树立崇高的理想，国家强大能自立于世界民族之林。中国社会在近现代经历了剧烈变动，经历了种种变化。改革开放后，一切以经济建设为中心的口号让人们的关注焦点放在物质层面而忽视了精神世界的丰富，有些人失去了理想与奋斗的精神。在当今这个物欲膨胀、浮躁喧嚣的时代，阅读《论语》，体悟圣人思想，对青少年树立崇高理想、增强社会责任感、重拾自信无疑是具有重要意义的。毕竟，虽然历经几十年的快速发展，中国已非往日的积贫积弱，但实现中国未来梦想的路并不平坦，正所谓“士不可不弘毅，任重而道远”。那么有了崇高的理想又该如何做呢？其实孔子在这方面也有精辟的见解，孔子说：“士志于道，而耻恶衣恶食者，未足与议也。”真理如空气，不可一日无之，有了对道、对真理的追求，就要不忘初心，时刻砥砺自己。如果立志高远，却过分在意衣食之优劣，有攀比之心、存浮华之念，也只能像仲永一样徒有先天优秀的资质，最终落得泯然众人的结局。毋做语言的巨人、行动的矮子。孔子在这方面更多侧重于谈论个人的修养，崇高理想的树立需要良好的个人修养，这也是不可少的。

阅读《论语》，还能使人们树立素质教育的理念。素质教育已被倡导了很多年，很多时候是雷声大、雨点小，最终还是一切向成绩看齐。为此，不重视甚至挤占体育、美术等课程的现象也时有发生。无疑，我们都想使自己的学生成为一个优秀的人，那么，是不是成绩好了就是优秀？如果不是，又该如何教育学生？怎样去塑造一个学生？青年毛泽东在《体育之研究》一文中提出了“文明其体魄，野蛮其精神”的口号，这就说明有高远的志向、坚毅的品质固然可喜，但强健的体魄对于个人人生价值的实现也具有重要的前提意义。纵观古今中外那些尚武的先贤、勇壮的烈士、洒脱的剑客，他们身上体现出的力拔山兮气盖世的“猛烈”和“不畏”使人感动，他们之所以能够成就大业、彪炳史册，无不是身健气雄之故。其实在《论语》中，孔子就提出了教育的目的具体表现为四个方面：“子曰：‘志于道，据于德，依于仁，游于艺。’”“志于道”，这里的道包括天道、人道、形而上的和形而下的道。道在中国传统文化中内涵丰富，理解为对高远理想的追求也是可以的，作为学生，想取得一个好成绩也是高远理想中的应有之义。在实际的教学中鼓励学生在学习中树立高远的目标，争取考高分也不为过。甚至孔子也认为，“忧道不忧贫”，这更突出了道的重要性。“据于德”即依靠德来树人。个人无德难以立于社会，国家无德也难兴旺。试观今日中国社会，诚信缺失、职业道德沦丧等问题层出不穷，这提醒我们，教育中的道德教育是不可缺少的，特别是语文教学，更要在教学的过程中对学生进行道德层面的教育引导。管子曾说：“仓廪实而知礼节，衣食足而知荣辱。”物质层面满足后，人势必向更高的精神层面迈进。儒家亚圣在《孟子·滕文公上》也讲：“饱食暖衣逸居而无教，则近于禽兽。”这说明了教育过程中道德教化的重要性。“依于仁”即依傍于仁，前面的道德教化以及树立高远理想加强了仁的体，加强了学生的内心修养，依傍于仁外在的表现就是爱人爱物。内心的修养得到加强后，对人对物有爱心，会爱人、爱社会、爱国家。这些心态类于墨子的兼爱和西方文化中的博爱。“游于艺”，艺在孔子时代专指六艺，即礼、乐、射、御、书、数六种技艺。射箭和驾御战车是春秋时期贵族必须掌握的技能，传统印象中的孔子温文尔雅、彬彬有礼，其实孔子也不乏勇武之气。历史上的齐鲁夹谷之会，齐强鲁弱，孔子以其凛然之气屈强齐、正典仪，为鲁国赢得了尊严。孔子本人如此，其教育思想也更关注人的全面发展。

君子不器。器有形，有定型，虽然孔子此话侧重为政方面的通才，但后人亦可借用来阐述自己的观点。在教育中教师要注重健全学生人格，注重学生的全面发展，博学慎取，读万卷书，加以躬行，验之以实践，切问近思，才能有真知灼见，才能笃志，才能借好风之力，遂青云之志。

《论语》讲责任、讲担当，鼓励人积极进取，这对于高中生树立高远的理想、努力学习无疑是非常重要的精神力量。但是，学习的压力，考试的不理想都会时时让他们有一种挫败感。当既有的理想、目标实现不了的时候，当挫败感越来越强的时候，学生的心理情况就会不稳定。在此时，道家《道德经》的力量就会充分显示出来，它能促使人回到自己的内心，调整自己，使自己保持一种平和的心态，进退从容，从而蓄积足够的再前行的力量。

人走极端，往往是因为不能辩证地看问题。而《道德经》一书充满了朴素的辩证法，认为任何事物都是矛盾的对立和统一，“有无相生，难易相成，长短相形，高下相倾，音声相和，前后相随”，这就揭示出了任何事物都有它的两面性，都是对立统一的，并且在这种相互依存和相生相克的情况下，事物双方都朝着其相反的方向转化。所谓“反者道之动”。如果学生能够理解这样一个道理，那么考试失败就只是一种暂时状态，学生会对再次取得好成绩比较有信心，不至于丧失自信心甚至做出极端举动。

教师要引导学生正确看待成绩，秉承正确的学习态度。在目前应试教育的大背景下，强调成绩是不可少的，但只强调成绩，势必要按照成绩把学生分为三六九等。成绩好的同学容易出现的问题就是骄傲自满，此时阅读《道德经》得到的智慧会警告他“不自为大，故能成其大”，卑弱处下，谦卑自守，方能进一步取得优异的成绩。成绩不太理想的同学在感受到学习压力的时候会急着追赶，但往往欲速则不达，《道德经》会告诉他：“企者不立，跨者不行。”只有循序渐进，慢慢地追赶，才能实现超越。

虽然儒、道争鸣，但它们在涵育君子人格方面都起到了重要的作用。两派思想无论是积极进取还是退回自己的内心、守护自己的心灵港湾，无不强调个人的人格修养，对于处于人生观、世界观、价值观正在形成时期的高中生而言无疑具有重要的引导作用。同时，《论语》和《道德经》中都有不少关于如何与人相处的经典之语，这对于在处于集体生活中的独生子女来说无疑具有重要的指导意义。同学之间和谐相处，会营造出和谐的班级氛围，在这种和谐的班级氛围下，学生能够心情愉悦地学习，真正达到《论语》所说的“学而时习之，不亦乐乎”的理想状态。

与成绩相比，健全的人格无疑是更为重要的，只有在阅读经典的过程中用心体会，涵育君子品格，方能达到教育的最终目的，成就学生。

参考文献

[1] 程树德. 论语集释[M]. 北京：中华书局，2013.
[2] 杨伯峻. 论语译注[M]. 北京：中华书局，2006.
[3] 王弼. 老子道德经注[M]. 北京：中华书局，2011.

区域推进高中语文整本书阅读的实践

◎石 莉 重庆市万盛经开区教师进修学校

【摘 要】 在区域推进高中语文整本书阅读的实践中，笔者通过问卷调查，了解到学生整本书阅读和教师指导学生整本书阅读现状，并据此开展了整本书阅读的比赛、教学研讨、课题研究、课程构建等活动，激活了区域整本书阅读的氛围。
【关键词】 整本书阅读 现状 比赛 教研 课题 课程

整本书阅读是近三年高中语文的热词。尤其是“整本书阅读与研讨”作为学习任务群 1 写入《普通高中语文课程标准》(2017 年版)后，全国各地都掀起了“整本书阅读与研讨”的热潮。作为区域高中语文教研员，笔者一直特别关注整本书阅读，不仅自身每天坚持阅读整本书，加强对整本书阅读的研究，而且近三年通过多种渠道，带领着区域高中语文教师和学生阅读了大量的整本书，在整本书阅读与研讨上做了一些尝试。

一、依据：问卷调查，分析阅读现状

在开展整本书阅读之前，2017 年 4 月，笔者通过问卷星，在网络上发放了两份问卷，一份是高中生整本书阅读情况调查问卷，一份是教师指导学生整本书阅读情况调查问卷。最终收到学生有效问卷 298 份，教师有效问卷 73 份。下面就其中的相关数据进行分析。

1. 我区高中生整本书阅读现状

在学生对整本书阅读的认知感受方面，超过一半的学生选择了“喜欢”，且认为它比较重要。这说明学生是有阅读兴趣的。从学生阅读整本书的时间和量看，43.96% 的学生每次阅读能持续一个小时，39.6%

的学生阅读整本书需要一个月，56.71% 的学生阅读整本书的时间集中在寒暑假，53.96% 的学生一学期最多看了 2 本课外阅读物。这说明学生整本书阅读需要有充分的时间作保证，学生阅读量偏少。从学生阅读内容及倾向看，学生的阅读范围和兴趣是比较广泛的，但对经典名著的关注较少。从学生的阅读方法来看，48.99% 的学生的阅读习惯是单纯翻看阅读，这说明学生的阅读方法较少且处于浅阅读状态。50.67% 的学生希望在整本书阅读中得到老师的指导。

2. 我区教师指导学生整本书阅读教学现状

从教师自身整本书阅读情况看，91.8% 的教师是喜欢整本书阅读的，且认为整本书阅读对自身有重要作用。但大多数教师只是偶尔读一读，阅读时长也有限。从教师对高中生整本书阅读的态度及指导看，78.08% 的教师非常支持学生进行整本书阅读，且认为整本书阅读对学生有很大帮助，57.53% 的教师经常向学生推荐名著。这说明，我区高中语文教师是支持学生进行整本书阅读并且了解其重要性的。但在实际操作中，许多人并没有帮助学生制定阅读计划。绝大多数教师也只选择在寒暑假前布置整本书阅读任务，没有固定的阅读指导时间，对学生的指导方法也比较单一。从教师缺乏对学生的整本书阅读指导的主要原因看，80.82% 的教师选择了整本书阅读的教学定位难以把握，选择教学方法的欠缺和没有可供借鉴的有效经验和成熟方案的教师分别占比 73.97% 和 69.86%。

基于以上数据，笔者认为要推进我区整本书阅读需要循序渐进，由观念到行动，由浅入深逐渐激活整本书阅读的氛围。于是，笔者采取了以下策略。

二、策略：多项并举，激活阅读氛围

1. 比赛启动

自 2017 年 7 月起，笔者启动了高中师生暑假整本书阅读竞赛。后来每逢寒假暑假都开展此项比赛，迄今已连续开展了 4 次。这种竞赛希望学生在寒暑假相对宽松的时间里，认真阅读整本书。

首先，根据学段特点、当今高考走向、紧扣必修教材节选篇目和“名著导读”，笔者推荐了高中三个年级不同的阅读书目。如高一学生可读《红楼梦》《呐喊》《李白诗歌集》《雷雨》《莎士比亚戏剧选》《苏东坡传》《西厢记》《史记》《高老头》等作品；高二学生可读《水浒传》《契诃夫短篇小说选》《边城》《三国演义》《堂吉诃德》《庄子》《谈美》《围城》等作品；高三学生可读《乡土中国》《三体》《一个人的乡村》《欧亨利短篇小说集》《泰戈尔诗选》《风流去》等作品。为便于教师进行集中阅读指导，笔者要求以班为单位，在推荐书目中共读一本书。

阅读时，学生可以对整本书的文章内容、层次、思想感情、表现手法、语言特色、精彩片段、重点语句等用线条、符号或简洁的文字加以批注。阅读后，学生可以针对整本书进行多样化写作，一是从主题、人物、思想、技巧或语言等层面自选角度，完成一篇不少于800字的小论文或读后感；二是为书中主要人物写自传，或者为书中已故人物写祭文；三是给书中的某个人物写信，给他提意见或建议；四是为书中的人物代言，或者给作者写信；五是选取精彩章节改编剧本、改编诗歌、撰写演讲稿、续写故事、做观点争鸣；等等。学生还可以用图文结合的形式表达阅读感悟，比如编写宣传海报、思维导图、插画、手抄报等，并辅以300—500字的图片说明，解释创作理念。阅读结束后，还可以开卷做阅读测试题。

开学第一天，笔者就收到了教师们精选的学生批注书籍、文字类、图画类作品。笔者也会用最快的速度将学生作品评阅出来，对优秀作品及时表彰，并推荐到区级报刊上发表。经笔者推荐，先后有近20篇教师指导学生撰写的读后感在我区《万盛日报》上发表。这给了老师学生很大鼓舞。比赛也由最初几个老师带着学生参与发展到后来每个年级的老师都积极参与。整本书阅读的氛围也逐渐营造起来了。

2．教研推动

光有比赛还不行，整本书阅读要引起老师真正的重视，就必须进入课堂。那么在课堂上，教师又该如何指导学生阅读整本书呢？笔者从2017年9月开始着手在区域内开展整本书阅读教学的研讨会。每次会议都聚焦整本书阅读的不同主题，希望通过一次次研讨，有序推进整体书阅读的教研。

2017 年 9 月 14 日，笔者以“整本阅读，教师先行”为主题召集区域高中语文教师进行研讨。首先，请 5 名老师阅读自己写作的整本书读后感或者小论文，并请参会老师对读后感进行现场点评；随后，请老师们畅所欲言，分享自己阅读整本书的经验、体会；最后，笔者以“教师先读整本书之我见”为题，开展专题讲座。

2017 年 10 月 12 日，笔者在全区举行“整本书阅读活动课展示”。首先，由一个学校的高二语文备课组引导年级学生汇报展示暑假阅读《苏东坡传》的阅读成果。在学生主持下，通过“书香年华舞东坡”“一生风雨悟东坡”“豪放大气诵东坡”“笔墨筝风抒东坡”“穿越时空话东坡”五大版块，师生们紧扣《苏东坡传》的精髓，扮着古人妆容，用诵读、舞蹈、书法、话剧、音乐等形式再现了苏东坡形象。随后，笔者要求参会教师对阅读汇报做现场点评，并对“整本书阅读成果汇报”进行集中研讨。在两位老师交流了高中生整本书阅读课外活动形式经验后，笔者以“整本书阅读成果汇报”为题开展了微型讲座。

2018 年 3 月 15 日，在《普通高中语文课程标准》(2017 年版）正式出版后，笔者举行了“整本书阅读与研讨任务群解读”主题研讨会。会上，先请老师们批注阅读新课标 11—12 页“学习任务群 1 整本书阅读与研讨”，再分组讨论自己的阅读心得；最后笔者以“浅谈新课标任务群 1 整本书阅读与研讨之三精”为题开展了微型讲座。笔者结合具体案例解读课标，认为整本书阅读与研讨需要精选书目、精用方法、精心研讨。

2018 年 4 月 19 日，笔者举行了“整本书阅读课堂模式构建”的主题研讨会。首先，三位教师以《儒林外史》为例，带领学生分别展示了“导读”“推进”“研讨”三种课型。随后，老师们对三种课型予以评价；最后，笔者又进行了“整本书阅读课堂模式构建随想”的专题讲座。

就这样，随着主题教研的一次次推进，整本书阅读渐渐深入教师、学生的心中，整本书阅读逐渐进入课堂，两所高中学校也被评为“全区书香校园”。

3．课题领动

笔者一直觉得整本书阅读很重要，但在推进整本书阅读的过程中，笔者也发现了一些问题、疑难、矛盾，比如，怎样结合区域实际开展整本书阅读，怎样专业而有效地引导学生阅读整本书，如何通过筛选和整合核心内容来带动整本书的阅读，如何对学生的整本书阅读情况进行评价，怎样通过整本书阅读发展学生的核心素养等。

笔者通过思考提炼，最后将其转化为研究课题，以“基于核心素养的高中生整本书阅读策略与评价研究”为名称，向重庆市教育评估研究会申报 2017 年度一般课题。又以“新高考改革背景下培养高中生整本书阅读的策略研究”为名称，向重庆市教育委员申报了重庆市普通高中教育教学改革研究一般课题。最后，两项课题均成功立项。

在课题的引领下，笔者带着课题组成员，即区域部分高中语文教师，有序推进整本书阅读研究。首先，笔者对课题研究做了统一规划，并结合课题主研人员特点，分别有所侧重地安排了相应的研究任务，特别要求在研究过程中教师先读整本书，建构阅读经验，挖掘整本书的教学价值，合理设计整本阅读的教学方案，带着学生循序渐进地阅读一本书、读懂一本书。其次，笔者紧扣研究内容，定期组织课题研讨会，在课例研讨的基础上，由主研人员分别汇报前期研究心得，并针对整本书阅读推进过程中发现的问题，集思广益，谋求策略。最后，要求教师及时整理推进整本书阅读过程中的做法，思考提炼，形成规范论文、优秀课例，积极投稿，并在区级教研会上交流分享。通过两年多的课题研究，课题组成员先后有 5 篇论文在报刊上发表，有多个课例在微信公众号上被推送。课题实验班级的整本阅读已经形成常态。

4．课程联动

丰富的课程是支撑学生成长的营养元素，也是提升教师专业发展的核心途径。当渐渐摸索出整本书阅读的流程后，笔者开始鼓励老师们让整本书阅读课程化，以此构建整本书阅读课程。笔者指导一所高中的语文教研组以“高中语文整本名著导读”为课程，撰写课程方案、课程大纲、课程建设规划，对课程的重难点做深入解读，并集合教研组的力量，根据校情、学情，紧扣教材重点、高考方向，编写了《高中语文整本名著导读》。校本教材所选的整本书，涵盖六个类别，分别是诸子散文（《论语》和《庄子》）、人物传记（《苏东坡传》和《名人传》）、古典小说（《儒林外史》和《红楼梦》）、现当代小说（《边城》和《平凡的世界》）、中外戏剧（《雷雨》和《哈姆莱特》）、学术论著（《乡土中国》和《谈美书简》）。这本教材，旨在引导学生了解所读书目的相关内容，学到整本书的阅读方法，更能知道读完整本书后，该聚焦哪些重点去深入研读，该用怎样的方式去展示阅读成果。教师们在编写课程的过程中，也加深了对整本书阅读的认识，提升了课程构建力和执行力。学校其他的老师，有校本教材的支撑，在开展整本书阅读的过程中，也更加具有方向性。最后，笔者鼓励此教研组向重庆市教育委员会积极申报 2019 年普通高中精品选修课程，并附上了近几年的课程建设成果。结果尚在期待中。

总之，经过不懈的努力，整本书阅读已经渐渐在我区落地：学生在寒暑假阅读一本书已经成为一种习惯，教师也走在了指导学生整本书阅读的路上，学校也丰富了阅读课型。接下来，笔者将带着区域高中语文老师精心细磨整本书阅读的教学策略，力争让教师在指导整本书阅读的过程中成熟起来，引导学生通过阅读整本书，发展语文核心素养。

参考文献

[1] 中华人民共和国教育部. 普通高中语文课程标准（2017 年版）[M]. 北京：人民教育出版社，2018：11-13

PART TWO

元阅读教学实践

“元阅读”初衷为利用较为完整的寒暑假时间，组织指导学生阅读较为长篇的名著（整本书原著）。但语文教学的主阵地在课堂，语文学习的方法习得重在教材教学中，为此，我们开展了基于“元阅读”理念的教材文章教学实践。

从潜台词切入　准确理解人物

——《雷雨》教学设计

◎安　磊　重庆市第一中学校

【教学目标】

1. 理解潜台词的概念。

2. 理解戏剧中潜台词的重要性。

3. 学会从潜台词中分析人物。

【教学重难点】

分析潜台词。

【教学课时】

1 课时。

【教学过程】

一、导　入

斯坦尼斯拉夫斯基曾多次说过："请记住，观众来到剧院是为了潜台词，台词可以在家里阅读。"虽然这话是对表演者说的，但这也道出了戏剧欣赏的一个实质性要点：潜台词。

二、概念解析

1. 潜台词是指台词中所包含的或未能由台词完全表达出来的言外之意，通俗的说法就是“话里有话”。

2. 潜台词何以重要？

戏剧作为一种叙事性的体裁，特别之处是它有舞台表演的要求，这就在诸多方面产生了限制。语言成了最主要的表达媒介，因此分析台词是分析剧本的关键。

潜台词是潜藏在台词下面人物的思维、希望和意图，是台词的真实含义。

3. 潜台词与人物形象

戏剧表演要求艺人既要表现人物的外部形象，更要展现人物的内在形象特征，从而使人物形神兼备、真实可信。潜台词作为传情达意的重要手段，对人物塑造有决定性作用。

三、示例分析

在《雷雨》的第二幕中，主要包含两个场景，一个场景的人物是周朴园和鲁侍萍，另一个场景的人物则比较复杂，鲁侍萍和周朴园的子女都在场。教师先以第一个场景中节选的文段做示例分析。

周朴园　你好像有点无锡口音。

鲁侍萍　我自小就在无锡长大的。

周朴园　（沉思）无锡？嗯，无锡，（忽而）你在无锡是什么时候？

鲁侍萍　光绪二十年，离现在有三十多年了。

……

鲁侍萍　老爷是那个地方的人？

周朴园　嗯，（沉吟）无锡是个好地方。

鲁侍萍　哦，好地方。

……

周朴园　三十年前，在无锡有一件很出名的事情——

……

周朴园　梅家的一个年轻小姐，很贤慧，也很规矩。有一天夜里，忽然地投水死了。后来，后来，——你知道么？

……

鲁侍萍　可是她不是小姐，她也不贤慧，并且听说是不大规矩的。

……

鲁侍萍　老爷问这些闲事干什么？

周朴园　这个人跟我们有点亲戚。

鲁侍萍　亲戚？

周朴园　嗯，——我们想把她的坟墓修一修。

……

周朴园　哦，侍萍？（低声）是你？

鲁侍萍　你自然想不到，侍萍的相貌有一天也会老得连你都不认识了。

周朴园不觉地望望柜上的相片，又望侍萍。半晌。

周朴园　（忽然严厉地）你来干什么？

……

周朴园　你静一静。把脑子放清醒点。你不要以为我的心是死了，你以为一个人做了一件于心不忍的事就会忘了么？你看这些家具都是你从前顶喜欢的东西，多少年我总是留着，为着纪念你。

鲁侍萍　（低头）哦。

周朴园　你的生日——四月十八——每年我总记得。一切都照着你是正式嫁过周家的人看，甚至于你因为生萍儿，受了病，总要关窗户，这些习惯我都保留着，为的是不忘你，弥补我的罪过。

鲁侍萍　（叹一口气）现在我们都是上了年纪的人，这些话请你也不必说了。

周朴园　那更好了。那么我们可以明明白白地谈一谈。

鲁侍萍　不过我觉得没有什么可谈的。

周朴园　话很多。我看你的性情好像没有大改，——鲁贵像是个很不老实的人。

鲁侍萍　你不要怕。他永远不会知道的。

……

鲁侍萍　（停一停）我，我要点东西。

周朴园　什么？说吧。

鲁侍萍　（泪满眼）我——我——我只要见见我的萍儿。

周朴园　你想见他？

鲁侍萍　嗯，他在哪儿？

周朴园　他现在在楼上陪着他的母亲看病。我叫他，他就可以下来见你。不过是——（顿）他很大了，——（顿）并且他以为他母亲早就死了的。

鲁侍萍　哦，你以为我会哭哭啼啼地叫他认母亲么？我不会那样傻的。我明白他的地位，他的教育，不容他承认这样的母亲。这些年我也学乖了，我只想看看他，他究竟是我生的孩子。你不要怕，我就是告诉他，白白地增加他的烦恼，他也是不愿意认我的。

周朴园　那么，我们就这样解决了。我叫他下来，你看一看他，以后鲁家的人永远不许再到周家来。

鲁侍萍　好，我希望这一生不要再见你。

问题：你觉得周朴园对鲁侍萍是真情还是假意？周是一个什么样的人？

学生讨论，教师提供参考意见：一般的看法是，周朴园对鲁侍萍有真情，也有虚伪，应该理解为一个丰富的人物形象。

教师：大家认同吗？请从具体的台词中谈谈你的理由。

学生讨论、展示，教师点拨。

总结：不必因为反感扁平人物形象而把周朴园定义为虽然负面但有血有肉的人物。

第一处台词分析：

鲁侍萍　老爷是那个地方的人？

周朴园　嗯，（沉吟）无锡是个好地方。

鲁侍萍　哦，好地方。

从对话看，二人的对话明显错位，这就是人物的台词有潜台词的表现。针对鲁侍萍的问，周朴园的回答却是：好地方。

问题："好地方"这个话暗藏什么意思？

解析：对过去情感的回忆。

学生可能的疑问：周朴园对鲁侍萍就该有真情啊。

提醒学生：是吗？（无法得出结论就暂且放下）

第二处台词分析：

鲁侍萍　可是她不是小姐，她也不贤慧，并且听说是不大规矩的。

……

鲁侍萍　老爷问这些闲事干什么？

周朴园　这个人跟我们有点亲戚。

鲁侍萍　亲戚？

面对周朴园，鲁侍萍的话明显是与之相反的，鲁侍萍的意思是什么？

解析：自嘲、对自己命运的悲愤、对周朴园的怨恨。

问题：当周朴园说"这个人跟我们有点亲戚"，你觉得最值得玩味的是哪个词？

解析："有点"，暗示沾亲带故，没有特别关系；但专门提起就说明很在意啊，是不是很矛盾呢？尤其是和一个不熟悉的下人谈这个事，不是正好说明在意吗？因此，周朴园在此暴露了他在掩饰，不欲人知此事。也许有人会说，这是隐私，可以不欲人知。那这么说的话，周朴园还是一个念旧的有情人吗？是这样吗？

第三处台词分析：

周朴园　哦，侍萍？（低声）是你？

鲁侍萍　你自然想不到，侍萍的相貌有一天也会老得连你都不认识了。

周朴园不觉地望望柜上的相片，又望侍萍。半晌。

周朴园　（忽然严厉地）你来干什么？

面对眼前的侍萍，如果周朴园是一个念旧多情的人、是一个心怀愧疚的人，在你看来按照人之常情他会怎么做？

问题："你来干什么"是什么意思？

解析：你莫非是来找我的，找我算账的……

问题：此时周朴园内心的考量是情感吗？

解析：当然不是，而是利害关系。这完全不符合念旧、心怀歉疚、有真情等心态。

问题：前面两处分析的疑问能解答了吗？

解析：周朴园看起来确实是对鲁侍萍有旧情、有真情，但那是在鲁侍萍缺失的情况下，当真正的鲁侍萍出现在面前，他第一反应是巨大的危机感。所以，他的怀念实际是对当年那个为他付出一切的青春美貌的鲁侍萍，也是那个对他不会造成实际利益影响的鲁侍萍，这一切都只是为了弥补他对现在的太太的不满意，是一种心理补偿，根本上还是一种自私，与真爱鲁侍萍无关。

这个分析有依据吗？

第四处台词分析：

周朴园　你静一静。把脑子放清醒点。你不要以为我的心是死了，你以为一个人做了一件于心不忍的事就会忘了么？你看这些家具都是你从前顶喜欢的东西，多少年我总是留着，为着纪念你。

鲁侍萍　（低头）哦。

周朴园　你的生日——四月十八——每年我总记得。一切都照着你是正式嫁过周家的人看，甚至于你因为生萍儿，受了病，总要关窗户，这些习惯我都保留着，为的是不忘你，弥补我的罪过。

鲁侍萍　（叹一口气）现在我们都是上了年纪的人，这些话请你也不必说了。

周朴园　那更好了。那么我们可以明明白白地谈一谈。

鲁侍萍　不过我觉得没有什么可谈的。

周朴园　话很多。我看你的性情好像没有大改，——鲁贵像是个很不老实的人。

鲁侍萍　你不要怕。他永远不会知道的。

估计读者读到周朴园的话，可能都被感动了，但注意以下潜台词。

问题："那更好了。那么我们可以明明白白地谈一谈"这句话中，哪些词意味深长？

解析：周朴园自己说起了深情的往事，鲁侍萍要求不必再说了，周朴园的"那更好"表明他本就不想说这个，反过来也就暴露了他的动机，说这些话只不过是为了稳住鲁侍萍以免闹开了不好看。当得知对方的态度，他就暴露无遗。于是"明明白白地谈一谈"，就是说自己不装了，感情的事别当真。所以他明白提出了鲁贵的问题。

问题："鲁贵像是个很不老实的人"是什么意思？

解析：害怕鲁贵用周朴园和鲁侍萍的旧事去讹他。鲁侍萍听懂了他的言外之意，所以直接点穿。鲁侍萍的光明磊落和周朴园的心机，对比鲜明。

总结提问：周朴园是一个什么人物形象？

学生总结作答。

方法总结：

分析人物的潜台词，能洞察人物丰富复杂的心理特征，分析时需要注意将人物的关系、说话的场所氛围、人物的身份等结合起来，才能更准确地理解人物。

作业布置：

请大家以第二场为范围，分析里面的台词，看看包含了哪些潜台词，反映了人物什么样的内心，进而总结人对形象的特征。

【教学反思】

精准的知识定位与高效的课堂引导，始终是我最关注的两个方面，但是否真正能达到目的，还要根据学生情况进行处理。首先要根据学生的情况选择合适的内容，不可全凭个人兴趣而不顾学生实际。

【点评：重庆两江新区星辰初级中学校　正高级教师　谭中胜】

优点：

1. 教学目标明确而且很有价值。高中学生解读剧本，通过舞台说明、人物对白等戏剧语言了解戏剧的基本情节，理解人物的基本性格特点，没有什么障碍。难点是体会领悟人物复杂的内心世界，理解人物性格的多面性。设计“分析潜台词”专题教学点，教学目标聚焦精准，而且对深层次解读人物性格形象很有价值，既抓准了剧本解读的要点，又切准了学生解读能力的难点，引导学生学会深度阅读。

2. 讨论话题设计具有启发性和引导性。教师设计的问题，能够直接将学生引到对人物性格的复杂性分析，指向很明确，能够迅速聚焦问题的答案。

不足：

讨论问题太过聚焦，教师主体干预过重，学生有被强制带入的可能，一定程度上影响了学生思维的呈现。

建议：

学生讨论环节，可将人物内心特别复杂的“潜台词”分析环节设计为先让学生自由讨论，了解中学生的认知水平和情感态度价值观，老师再做逐步归纳引导，允许一些言之成理的意见分歧存在。讨论式教学还有一个重要目标是培养学生对思维方式的关注。

《雷雨》课堂教学设计

◎肖　睿　重庆市第二十九中学校

【教学目标】

1. 能让学生认识到戏剧的两个重要组成部分。
2. 能让学生从语言对话中体会到人物的心理变化。
3. 能让学生了解重点人物的形象特征。

【教学重难点】

1. 戏剧的两个重要组成部分。
2. 人物的心理变化。
3. 重点人物的形象特征。

【课时安排】

1课时。

【教学过程】

一、导　入

前面我们已经通过自读，熟悉了《雷雨》的人物和情节，并且通过观看电影《雷雨》进一步加深了印象。《雷雨》是曹禺的处女作，更是他的代表作。今天这节课我们通过欣赏《雷雨》的一个片段，来加深对“戏剧”这一文体的了解，同时力求更完整地了解《雷雨》中的人物。

二、教学过程

以同桌为小组，分角色朗读这一部分，“三十年前，在无锡有一件很出名的事”，到“这是天要我在这儿碰见你”。读的时候，请注意读出句子前括号内提醒我们的角色的情感。

（分角色朗读，教师到每个小组聆听一部分，给出恰当的朗读意见。）

老师刚刚听了一下各个小组的朗读，都读得不错，要注意，朗读时，人物情感的变化要通过语气、语调和声调的变化来体现，当然，在戏剧表演中，还会通过表情和动作来辅助。现在，我们邀请一个小组来展示一下他们的朗诵。其他同学认真地听、认真地看，最后请同学们来说说他们哪里读得好，哪里读得不好。

（小组朗诵。）

大家觉得他们读得怎么样？好，好在哪里？不好，又是哪里读得不够？

生 1：我觉得“鲁侍萍”读得挺好的，把她的顺从和悲愤都读出来了。

生 2：我觉得“鲁侍萍”读得还不够，其实她从顺从到后面的悲愤是有过渡的。

师：哦？那你来说说。

生 2：比如“我倒认识一个年轻的姑娘姓梅的”，这个地方声音就应该大一点了，因为她已经准备揭穿周朴园的谎言了。然后到“她是个下等人，不很守本分的。听说她跟那时周公馆的少爷有点不清白，生了两个儿子。生了第二个，才过三天，忽然周少爷不要她了。大孩子就放在周公馆，刚生的孩子她抱在怀里，在年三十夜里投河死的”，这里声音就应该放出来了，特别是“刚生的孩子她抱在怀里，在年三十夜里投河死的”，这里感觉有点像在“控诉”了。

师：好，那你读一读。

（生读。）

师：很好，还有其他的吗？

生 3：还有就是鲁侍萍说“亲戚”“哦，——那用不着了”“这个人现在还活着”。“这个人现在还活着”这一句，我觉得这里应该读出一些嘲讽的意味。

师：你来试试。

（生读。）

师：很好。

生 4：还有就是当周朴园几次问她她是谁的时候，她的回答就应该又回到那种平静、顺从的感觉了。

师：嗯，不错，还有吗？

生：没有了。

师：那好，同学们都分析得不错，由此可见，从人物的语言中，我们可以体会到人物情感的变化。说完鲁侍萍，我们再来说说周朴园。“周朴园”读得怎么样？

生 5：我觉得读得不错，他把周朴园从最开始的平静到后面问鲁侍萍是谁的警惕，还有惊愕、严厉和“冷”都读出来了。

生 6：我觉得他在前面几个“哦”的处理上还差了点。

师：差在哪里？

生 6：说不出来，但第一个和第二个“哦”在语调上应该不同，第一个就是轻声，这个时候周朴园还很平静；第二个语调要上升，应该读二声，表示疑问；第三个要读出痛苦；第四个要读出汗涔涔的感觉来。

师：那你来读一下？

（生读。）

师：嗯，第一、二、三个“哦”都读出了不同，特别是第三个，因为痛苦了，所以这个“哦”要读得轻一些，但是又要有一些延长感，“哦……”（学生笑），但是第四个“汗涔涔的感觉”读得不太好，应该怎么读呢？这个“哦”的声调应该往下降，而且相比第三个“哦”要短一些，似乎有些尴尬的感觉。你来读一下。

（生读，学生笑。）

师：感觉好一点了。“汗涔涔”是一个情态的描写，那么周朴园此时的情感是怎么样的？

生 6：紧张的。

师：很好。关于“周朴园”还有补充的吗？

生 7：还有就是鲁侍萍说侍萍就在此地的时候，周朴园那声“哦”应该是若有所思的样子。

师：那应该怎么读？

生 7：声音不太大，声调从高到低变化，速度……不快也不慢吧！

师：那你来读读。

（生读，学生笑。）

师：你觉得他若有所思，思什么？

生 7：他本以为侍萍死了，那自己怎么说怎么做面子工程都没有问题，但是这个时候突然知道侍萍没有死，那自己过去的行为和谎言就都要被戳穿了。

师：所以呢？他的心情是怎么样的？

生 7：害怕的、担忧的、紧张的。

师：很好！所以后面周朴园在面对鲁侍萍问要不要见侍萍一面的时候，他忙说“不，不，不用”应该怎么读？

学生：害怕的、紧张的。想都不想，连忙说出。

师：非常好！那我们现在整体来看一下，在这一部分，周朴园的心理经历了哪些变化？

（学生回答。答案参考：平静、紧张、警惕、惊愕、害怕、严厉、冷漠。）

师：下面我们来看一下两个细节。第一个，周朴园一开始说“梅家的一个年轻小姐，很贤慧，也很规矩”，事实是这样吗？

学生：不是。

师：那他为什么要这样说？

（学生回答。答案参考：因为周朴园以为侍萍已经死了，所以想要极力地美化她，来表达对她的怀念。从而也维护了自己的身份和地位。可见，他是一个虚伪的人。）

师：第二个细节，周朴园最开始说想为侍萍修坟，但当他知道侍萍还没死，特别是当鲁侍萍问他是否要帮助侍萍的时候，他却说什么？

学生：“好，你先下去吧！”

师：这是什么态度？

学生：不想帮助。

师：那现在我们一起来讨论一下，周朴园对“梅小姐”到底是有情还是无意？他对“梅小姐”的回忆到底是自然情感的流露还是虚伪呢？

生8：虚伪的。一提到侍萍还活着，他就变了颜色，感觉自己的谎言都要被戳穿了。

生9：可能还是有一点情感吧！他听到鲁侍萍说“这个梅姑娘倒是有一天晚上跳的河，可是不是一个。她手里抱着一个刚生下三天的男孩。听人说她生前是不规矩的”的时候，他还很痛苦地说“哦”。如果一点感情都没有，怎么会听人说侍萍不规矩的时候，还痛苦嘛！

生10：我觉得他痛苦，是因为他前面说侍萍是个小姐，很贤惠，很规矩，但是现在却被人戳穿真相，感觉很没有面子。所以他还是为了他自己。

生11：我觉得应该还是有点感情的。他以为侍萍死了，还想着给她修坟。如果没有感情的话，人死就死了，还去修坟干什么，他又不指望因为这个让别人说他好。

生12：我也觉得他对侍萍有感情，他还留着那件绣着梅花的衬衣。

生13：我觉得他对侍萍有一些感情，但是当他的利益受到损害的时候，他就立刻把“感情”丢在一边了。

师：大家讨论得不错！周朴园对“梅小姐”的感情其实还是真实的。他的厅堂里的旧家具，要找的旧雨衣、旧衬衣，似乎并不是故作姿态。在他的心灵深处，对美丽、温顺的侍萍还保留了一处思念的角落。尤其是当他在家庭中遇到诸多不如意的事情时，他就更想逃避到这处角落来寻找慰藉。但他的主导性格毕竟是与他的阶级地位、与他资本家的身份相一致的。所以当侍萍的身份认定以后，他的几缕温情就立即消逝，想以严厉冷漠、安抚软化、金钱补偿等方式来打发侍萍。所以，他的这些残忍、冷酷、自私、贪婪和虚伪的性格说到底，是什么决定的呢？

学生：他的身份。

三、总　结

师：现在，我们来回顾一下，这节课我们具体分析了周朴园的人物形象，这些特征我们是通过戏剧中的什么总结出来的呢？

学生：语言。

师：很好。这部戏剧，仅仅就我们重点研读的这部分，都能给人带来如此巨大的冲击力，又是为什么呢？

生 14：还是语言。

生 15：矛盾冲突很激烈。

师：其实语言就体现了矛盾，而矛盾之所以让人感觉很激烈，是因为这个矛盾的体现很集中、不分散。作者将不可调和的所有的矛盾都安排在一天，安排在午饭后，最终爆发在雷雨交加的夜晚！而这，就是戏剧的又一个关键——情节的高潮！因此，戏剧的语言和高潮的安排就是戏剧最重要的两个组成部分。

四、作　业

思考：这部戏为什么叫作“雷雨”？

（答案参考：第一，它发生在一个雷雨交加的晚上；第二，反映了当时正在酝酿着一场大变动的中国社会的现实。）

【教学反思】

前面分角色朗读、分析部分，使用的时间比较多，但这一块又是必不可少的。其实可以考虑在预习的时候，要求学生根据自己的理解，在这部分相关语句旁做好批注，然后在课堂上请同学来读自己认为很精彩的句子，展示自己的旁批，这样既分析了人物的情感变化，也练习了朗诵。当然教师要注意补充和进行朗读指导。最后，再让学生在这个基础上分角色朗读。

后面的讨论部分其实不难。但因为时间的原因，进行得比较仓促。

最后的总结应该说是水到渠成，学生理解没有问题。总的说来，这节课的教学目标是实现了的，学生对戏剧的兴趣也比较大。

【点评：重庆两江新区星辰初级中学校　正高级教师　谭中胜】

优点：

该教学设计抓住一个戏剧片段，紧扣人物语言这个要点，以问题引导学生朗读体会人物内心感受、解读人物情感、剖析人物性格、揭示矛盾冲突。整个教学逻辑条理十分清晰，以逐层深入的方式诱发学生思考，获得可喜的思维成果，形成较好的课堂氛围，充分地呈现课堂生成情景。应该算是一个比较好的教学设计。

不足：

一是教学目标和教学重点难点设计有些不妥，戏剧的“两个重要组成部分”没有明确提出来，也不是该课的第一目标，学生也不存在理解困难，在内容安排上也没有作为主要内容去突破难点，而是沿着学生对语言分析逐步深入，水到渠成地加以点拨。二是学生在“周朴园对侍萍的感情”一个点同一层面讨论过多，没有更好地推动学生思维深层发展。

建议：

在学生对人物有了较深入认识的基础上，设计一个小的课堂现场人物对话表演，并提示人物的动作、神态也属于戏剧语言范畴（肢体语言）。这样就可以引导学生从戏剧文本学习深入戏剧表演体验，提升学生的实际能力，更好地体现课堂的生成性和延展性。

《窦娥冤》课堂教学设计

◎罗　佳　重庆渝中职业教育中心

【教学目标】

1. 知识与技能

通过文章的说白和唱词，理解窦娥的艺术形象，领略其人性美。

2. 过程与方法

品味精彩唱段，理解浪漫主义手法及其作用。

3. 情感、态度与价值观

通过知人论世，把握故事情节，体会作者通过窦娥的凄惨故事所表现出的对当时社会黑暗的批判。

【教学重难点】

1. 通过感受窦娥形象，品味精彩而富有表现力的戏剧语言，探究窦娥悲剧命运以及造成悲剧的社会根源

2. 怎样看待“三桩誓愿”实现这一超现实情节以及造成窦娥悲剧的根源

【教学课时】

1 课时。

【教学过程】

一、导入、知人论世——关汉卿

中国古代有一位剧作家享有“中国的莎士比亚”的美誉，他就是元

代戏曲家关汉卿。论时间，关汉卿比莎士比亚早三个世纪；论才华与成就，他绝不低于莎士比亚。今天我们就一起来欣赏关汉卿的代表作《窦娥冤》。

二、剧情梗概

全名《秉鉴持衡廉访法　感天动地窦娥冤》，由四折一楔子组成。

戏剧的主要情节：窦天章欠蔡婆高利贷，不得已将窦娥送与蔡婆作童养媳，自己应试去了。十三年后，窦娥成为寡妇，与蔡婆相依为命。蔡婆向赛卢医索债，被他骗至野外意图杀害，张驴儿父子救了蔡婆，逼迫蔡婆招赘他们，蔡婆无奈领二人回家，窦娥怒斥张驴儿的纠缠。张驴儿从赛卢医处索来毒药，要毒死蔡婆，反毒死了其父。张驴儿贿赂太守，将窦娥屈打成招。窦娥临刑前发下三桩誓愿：血飞白练、六月飞雪、亢旱三年，一一应验。三年后，窦天章巡查地方，窦娥的冤情才得以昭雪。

三、提出问题，整体感知

问题一：为什么说窦娥冤，她冤在哪里？

引导学生完成对整体戏剧情节的基本把握。

> 【正宫·端正好】没来由犯王法，不提防遭刑宪，叫声屈动地惊天。顷刻间游魂先赴森罗殿，怎不将天地也生埋怨。

冤，即无辜受屈。窦娥怕连累婆婆而屈招，可恨的是官府竟偏听偏信，毫不做调查研究，更不做情理剖析，严刑逼供，草草结案。

四、层层深入、挖掘解读

问题二：作者写了窦娥临刑前的哪些场面来展现窦娥之“冤”？试用四个或者七个字概括。思考从中可以看出窦娥的基本性格是什么？

窦娥：

（1）绑赴刑场　　婆媳诀别　　临刑发誓

怨　　　　悲　　　　恨

（2）指天斥地窦娥“怨”　清浊不辨　善恶不分　两泪涟涟

诀别婆婆窦娥“悲”　后街赴刑　　　　婆媳诀别

感天动地窦娥“恨”　血溅白练　六月飞雪　亢旱三年

性格：刚烈　　善良

问题三：再次引导学生反复诵读第三折戏中最能表现窦娥无奈和反抗的唱段，并体会作者所表现出的思想感情

1. 为善的受贫穷更命短，造恶的享富贵又寿延。

2. 地也，你不分好歹何为地！天也，你错勘贤愚枉作天！

问题四：结合注释（1）中戏剧梗概介绍，从文中找出最能说明窦娥“冤”悲剧根源的一句话，体会其作用。

这都是官吏每无心正法，使百姓有口难言。

个人悲剧：高利贷剥削；流氓地痞横行；贪官污吏草菅人命

社会悲剧（拓展、引申）

五、结　尾

关汉卿，一个伟大的艺术家，是他塑造了不朽的文学形象窦娥，一个至刚、至善、至美的人，一个真正大写的人，是他让人们在虚幻的世界中看到了黑暗社会的一线光明，这就是《窦娥冤》的艺术魅力。

希望我们的世界永远被正义普照，善有善报、恶有恶报，祝好人一生平安！

【教学反思】

戏剧教学三要素——冲突、语言和人物。

我决定抓住一“冤”字作为教学的切入点，从戏剧冲突入手，引导学生来感受文本、鉴赏文本。当学生对戏剧冲突有了兴趣之后，必然会进行深层的阅读，这就对于文章的整体把握有了一个良好的开端。

之后，是引导学生体会戏剧语言的美和文字的张力。我们必须通过对语言的感悟，才能对窦娥这一文学艺术形象有一个清晰具体的概念。我在课堂上反复要求学生进行诵读，我也不停地进行范读去感染学生，利用视频音频等多媒体教学设备进行诵读教学，其目的就在于此。当学生在理解戏剧冲突、把握人物形象之后，找准文本所要表达的思想感情或者说明白作者的写作意图，就显得轻松多了。

总的来说，在整个教学过程中，学生通过自主、合作、探究，攻克了教学重点和难点，对文本进行了个性化的解读和探究。整堂课的教学中，我感觉整体教学设计还是比较流畅，基本可以达到预期的教学效果。特别是在找准切入点，适时引导学生提升拓展这一块做得不错。学生通过热烈的讨论，形成头脑风暴，对窦娥冤的社会原因进行各角度个层面的思考，是本堂课的一大亮点。

但是也有不足的地方，比如板书不够工整，学生的预习工作可以做得更好，整堂课的纪律性可以更规范等。但总的来说，我认为这堂课还是比较成功的！

【点评：重庆两江新区星辰初级中学校　正高级教师　谭中胜】

优点：

该教学设计列出了明确的教学目标、教学重点、教学难点及教学方法，也基本能够在教学过程体现品位戏剧语言、分析造成悲剧的社会根源。教学设计结构清晰、要点比较明确、内容安排集中。

存在的问题：

对三维目标的理解需要进一步明确，“知识与技能”目标，解决什么知识要点，什么技能要点；“过程与方法”目标，一是教师运用什么样的方法解决什么问题，二是学生学会用什么样的方法解决什么问题；“情感、态度和价值观”目标，通过教学内容传递什么样的情感，什么样的态度以及什么价值观念。既然目标有设计，都应该在教学内容里有不同程度的呈现。

建议：

简化教学目标，重点、难点、聚焦“人物感情”的体会挖掘，内容仍然由“冤”字展开，仍然用“怨—悲—恨”串珠式解析，引导学生理解最后“以验明冤”的浪漫主义手法的妙处，实现难点突破。以诵读法体味情感，以逐层剖析法溯源。学习探究可以用小组合作的方式进行。

《阿Q正传》课堂教学设计

◎龚春华　重庆市南开中学校

【教学目标】

1. 通过阅读，理解和鉴赏人物的形象，了解小说的内容和情节发展，认识辛亥革命的不彻底性，归纳总结小说深刻的主题。

2. 认识典型人物阿Q的性格特点，提炼小说塑造人物形象的方法。

3. 研讨“精神胜利法”，评点其作为一种病态文化的根源，如有条件，可以写成研究性文章。

【教学重难点】

1. 引导学生理解课文内容，研讨人物形象，归纳刻画人物形象的方法。

2. 结合小说的情节对阿Q的“精神胜利法”做准确的诠释。

【教学课时】

1课时

【教学准备】

充分做好预习，可设计以下题目：

1. 了解《阿 Q 正传》整篇小说的故事梗概。仔细阅读课文，理清阿 Q 对革命态度的变化，并体会小说叙述这一过程的意义。

2. 提炼文章中最能表现人物性格特点的语句，并体会其对表现人物、表达主题的作用。

【教学过程】

一、新课导入

师：《阿 Q 正传》创作于 1921—1922 年。它为我们展现了辛亥革命前后中国的现实，一个病态的社会和病态社会下的畸形的中国人。这部不朽著作的诞生，有着其深广的政治、经济和文化背景。辛亥革命虽然推翻了长达两千多年的封建帝制，但领导这次革命的中国资产阶级没有动员和组织广大农民一起参加革命，并且没有从根本上震动封建制度。辛亥革命推翻帝制只是形式上的胜利。鲁迅先生以锐利的、深邃的目光，深刻的洞察力和预见性，对中国的资产阶级革命进行了历史性的总结，总结了其失败的原因和历史教训。

二、理清小说的情节结构

提问 1：在第七章《革命》中，阿 Q 对革命的态度发生了哪些变化？

① 未庄风传革命。

② 阿 Q 宣布革命。

③ 阿 Q 梦想革命。

④ 地主投机革命。

提问 2：作者写阿 Q 的变化过程，有什么深刻的意义？

① 写出阿 Q 式农民的落后和不觉悟，将之体现在他对革命的错误认识上。他不分敌我，认识混沌，革命方式和革命目的都很低下。

② 辛亥革命的不彻底性使阿 Q 们仍在沉重的封建枷锁下生活。

③ 鲁迅先生向世人提出了巨大的历史问题：中国应该有怎样的革命？革命怎样才能成功？

以上三个层面，可以由浅入深地引导学生思考。

提问 3：自读“不准革命”章节，梳理出阿 Q 革命的心路轨迹。

解答：要求参加革命党→革命愿望受到打击→极端绝望→对不准革命表示愤懑。

三、原文细读

1．阿 Q 正传写的是什么？（概括全文九个章节）

（1）文中的阿 Q 是一个怎样的人？

（2）小说多次写到阿 Q 睡着了，为什么？

（3）作者为什么要为阿 Q 这样一个平凡的、卑微的中国人立传？

2．小说情节：（九章三层）

序、优胜略记、续优胜略记：讲述阿 Q 的阶级、经济地位，勾勒出阿 Q 的性格形象。

恋爱的悲剧、生计问题、从中兴到末路：讲述阿 Q 被压迫和剥削的处境，引出时代矛盾。

革命、不准革命、大团圆：写阿 Q 在革命到来之后的性格变化和悲惨命运。

3．阿 Q 的性格特征

质朴愚昧而又圆滑无赖
率直任性而又正统卫道
自尊自大而又自轻自贱
争强好胜而又忍辱屈从
蛮横霸道而又懦弱卑怯
（退守内心——泯灭意志）
狭隘保守而又盲目趋时
排斥异端而又向往革命
憎恶权势而又趋炎附势
敏感禁忌而又麻木健忘
不满现状而又安于现状

4．小说为何多次写他“睡着了”？

阿 Q 以如是等等妙法克服怨敌之后，便愉快地跑到酒店里喝几晚酒，又和别人调笑一通，口角一通，又得了胜，愉快的回到土谷祠，放倒头睡着了……（第二章）

但他立刻转败为胜了。他擎起右手，用力的在自己脸上连打了两个嘴巴，热剌剌的有些痛；打完之后，便心平气和起来，似乎打的是自己，被打的是别一个自己，不久也就仿佛是自己打了别个一般，——虽然还有些热剌剌，——心满意足的得胜的躺下了。

他睡着了。（第二章）

阿 Q 礼毕之后，仍旧回到土谷祠，太阳下去了，渐渐觉得世上有些古怪。他仔细一想，终于省悟过来：其原因盖在自己的赤膊上。他记得破夹袄还在，便披在身上，躺倒了，待张开眼睛，原来太阳又已经照在西墙头上了。他坐其身，一面说道，“妈妈的……”（第四章）

阿 Q 飘飘然的飞了一通，回到土谷祠，酒已经醒透了……造反？有趣……赵司晨的妹子真丑。邹七嫂的女儿过几年再说……阿Q没有想得十分停当，已经发了鼾声，四两烛还只点去了小半寸，红焰焰的光照着他张开的嘴。“荷荷！”阿Q忽而大叫起来，抬了头仓皇的四顾，待到看见四两烛，却又倒头睡去了。（第七章）

他第二次进了栅栏，倒也并不十分懊恼。他以为人生天地之间，大约本来有时要抓进抓出，有时要在纸上画圆圈的，惟有圈而不圆，却是他“行状”上的一个污点。但不多时也就释然了，他想：孙子才画得很圆的圆圈呢。于是他睡着了。（第九章）

“睡着”，可能是一种“各人自扫门前雪，莫管他人瓦上霜”的冷漠；可能是一种“老子天下第一”的夜郎自大；可能是一种“吃不大葡萄说葡萄酸”的不甘与无可奈何；可能是人人如此，我又何必的从众心理；睡着也可能是没有资格参与而给自己一个体面的台阶，睡着也可能是“惹不起，躲得起”的怯懦，睡着更有可能是，他根本就没有睡着，只是假寐，心里明白，揣着糊涂……

举出材料佐证：

假如一间铁屋子，是绝无窗户而万难破毁的，里面有许多熟睡的人们，不久都要闷死了，然而从昏睡入死灰，并不感到就死的悲哀。（《呐喊》自序）

在我自己，本以为现在是已经并非一个切迫而不能已于言的人了，但或者也还未能忘怀于当日自己的寂寞的悲哀罢，所以有时候仍不免呐喊几声，聊以慰藉那在寂寞里奔驰的猛士，使他们不惮于前驱。（《呐喊》自序）

一个永远都不会醒来的大梦难道不就是现实本身吗？

可关键的问题在于，你永远无法叫醒一个装睡的人，除非那个装睡的人自己决定醒来。

你可以叫醒一个沉睡的人，甚至是民族，可是你叫不醒一个装睡的人。

宁鸣而死，不默而生。

“骸骨的迷恋”：

甲云：中国地大物博，开化最早；道德天下第一。这是完全自负。

乙云：外国物质文明虽高，中国精神文明更好。

丙云：外国的东西，中国都已有过；某种科学，即某子所说的云云。

丁云：外国也有叫花子，也有草舍、娼妓、臭虫。

戊云：中国便是野蛮的好，又说，你说中国思想混乱，那正是我民族所造成的事业的结晶。从祖先混乱起，直要昏乱到子孙；从过去昏乱起，直要昏乱到未来……我们是四万万人，你能把我们灭绝么？

沉积了几千年的国民灵魂的锈蚀不因阿 Q 的死而涤荡干净，伟大的思想家鲁迅所能做到的，只是鸣枪示警而已。

5．阿 Q 对国人的反思意义

女性观：红颜祸水。

革命观：报私仇、分财物、讨老婆。

奴性观：安于现实。

【教学反思】

长文短讲，必须以学生的阅读为前提。如何加强小说的阅读指导，如何在长文阅读中培养学生的概括能力、分析能力，是阅读教学中需要反复思考的。阅读教学重点不在教的形式，而在如何教授阅读的方法。此外，对鲁迅的作品，一定要结合时代讲出其启发性。

【点评：特级教师　文兰森】

这堂课的教学设计抓住了文本的重点内容，设置富有启发性的系列问题，引导学生由浅入深地研讨人物性格特点，诠释“精神胜利法”，同时引进了许多课外重要信息，不仅扩大了课堂信息量，还强化了学生的发散思维的训练，为学生正确解读文本做了很好的铺垫。这是值得赞赏的。

有两个问题值得研究：

一是学生自主阅读、思考、质疑问难环节不多。要引导学生自主进行语言实践，自主进行创造性阅读，训练学生独立思考、敢于争辩的思维能力。尽量少一些注入式教学，多一些诱导式教学。

二是目的要求中提出的重点问题，要在师生合作的探讨中用简要精炼的语句综合概括出来。让学生独立对人物性格、小说主题进行多角度的提炼概括，这样，学生的语言运用能力将有明显的提高。

《狂人日记》课堂教学设计

◎石　莉　重庆市万盛经开区教师进修学校

【教学目标】

1. 通读全文，整体感知小说内容和形式特点。
2. 聚焦“吃人”，探讨小说主题，并总结主题探讨方法。

【教学重点】

聚焦“吃人”，探讨小说主题。

【教学难点】

分析“吃人”现象，理解封建家族制度和礼教吃人的内涵。

【教学课时】

1 课时

【教学方法】

教法：问题设计、启发点拨、适度追问。
学法：自主预习，合作探究，勾画、朗读、批注法。

【教学实录】

一、直入：引出课题

师：同学们，非常高兴有这样的机会能和大家一起学习。这节课，我们学习鲁迅的《狂人日记》。

（投影展示课题，并板书：狂人日记 鲁迅）

二、初读：感知小说

师：这篇小说在 1918 年 5 月《新青年》上发表后，震动了文学界，几乎一夜之间，鲁迅就闻名全国。可谓“一出手就是一座高峰”！早自习大家都做了预习。

假如你是当年《新青年》报纸的编辑，你能说说这篇《狂人日记》发表的原因吗？（投影展示问题）

（学生思考）
师：好，那位女同学。
生 1：我觉得文章的写法、风格很独特。全篇用了反讽手法。
师：反讽是鲁迅小说的第一个、也是最显著的特点。《狂人日记》是一种整体性的反讽。日记当中大哥是一个吃了妹子的肉又想和别人一起合伙吃“我”的吃人者，一个封建专制家长的代表，但在序言当中他又是一个文质彬彬、儒雅温厚的形象。

生 2：我觉得小说的结构很独特，开始是序言，后边有十三则日记，但又不按照平常的日记形式来写，是一种新形式的突破。

师：是的，鲁迅一直是创造新形式的先锋，《呐喊》小说集有 15 篇小说，每篇有每篇新的形式。他也常常勉励青年作家，写作要突破传统思想和手法。

生 3：我觉得应该是当时他看到封建社会老旧的制度、人们封建思想的顽固，才写的这篇小说。鲁迅也希望更多的年轻人能醒过来，一同反抗那种封建体制。

师：文章合为时而著。这篇小说迎合了时代潮流，能够唤起青年读者的共鸣。

生 4：《新青年》的诞生，本来就是为了报道一些先进的事迹、传播先进的思想。但是，当时的社会很黑暗，既然有勇气写这么一篇作品，就要发表出来。

师：说明编辑很欣赏鲁迅的勇气，是吗？

生 5：我在《呐喊》自序里读到一句话：“然而有几个人已经起来，你不能说绝没有毁坏这铁屋子的希望。”《狂人日记》是第一篇白话小说，发表时间在 1918 年，1919 年又发生了五四运动。五四运动的宗旨是反封建，他就想通过这篇《狂人日记》，去强烈抨击这样的封建体制和家族制度。鲁迅本来想从医，但他发现国民内心还存在着许多落后的封建思想，就想通过这篇小说去唤醒国民。

师：你的知识太丰富了。透过你的回答，我能感受到，这篇小说能够直击封建社会的顽固思想。你刚才也提到“白话文”。鲁迅说：“我们要说现代的，自己的话；用活着的白话，将自己的思想感情，直白的说出来。”

生 6：我觉得小说塑造的这个狂人形象很新奇、很独特。

师：是的，作者有意选取“狂人”这一陌生视角，使描写对象从其通常的感知领域转移到一个新的感知领域，从而产生陌生感。

教师小结：刚才，同学们多角度畅谈了阅读印象，看来大家预习很充分。让我想到文学界对《狂人日记》的评价。

《狂人日记》以表现的深切和格式的特别，激动了一部分青年读者的心。（投影）

“表现的深切”是如何体现的呢？这节课，我们就聚焦主题去探讨。

三、细读：探究主题

1. 发现：吃人

师：首先，让我们看看，在狂人的日记中，出现次数最多，最触目惊心的是哪个词语？

生齐：“吃人”。

（板书：吃人）

师：据统计，小说全篇近 5000 字，而“吃人”一词在文中出现了 28 次，可以说，“吃人”作为核心词支撑和统领了全文。

同学们透过历史和现实，狂人发现了哪些“吃人”事件？请在文中快速地勾画。（投影展示问题）

（学生勾画。）

师：谁来说说？好，这位同学。

生 1：第三节第五段：狼子村的大恶人的心肝被挖出来用油煎炒了吃；第十一节：哥哥吃掉妹子。

师：好，他找到了 2 件，还有补充吗？请你来。

生 2：第五节第二段有：易子而食和食肉寝皮；第十节第五段有三件：易牙蒸了他儿子，给桀纣吃；徐锡林的心肝被炒吃；生痨病的人，用馒头蘸血舔。

师：很好，补充了五件，还有吗？

生：我找到的是，第十一节，爷娘生病，做儿子的须割下一片肉来，煮熟了请他吃；第十二节：我无意之中，吃了我妹子的几片肉。

师：很好，刚才，三位同学罗列了许多吃人事件。由于课堂时间有限，我们就聚焦到四个吃人事件作探讨。

投影：

1. 狼子村的大恶人的心肝被挖出来用油煎炒了吃

2. 易牙蒸了他儿子，给桀纣吃

3. 割股疗亲

4. 妹子也被大哥吃了

合作探讨：这些吃人事件各自是因为什么吃人？应怎样评价这种吃人现象？

师：现在，请大家合作探讨。首先，我要做一个分工，一、二组分析第一件，三、四组第二件，五、六组第三件，七、八组第四件。合作时，一定要用笔记录讨论成果，以备交流。好，开始吧！

（小组合作，教师巡视指导）

师：好，同学们，看你们讨论得很激烈，相信已经碰撞出了智慧的火花。第一组先派代表来展示吧。

生：他们吃心肝，是封建迷信，以为吃了心肝，就可以壮胆。

师：除了迷信，你还能发现他们什么特点？

生：很封建，很愚昧。

（板书：愚昧）

师：很好，第二组有补充吗？

生：吃人肉，可以壮胆，还可以除恶。但是我们组认为，这种行为是很不道德的，没有人性。

师：说到除恶，鲁迅也说过，群众的罚恶之心，并不下于学者和军阀。这里就是最好的体现。这种除恶表面上好像在干什么？

生：伸张正义。

师：但实际是打着正义的旗号干着……

生：不正义的事情。

（板书：不义）

师：民众如此愚昧，对恶人如此不义。那臣对君、父对子，又会如何呢？请三、四组展示“易牙蒸子”。

生：易牙蒸了他儿子，给桀纣吃，这是封建君主专制下封建礼教中的愚忠。因为古代有封建礼仪纲常，君为臣纲，父为子纲，君可以对臣做任何事情，臣都必须遵守。

（板书：愚忠）

师：说到愚忠，其实类似的例子还有，介子推将自己的肉割下来给晋文公吃。《三国演义》中的刘安杀妻献肉，将自己妻子杀掉，然后把肉割下来，献给刘备吃。这样的忠心值得提倡吗？显然不能。

师：易牙为什么可以蒸自己的儿子？

生：因为他有权力。

师：什么权力？

生：父权。父亲想把儿子怎么样就怎么样，儿子也只能接受。

师：连亲生儿子都可以蒸给君王吃。这是一个怎样的父亲？

生：残暴不仁。

（板书：不仁）

师：愚忠让易牙失掉了儿子，也失掉了人性。那割股疗亲又该如何评价呢？请五、六组同学展示。

生：割股疗亲这种做法是十分没有科学依据的。同时也体现了封建礼教思想下的愚孝、封建专制家长制度下的尊卑分明。表面是上孝的行为，但实际是不道德的。

师：没有人性、没有道德。那想一下，真的割掉自己的肉就可以给父母治病吗？不能，这也说明他们很……

生：很迷信、很愚昧。

师：说到愚孝，鲁迅就常常斥责孝道为一味收拾幼者弱者的方法。打着儒家孝道的旗号，残酷吃掉自己的孩子，这是封建社会的愚孝行为。

师：我们再来看“大哥吃掉妹妹这一事件”，该怎样评价？

生：大哥吃掉妹子，文中并未说明具体原因。但妹子是在大哥掌家的时候死的，哥哥掌家权力就足够大，可以胡作非为。

师：这个家里有没有父亲？

生：没有，这里的父亲是缺失的。

师：我们说长兄如父，那哥哥就代替父亲掌管着什么权力？

生：父权。反映当时社会是以父权为主。他有父权，就决定着弟弟妹妹的生死。

师：是的，一家之人，只能听命家长。虽说他有权决定弟弟妹妹的生死，但他可以选择不吃啊。为什么又吃了，这说明了什么？

生：我觉得应该是当时群众比较愚昧，在群众的怂恿下，大哥还是会做出这种决定。

师：不仅仅是愚昧，大哥吃掉妹妹，还说明了什么？

生：这一个妹妹无足轻重，在他看来可以吃。也说明哥哥对妹妹不仁不爱。

（板书：不爱）

师：其他还有补充吗？

生：当时封建社会，有一种男尊女卑的现象，大哥作为掌权者，又是男性，地位肯定比妹妹高一些。妹妹作为家中的女性，地位非常低下。所以哥哥就可以对妹妹做一些他想做的事情，间接或直接地都会伤害到妹妹。

师：你的视角非常独特。其他同学看到了哥哥，你却从妹妹入手去分析。真棒！你和其他同学的分析，都让我们感受到："家"本应是温暖的港湾，却上演着"吃"与"被吃"的人间惨剧，上演着强者对弱者的残害，家庭温情的面纱被无情撕毁，暴露的是兽一般的凶狠、冷酷、残忍。

教师小结：总之，小说描绘了一个"吃人"的世界，吃人的势力连成一张巨大而无形的网络，罩住一切，吞噬了有形的肉体生命，也消灭了无形的精神生命。

2．深究：吃人

师：究竟是什么造成了这种吃人现象？"吃人"这一行为隐喻着什么？（投影展示问题）大家能否根据刚才的分析提炼概括一下。

生：封建礼教和封建家族制造成的。

（板书：封建礼教、封建家族制）

鲁迅曾说，创作《狂人日记》是希望"暴露家族制度与礼教的弊害"。（投影）

师：所以，在这部小说中，"吃人"隐喻的是封建礼教、家族制度对于人性的戕害和摧残。

由此我们可以知道，作者借狂人的眼睛，揭露了封建礼教、家族制度的弊端，批评了国民愚昧的精神状态。（投影）

师：关于“吃人”，鲁迅在《灯下漫笔》中有这样的阐释，我们一起读：

所谓中国的文明者，其实不过是安排给阔人享用的人肉的筵宴。（投影）

（生齐读）

师：人肉的筵宴，多么恐怖的事实。但我又在想，鲁迅写《狂人日记》就仅仅是为了揭露、批判吗？鲁迅的思想应该远远不止如此。所以，他在《灯下漫笔》这样呼吁。一起读。

扫荡这些食人者，掀掉这筵席，毁坏这厨房，则是现在青年的使命。（投影）

（学生读）

师：但老师感觉大家还没有读出那种青年的味儿，我们重新抬高声音，倾注情感，再读。

（学生再读）

师：这一次，我终于听出了青年的使命感。

3．应对：吃人

作为青年的狂人，面对这些“吃人”现象，他是如何应对的？请从第八节、第十节（12～17 段）、第十二节、第十三节中任选一节，查找狂人的语言、行为、心理，做好批注。（投影展示问题）

（学生思考、批注，教师巡视、指导）

师：好了，同学们，看大家批注得很认真。批注是与文本直接对话，那我想听听同学们在这种对话中，发现了什么。首先我们看看第八节，谁来分享？

生：这一节，主要是狂人与二十岁青年的对话。狂人一步步逼问吃人的事情，青年不敢直面，一再转移话题。

师：怎么逼问他？哪个词语，最能体现逼问？

生："对么"，出现了四次。

师："对么"说明狂人对"吃人"这个事情，有什么态度？

生：质疑。

师：反复质疑"对么"，那究竟对还是不对？

生：不对，隐含着否定、批判。

师：是的，在质疑中否定，正所谓"众人皆醉我独醒"，也是"他人笑我太疯癫，我笑他人看不穿"。狂人此时是清醒的。作为一个先知先觉者，他看到了别人看不穿的事情。狂人劝二十岁的青年，换来的只是搪塞和沉默，那他死心了吗？没有！接着，他又去劝谁呢？大哥。他是如何劝大哥的？一起看第十节，谁来分析。

生：我从"你们要不改，自己也会吃尽。即使生得多，也会给真的人除灭了"这一句的语言描写中看出狂人对"吃人"现象有清醒的认识，并且对吃人者发出了严重的警告，希望他们不要再吃人。

师：很好，还有吗？

生："要晓得将来容不得吃人的人，活在世上。"这句话，狂人说了两次，反复说，形成了一种强调。这说明狂人坚信将来社会容不得吃人者，这既是警告，也说明狂人内心坚信会有一个新的世界出现。

师：坚信新的世界必然来到，说明寄希望于将来。

生：我从"挣扎"这个词，看出狂人强烈的反抗、不妥协的精神。

师：狂人不屈不挠地抗争，可仍然无效，随后，他是如何看待自己呢？一起看第十二节。谁来分析？

生：我觉得这一节，主要是狂人发现自己也在吃人，感觉他在忏悔。

师：这种忏悔也是在对自我进行？

生：反思、反省。

（板书：自省）

师：当狂人沉痛地发现自己吃人后，狂人最后发出了怎样的呐喊？一起读最后一节。

（学生读）

师：你读出了狂人什么想法？谁来分享。

生："没有吃过人的孩子，或者还有？"说明他对这个社会还抱有希望。“救救孩子”，这里的“孩子”应该是像他一样觉醒的知识分子。孩子也是中国的未来，有朝气、有生机。这说明他把希望寄托在未来。“救救孩子”后边不是感叹号，而是省略号，表达了一种无奈。本来到结尾应该是语气最强烈的地方，但是却没有用其他的词藻来修饰，简单的四个字才是他内心想要表达出来的一种情感。

（板书：希望）

师：我觉得此处应该有掌声，同学们。（学生鼓掌）总之，狂人期望未来，瞩目下一代，发出了呼唤，呼唤新人、塑造新人。这是一种向封建主义抗争的号召，也是向世人昭示了一条变革社会的途径。

师：通过批注分享，我们发现，狂人在发现吃人的罪恶后，在质疑中否定，在抗争中坚信新的世界必然来到，在自我反省后寄希望于孩子、未来，这是一个先知先觉的形象，也是五四精神的重要组成部分。

师：由此我们可以归纳概括小说主题。

> 小说批判和揭露了封建礼教和家族制度的弊害，歌颂了先知先觉者形象；坚信新的世界必然来到，并寄希望于孩子、于未来。（投影）

师：文学作品本身就是一个有无限空白的 “召唤” 结构，你可以不断地填空与对话。今天我们主要聚焦几则日记，探讨小说的主题。《狂人日记》表现深切的地方还有很多，有多样化主题可以探究。

> 比如小说序言中，狂人病愈后，赴某地候补做官，有人说，这意味着狂人的斗争不彻底，“狂人”最终向黑暗方妥协。对此，你怎么看？（投影）

课后，同学们可以思考探究。

四、拓读：读懂鲁迅

师：同学们，从发现吃人到希望救人，是一代新青年觉醒的过程，也是鲁迅以其冷峻的笔调、悲悯的情怀引导新青年成长的过程。在激进昂扬的新文化运动大潮中，《狂人日记》以其对传统的批判和形式的特别铸就了新文学的风姿。在鲁迅逝世后，郁达夫写过这么一段话，我们一起读读。

> 没有伟大的人物出现的民族，是世界上最可怜的生物之群；有了伟大的人物，而不知拥护、爱戴、崇仰的国家，是没有希望的奴隶之邦。（投影）

师：今天的时代，我们依然需要阅读鲁迅，做时代新青年。《狂人日记》只是小说集《呐喊》的第一篇小说，我希望它成为一个引子，课后同学们再去读整本的《呐喊》，走进鲁迅更深沉的思想。

【教学反思】

本节课是我在重庆市高中语文名师工作室研讨活动中的一节研究课。教授鲁迅的文章是一大难点，教授鲁迅的《狂人日记》更是一种挑战。如何在 40 分钟的时间里，引导学生鉴赏这篇小说、读懂这篇小说，是我一开始就思考的问题，也是一直困扰我的问题。

首先，教学内容的确定。一篇小说，情节、人物、主题、手法、环境，都可探究。对于一篇接近 5000 字的小说，不可能面面俱到，只能删繁就简，选择一个点去突破，也就是这节课到底想让学生收获什么。经过反复思考，我把探究小说主题作为教学的重点。对于本篇小说的主题，都知道是抨击礼教吃人。但礼教是怎么吃人的，一直比较模糊。所以我就引导这学生从吃人事件中分析礼教和家族制度对人性的摧残。除批判之外，鲁迅的小说大部分隐含着“唤醒”“拯救”之意。于是我聚焦四则日记，引领学生在狂人语言行动的品析中达成了小说主题的深度理解。而《狂人日记》又是小说集《呐喊》的第一篇小说，我也希望将它作为引子，引领学生课后读整本《呐喊》，加深对鲁迅早期小说的认识。教学内容的丰富决定了课堂的容量。

其次，教学方式的选择。在教学方式上，我主要采用了问题教学法。首先是紧扣“吃人”这条主线，设置 4 个主问题：① 透过历史和现实，狂人发现了哪些“吃人”事件？② 这些“吃人”事件各自是因为什么吃人？应怎样评价这种“吃人”现象？③ 究竟是什么造成了“吃人”现象？“吃人”这一行为隐喻着什么？④ 狂人是如何应对这些“吃人”现象的？这 4 个问题，环环相扣，一线串珠，由浅入深。在主问题的统领下，在师生对话中我也有适度追问，激活了学生思维。学生也一点点领会了吃人的隐喻，明白了狂人的先驱者形象，从而达成了对小说主题的理解，实现了教学目标。

最后，教学效果的反馈。在四大板块的引领下，小说解读层层推进，学生思考由浅入深，课堂流畅自然，张弛有度，重难点突出。学生在与文本的对话中获得了基础理解，与同学的交流中碰撞了思维，与教师的对话中深化了对小说主题和作者思想的认识。

当然，课堂永远是遗憾的艺术。由于课堂容量较大，感觉对文本的深度品析还不够，对主题概括的方法指导还不够，我的追问也缺乏智慧，不够力度。这些都将是我今后努力的方向。

【点评：特级教师　文兰森】

这是一堂比较成功的教学研究课。教师的主导作用和学生的主体作用都得到鲜明的体现。这堂课有两点值得赞赏：一是选择了师生合作研究主题为教学的突破点，二是紧扣“吃人”这条主线，采用问题教学法，激发学生的创造思维。倡导主题的多样化表述。师生共同探讨争辩是语文教学改革的一种新理念，该课做了一些尝试。师生“一问一答”虽然走的是“套路”，但学生三十多次应对问题的回答，是有不少的创见和新意的。由于教师用投影引进了课外的许多新信息，扩大了课堂容量，为学生的思维创新做了很好的铺垫。这是该课的一大亮点。

问题的设置还可精简一些，引导学生语言实践、创造性阅读，是语文教改需要继续研究的一大课题。取百家之言加以熔冶，建一家论而成为杏坛之秀，这就算是一点祝愿吧！

《故都的秋》课堂教学设计

◎程红辉　重庆市梁平红旗中学校

【教学目标】

1. 培养品读能力，品味语言，体会作品表达的思想感情。
2. 掌握散文寓情于景、以景显情的写作技巧。
3. 体会作者试图传递出的清雅绝俗的审美追求。

【教学重难点】

1. 通过品味散文语言，赏析故都的秋“清、静、悲凉”意境。
2. 把握作者美与萧条淡泊、荒寒清远的意境的统一。

【教学课时】

1 课时

【教学过程】

一、导　入

同学们，秋天的景，或许是万山红遍、层林竞染；或许是秋风萧萧、寒江瑟瑟！在中国文化中，秋天就是这样一个充满了诗意的季节。现在，就让我们走进这样的季节，去感受郁达夫的《故都的秋》。

（幻灯片）

二、识　景

1. 这篇文章作者不仅写了北国之秋，还写到了用来做对比的南国之秋。我们昆明是南国还是北国？那你们喜欢像昆明这样的南国之秋吗？

2. 作者对南国之秋是什么样的情感态度呢？大家找一找南国之秋在哪些段落。（第二、十三段）我们一起朗读一遍。

3. 从作者的描写中，我们看出南国之秋的那些特点呢？

慢、淡、润。

看不饱、尝不透、赏玩不到十足。

色彩不浓、回味不永。

4. 郁达夫对南国之秋的评价，你们认可吗？

（学生自由发言。）

5. 每个人的审美不同，眼中的秋味就不一样，那郁达夫喜爱的北国之秋有什么样的特点呢？

清、静、悲凉

6. 清、静有多种意思，那么什么是清、什么是静呢？请同学们找出与本文意境相似的词。

清：清洁、洁净、纯洁、清凉、清白、清廉、清冷、凄清、清平、太平。

静：清静、恬静、安静、不烦、单纯不杂。

7. 为了传递出这种“清、静、悲凉”的秋味，作者描绘了几幅秋景图呢？

秋院图、秋槐图、秋蝉图、秋雨图、秋果图。

三、明　法

1. 在这五幅图中，有一幅图描绘的景物最丰富。它是哪一幅呢？（秋院图。）

2. 下面让我们走进秋院图。请同学们圈出这幅图中的具体景物，再用波浪线勾画出描绘这些景物特征的词。

3. 同学们到底勾画了哪些景物和哪些描绘这些景物特征的词呢？下面大家就从自己刚才勾画的句子中，细细地品味秋院图，并提笔完成这一道题。看看郁达夫是怎样通过这些秋景传递出“清、静、悲凉”的意味？通过这些秋景，我们又将看到一个什么样的郁达夫？

当我读到__________时，我感觉到了作者所谓的__________（清、静、悲凉），因为__________。我似乎看到了一个__________的郁达夫。（幻灯片）（如悠闲、落寞、惬意、舒适、寂寥、忧郁、闲逸、淡泊、无聊、孤绝、超越尘世等等）

好，同学们完成得差不多了，现在请带着你的答案和前后的同学进行交流分享，然后整理答案。每一个小组请推选出一位发言人。

（生讨论）

4. 下面我们开始品味秋院图，请我们同学进行展示。（展示时间 10 分钟）

（1）破屋——破败、舒适　　一碗浓茶（一坐）——孤寂、落寞

说到喝茶，周作人写过这样一段话：“喝茶当于瓦屋纸窗之下，清泉绿茶，用素雅的陶瓷茶具，同二三人共饮，得半日之闲，可抵十年的旧梦。”同样是喝茶，都有着不同程度的闲适，但是，一个是雅致惬意，一个是落寞舒适。

同样是喝茶，周作人是在一种雅致的环境下感悟到了惬意、闲适；而郁达夫在一种简单，甚至破败的环境中也感受到了闲适、惬意。

（2）细数一丝一丝日光——无聊、孤绝、享受

（3）冷色牵牛花——忧郁

说道牵牛花，作者没有写牵牛花摇曳参差的藤蔓，而是写它的颜色。作者喜欢蓝色或白色，而不喜欢淡红色的牵牛花，蓝色和白色以及紫黑色都是冷色调，而红色是暖色调，这种颜色的喜好，也传递出了一种淡淡的忧郁。

（4）衰败的枯草——悲凉、超逸尘世

红花配绿油油的叶子是传统的搭配，但是郁达夫却为之配上的是

“疏疏落落”的让人感觉衰败的枯草，倍添萧瑟、衰败的意味，这里，我感受到了一种悲凉，我似乎看到了一个压抑的郁达夫。

（很高很高的碧绿的天色和听得到驯鸽的声音，主要是从清和静的角度来写。）

好了，这幅秋院图中，其中的景物大多有破败、萧瑟的感觉。但是我们发现作者对这种破败的景却特别的喜爱、深情、享受！

让我们把秋院图朗读一遍。带着喜爱和深情。

（生朗读）

我们通过什么方法品味出了秋的特征呢？对，通过抓住景物的主要特征。

（板书：抓住景物主要特征）

5. 那我们试着通过抓住景物的主要特征来感受其他的秋景。人，是最生动的静。在秋雨图中，作者描绘了一群都市闲人说话的语调，作者是怎样形容的呢？

缓慢悠闲是怎样的一种感觉？我们来试着一起读一读。注意，“了”字要念得很高，拖得很长。

试比较下面两句话传递出的情绪。

A. 啊，天终于凉了！（期盼）

B. 唉，天可真凉了——（惋惜惆怅）（板书）

这种缓慢悠闲、惋惜惆怅的语调传递出了北国秋景悲凉的意味。

四、观　志

对于这样清、静、悲凉的秋天，郁达夫说他宁愿折去寿命的三分之二也要留住。为什么郁达夫如此喜欢这种清、静、悲凉，充满了萧瑟、破败的美呢？你能在文中或者文外找到答案吗？

1. 文人秋士的身份：（文中说道，中国的文人学士，都带有浓厚的颓废色彩……有情趣的人类，对于秋，总是一样的特别能引起深沉、幽远、严厉、萧索的感触来的。）在现代作家中，郁达夫身上的才子气是最浓烈的，中国文人那种浓厚的颓废色彩在他的骨髓深深地蕴藏着。所以，秋景就特别会引起他的悲凉的感觉来。

2. 特别的人生经历：自幼多病，三岁丧父，长子早死。旅居日本10年饱受屈辱。回到国内，当局腐败，社会动荡，民不聊生，他为个人生计颠沛流离，饱受人生的愁苦与哀痛。这样的人生遭遇必定会影响他的性格。(幻灯片)

郁达夫文人秋士的身份和特别的人生经历让他眼中所见尽是悲凉的秋景，但他喜欢这种悲凉的秋景，并有意识地把他的这种特别的审美角度传递给读者，有一个重要的缘由。

首先我们来欣赏两幅画。你们更喜欢哪一幅呢？众人更喜欢哪一幅？为什么？

这两幅画各有各的美。这幅枯树图它美在什么地方呢？北国清静悲凉的秋味又美在什么地方呢？

3. 在文学理念上受“荒寒”观点的影响

> 繁花似锦是俗世人约定俗成的美，是大众之美。而枯寒、萧条、淡泊、清远之境却能凸显一种遗世而独立的气质。
>
> 荒寒意境，历来颇受中国文人和画家青睐。(朗读)
>
> 文人笔下的枯寒之境，是在给自己营造一种拔高的精神避难所，也在刻意追求一种冰清玉洁的精神气度。精神皎洁了，人在浑浊的尘事中沉浮，便可生起一份睥睨姿态，无所畏惧。
>
> 当一位文人在他的作品中追求萧条淡泊、荒寒清远的意境时候，他希望传递出的可能是一种虚融清净、淡泊无为的生活情趣以及高风绝尘、清雅绝俗的审美追求
>
> (幻灯片)

郁达夫深受荒寒文化的影响，所以，相比较南国之秋的温润，他更喜欢的是北国秋天的萧条淡泊、荒寒清远的意境，以此来传递出他淡泊无为的生活情趣和清雅绝俗的审美追求。

五、总结，布置作业

林清玄赏景有这样三种境界：白鹭立雪，愚者看鹭、聪者观雪、智者见白。

愚者看鹭，只见局部；聪者观雪，能见全局；智者见白，能品其意境。今天，我们辩秋，其实就是愚者看鹭；我们品秋，就是聪者见白；我们悟秋，就是智者见白。今天，同学们不仅品了秋色、尝了秋味，还体悟到了郁达夫那种清雅绝俗的审美追求。从这个角度上看，同学们都是智者了。

同学们，王国维曾说过："以我观物，物皆着我之色彩。""故都的秋"，是郁达夫的心灵反射，正可谓一片自然风景就是一个心灵世界啊！

你们的眼中的自然风景是怎样的呢？下课后，请选择一处家乡的秋景，描绘出属于你们的心灵世界。

【教学反思】

这堂课，我的教学设计主要体现在核心素养、自主生成这两个关键词上。

一、核心素养

首先我想培养学生在语言构建与运用方面的语文学科核心素养，为此，我做了两件事情：一是读，读课文、读材料。在读的过程中让学生体悟感情；二是给学生一个鉴赏表达的模板，引导学生用语文化、专业化的语言来回答问题，这两个方法，主要是引导高一学生调动已有的语言构建与运用方面的核心素养，有效生动地表达。这种核心素养需要我们在课堂中反复训练才能得以积累。

其次，我想培养学生在审美鉴赏与创造方面的核心素养。我希望通过本课的教学，学生能品味课文的语言艺术，体验郁达夫丰富的情感。我通过教学引导学生了解中国传统文化中的荒寒意境，去感受郁达夫那种追求清雅绝俗的审美观念。宋代画家和诗人崇尚的荒寒意境，其实是不为学生所了解的，大家对传统文化的理解往往流于形式，没有去触及其精神的内涵。郁达夫文中的荒寒意境实为中国传统文化的一个代表。

当然，认识荒寒之美并不是本堂课的主要目的，只是引领学生在审美上有一种新的眼界和高度，在赏析语言、品味感情后还有所提升和获得。所以在课堂的最后，我引用了林清玄关于赏景的三种境界“白鹭立雪，愚者看鹭，聪者观雪，智者见白”来总结课堂设计的三个层次：品鉴语言的辩秋即为看鹭，体悟感情的品秋即为观雪，了解郁达夫审美爱好的悟秋即为见白，我其实就是想引导学生获得赏析写景抒情性散文的一般性方法——品味语言、体味感情、提高审美鉴赏能力，在文学阅读中进行审美的再创造，从而获得较高层次的阅读体验和审美体验。

在实现辩秋—品秋—悟秋三个教学环节里，学生通过读、讨论、思考等方式，结合自己已有的生活经验与知识经验，在与文本的碰撞中形成自己的感悟，从而达到了本课的教学目的。

二、自主生成

在新课标倡导的自主、合作、探究模式下，教师应更多地充当向导，成为学生的同读者，成为引路人，所以，本课在设计时还体现了元阅读的概念中的“元”字。元阅读是重庆市张学忠名师工作室正在研究的一个教学理念，所谓“元”，是以学生为本、为元，以教材为本、为元。在引导学生赏析文章时，充分尊重学生理解的差异和基础，在阅读的过程中适当引导，进行预测和设计。比如学生与作者进行秋味之辩的预设，比如赏析模式的构建以及荒寒之美的引导等，这些预设都是以学生为“元”、以教材为“元”来完成的。我是这样引导学生进行生成的。

首先，活跃讨论 促进生成。

课堂讨论，是教师、学生、文本之间交流、冲突与融合的过程，它可以激发学生的学习兴趣，活跃课堂气氛。今天，高一三班的同学争先恐后地发言的氛围以及在品秋环节中提出的独到的见解，在很大程度上与课堂小组合作是分不开的。

其次，鼓励质疑，激发生成。

“疑者，觉悟之机也，一番觉悟，一番长进。”阅读中有质疑，说明学生处于一种积极的思考状态中。有了积极的思考，才会有深入的发现，才会有创新的灵感产生。今天课堂上的那位女生展示出了自己的质疑，她的问题很有价值，要品出秋雨图中的“都市闲人”透露出的悲凉，对学生而言难度是很大的，这个学生能提出这样的问题，说明她思考得比较深入。于是我抓住这个契机，不仅利用了抓取景物主要特征的方式来赏景，还通过对比朗读法让学生感知。在反复的对比朗读中，使学生有了一些收获。

提升学生的核心素养，激发学生的自主生成，还有很多的空间，今天我只是做了一个尝试，还存在很多方面的不足。如何把课堂的自主权进一步地还给学生，如何让小组活动更丰富，如何在最大程度上提升学生的学习自主性以及如何转化和巩固学习的成果都将是我教学努力的方向。

【点评：重庆市外国语学校　正高级教师　李安全】

本课教学目标清晰，注重语言品味和审美鉴赏，突出了《故都的秋》的审美特性，突出了语文学科核心素养。教学内容具体，要点清晰，以“引入、识景、明法、观志、总结”为主线构思教学，重点突出，层层递进，与鉴赏散文的方法与过程相切合。教学中采取问题引领和方法点拨的方式引导学生积极探讨，鼓励质疑，促成学生用现有的阅读方法去解读文本，同时丰富和生成新的阅读经验和方法，体现了新课程自主、合作、探究性学习理念。教学中引入的课外教学资源（林清玄、王国维的审美理论）与课程内容切合，引申适度，有助于引导学生构建阅读经验和阅读方法。

《囚绿记》课堂教学设计 1

◎周　斌　重庆市巴蜀中学校

【教学目标】

1. 学习以感情为线索组织材料的写法。
2. 掌握从不同角度进行描写的特点。
3. 领悟课文的社会意义、政治意义。

【教学重难点】

1. 学习从不同角度对绿枝条进行绘形绘色的描写的特点。
2. 体味散文隐含意的方法，领悟意境美。

【教学课时】

1 课时

【教学过程】

师：上课，同学们好。

生：老师好

师：请坐。

师：欢迎大家来到 601，一起度过这美妙的四十分钟。研究表明，颜色会影响人的情绪，在所有颜色中绿色反射光线的能力比较适中，对人眼的刺激比较小，对人大脑皮层、神经系统还有视网膜组织的伤害较小，所以绿色总是带给人平静、舒爽之感。今天，我们学习《囚绿记》，看能否从文学上带给你平静之感？预习告诉我们，本文中的“绿”特指什么？

生：常春藤。

师：对，常春藤。“囚”就是“把人关在密闭的空间里”，因此这个题目就是告诉我们，作者把“常春藤”当作人囚禁起来，是回忆把常春藤拘禁起来的经历。昨天我们预习了文章，这篇文章就写了作者和常春藤的哪些经历？

生：邂逅、相伴、入室、回归作别的经历。

教师：而且作者还给“常春藤”取了一些名字。有哪些？

生：“绿友”“绿囚”。

教师：对，“绿友”“绿囚”。可见“绿”彻底地走近了陆蠡的内心世界。请问，“绿”在作者心中到底意味着什么，让作者那么爱“绿”？

（学生开始小声讨论）

师：哪位同学率先回答？

生1：“常春藤”在北方不常见。

师：那意味着什么呢？

生1：意味着生命、希望。

师：请在文中找到这句话。

生1：绿色是多宝贵的啊!它是生命，它是希望，它是慰安，它是快乐。

师：请大家一起齐读这段话。

（学生齐声朗读语句）

师：作者得出第一个观点——绿是生命、希望、慰安、快乐。作者是在什么背景下得出这个看法的呢？

生1：作者疲累于灰暗的都市的天空和黄漠的平原，怀念着绿色，如同涸辙的鱼盼等着雨水！急迫的心情使得作者将一枝之绿叶视同至宝，使作者不再孤单。

教师：大家都找到了第五自然段的这些句子。作者在都市生活里面感到很疲惫、孤独、陌生。因此，这种看法是在一种疲惫、孤独、困窘之中产生的，我们也可以说作者对“绿”的爱，最先的爱是源自精神上的一种需要，是一种有依附的爱，也是我们生活中常说的“我最缺什么才会最爱什么”。所以，在我们看来，这是一种困境之中的希望，它点燃了一切。但我认为，这还是大众眼中的普通之爱，作者对“绿”的认识也还是一种普通的认识。

（板书：需要、依附）

教师：我们现在一起齐读文章第五至七自然段，看看作者和“绿”还有什么关联。“绿色是多么宝贵的啊”，预备——起。

（学生齐读文章第五至七自然段，教师四处走动，观察学生朗读情况。）

师：好，停，我们逐一来看。除了刚才大家所分析的普通的认识以外，作者和绿在这几段文字里面还有哪些特殊关联？首先来看第五段，作者还讲到了和绿的什么？

生：对语。

教师：好，和“绿叶”的对语。咱们把这句话勾画起来，读一读，体会体会。

（学生齐声朗读：“我望着这小圆洞，绿叶和我对语。我了解自然无声的语言，正如它了解我的语言一样。”）

教师：“对语”，你怎么理解的？我让一位同学来回答一下。

生 2：就是作者和朋友之间的对话、交流。

教师：什么样的对话，你加一个修饰语。

（学生沉默）

师：是一种平等的对话，还是不平等的对话？

生：平等的。

师：平等的对话。那这样的例子在中国古代诗歌的发展历程上有没有先例？比如说李白的《独坐敬亭山》。

生（齐背）：“相看两不厌，只有敬亭山。”

师：再比如说，辛弃疾，同学们记得吗？“我见青山多妩媚，料青山见我应如是。”甚至在更早的庄子那里，我们也找到了他与惠子游于濠梁之上与物的对话，他说他知鱼之乐，鱼也知他之乐。同学们做好笔记，这就是一种物我两相知、人与自然的和谐共融，我们把它简单称作他和“绿”的相知，这也是一种知音难觅。注意这里的“相”是双方，它了解我，我也了解他。

（板书：相知——知音难觅）

师：我们再来看第六自然段。如果说用和“相知”等同的关系来讲的话，那么这里讲了他和“绿”的什么关系呢？我听到这位同学说了一个词，你来讲一讲。

生：相恋。

师：“相恋”，这个词概括得比较到位，但是抽象了一点点，能不能再具体一点点？作者在“绿”上面花费了很多什么？

生：很多时间。

师：时间。这就告诉我们，爱不仅需要相互的了解，更需要时间。我们这里简单地概括为一个词——相守。

（板书：相守）

师：同学们，这里的“相”和“相知”的“相”可不一样了，如果上一个“相”是双方的，那这一个“相”则是单方面的，它让作者慢慢开始顿悟生命。

（板书：相守——顿悟生命）

师：这个部分的最后一句话，我们让一位男同学来读一读。

（生 3 朗读：“人是在自然中生长的，绿是自然的颜色。”）

师：读得非常好，咱们一起再来读一遍。

（全班齐读：“人是在自然中生长的，绿是自然的颜色。”）

师：在这里，“绿”让“我”彻悟生命，遵循自然。同样的思路我们来看一看第七自然段。如果用相同的名词来命名的话，哪个词比较符合？

（全班沉默）

教师：这段话咱们不着急来写，我们先来读。读之前，我们来问一位同学，你认为哪些字要强调出来？

生 4：天天、望着、看它怎样、渐渐、细细观赏

教师：还有呢？

生 4：巴不得

教师：对，巴不得，一种急不可耐的心情。好，这一段，咱们推荐一位男同学和一位女同学来读。

（学生开始讨论，并确定最终朗读者，两位朗读者分别朗读。）

教师：在这里，我们不用说就知道，作者和“绿”相爱了，由顿悟生命到爱它的一切。

（板书：相爱——爱它一切）

师：他深爱着绿叶，而且让“绿”走进了他的生命。但是我们也同时看到作者的一种看法，在前边的时候是两方相知，在后面则偏重一方，他爱得深沉，爱得忘掉了自我。那在这个时候，由于情绪的无限发展，他的爱指引着一条路。这一条路我暂时不告诉大家，我们待会儿会来解决这个秘密。物我两相忘，相爱更相知，“绿”让我顿悟生命，理解自然，“绿”走近了我的生命，教会我怎样去爱。但是，对于作者如此深爱的“绿”，为何还要囚禁它呢？我们一起来齐读第八自然段。

（学生齐读第八自然段。）

师：从主观与客观的角度，试着归纳一下，作者为什么要囚绿呢？

（学生独立思考，教师走动提醒，强调抓住关键词，并根据主客观层面分类。）

生 5：我觉得他囚住“绿”是想要“绿”和他更亲近，让“绿”来装饰他的房间，装饰他阴郁的心情，要借绿色来比喻葱茏的爱和幸福，比喻抑郁的年华，要“绿”为他歌唱。

教师：哪些属于客观的？哪些有属于主观的？

生 5：客观就是指装饰他的房间，主观是指更接近、更紧密地用“绿”来装饰他的房间，装饰他阴郁的心情，要借绿色来比喻葱茏的爱和幸福，比喻抑郁的年华，要“绿”为他歌唱。

师：那你能不能来概括一下？

生 5：客观是装饰房间，主观是用“绿”来填充内心。

师：恰如这位同学说的，客观就是“绿”很美，用来装饰房间，主观就是作者很孤独、很忧郁，用“绿”装点心情。那我们看一下，还有其他原因让作者“囚绿”吗？提醒大家，我们刚刚看到的是小背景，现在可以关注一下大背景。

生：作者住在北平这里，战争迭起，时代背景比较动乱，绿色可以让作者在这样的环境有希望之感。

教师：希望之感！由个人扩大到了社会。那这里可以简单整合一下，这里“囚绿”的原因，既有自然之美，也有性格之孤，还有作者在北平的生活之苦，还有当时的时代之痛，这些客观原因加上作者主观上对“绿”爱得深沉，让他去“囚绿”。“囚绿”的过程可以说是“我”和常春藤第一次心灵的碰撞。陆蠡说，他先前认为好像发现了一种生的欢喜，但到后来却发现它让自己不快，而且还伤了自己的自尊心，自此我们不难明白，作者意识到过错直接放了绿吗？

生：没有。

师：不但没有意识到，反而还囚住他，作者仿佛着了魔、入了迷，用文中的一个特别的词来概况，同学们勾画出来——“魔念”。我们一起来把这句话读一遍。

（学生齐读：“魔念在我心中生长了。”）

师：什么叫“魔念”呢？我们先问一下更有发言权的男生。

生 6：我觉得魔念应该是他对常春藤的一种占有欲，想把它囚禁住，不想放它走。而且在囚禁之后它还向着窗外，更刺激了作者心中对它的占有欲。

生 7：作者此时已经知道自己囚住常春藤是不对的，但还是想囚禁着它。

师：知道不对还是要去做，“知不可为而为之”，这是男生的角度。我们再来看一看女生的角度。

生 8：“魔念”就是喜欢就要抢占，不愿意也要强求。

师：不愿意也要强求，我得不到宁愿毁灭也不放过。怎么大家感受比我都深呢？

（全班大笑）

生 9：因为他对绿爱得深沉，就像占有他，不想放了他。

师：其实“魔念”在佛家中是指妄执，虚妄的执念，通俗来讲就是着了心魔。鬼使神差般，你跟他讲不通道理，只有外界的力量才能产生影响，使其发生改变。就像这篇课文里，迫使作者的执念发生改变的事件是什么？

生：卢沟桥事变。

教师：对，卢沟桥事变的发生。我们现在来读一读十一、十二自然段，概述作者魔念消失的表现。

（学生齐读）

教师：读完之后，我们根据作者描写魔念的词汇来分析一下其复杂性。

生：认识到自己的过错不能原谅自己，但同时又开始为这个枝叶可怜，但又恼怒于它的固执与亲热。

教师：不能原谅和恼怒无常是不是一对矛盾，也是一对解除开的魔念。还有没有？自我情绪间有一种魔念，那我与“绿”之间有没有“魔念”？

生：我渐渐不能原谅我自己的过失，把天空底下的植物移锁到暗黑的室内；我渐渐为这病损的枝叶可怜，虽则我恼怒它的固执，无亲热，我仍旧不放走它。魔念在我心中生长了。

师：这位同学说得很多，也把基本的点都涵盖了。我和绿之间也产生了一组矛盾的关系，绿越固执，我越恼怒。同学们注意记好笔记，而在双方之间，这种魔念一直在强化，所以说作者的情感达到了偏执、疯狂的地步。

（板书：“魔念”——偏执、疯狂）

师：从这里我们也能看到，在魔念背后的作者的心境是怎样的？

生 10：我觉得作者首先对“绿”有一种很深沉的爱，舍不得放它走，但是作者又有一种想独占它的心情，体现的是作者的固执。

生 11：他是一个十分固执的人，又是一个热爱生命、热爱希望、热爱自由的人，在他看到绿色的时候，会在沉重的人生找到希望。

师：同学们，其实这里，我们慢慢找到了这把钥匙。我们最先讲到，作者对“绿”最开始的特殊的爱，从双方的相知到单方的相爱，当时我就说，他爱得疯狂、爱得激进、爱得忘却了自我。同学们，当一个人为了爱搭上了一切，这本身是不是一场赌注？是赌注就有两种结局，要么占有，要么毁灭。 后面我们讲到“魔念”的时候也是这样，因此在我看来，作者在“囚绿”的时候也把谁囚禁了起来？

生：自己。

师：对，一并将自己“囚禁”起来。“囚绿”不过是作者心中的外在表现，所以，这个“魔念”在我们看来是解不开的偏执虚妄，更是一种绝望。我们就很容易想到匈牙利作家裴多菲的话：“绝望之于虚妄，正于希望相同。”与其追求不到，还不如过分地按照错误的方式去追求，这就是他爱的方式。我们也想到鲁迅先生的话：“人必须活着，爱才有所附丽。”我们来处理一下这句话，爱如果不落实到具体、不落实到物质层面，都是空谈。所以作者在这里给爱做了阐释，我们就来看看作者背后更加复杂的心境。

师：在这里不难看出，“绿”是心情，“囚”是心境，有人说“绿”代表对自由的追求，也有人说“绿”代表中华民族在日寇侵略中不屈的精神。都很好，那综合以上分析，本文的重点到底是在写“囚”，还是在写“绿”呢？大家谈论一下，一定要找出缘由。

（学生开始讨论）

师：我们请一位同学来分享，作者的重点是“绿”还是“囚”呢？

生 12：我觉得作者是在写“绿”，文章的主旨在于歌颂永不屈服于黑暗的精神。刚刚老师讲到，“囚”是一种心境，“绿”是一种精神，这篇文章是以“囚”的过程来突出“绿”的永不屈服，表达喜爱之情的，“囚”是过程，“绿”是主体。

师：有没有讲“囚”的啊？

生 13：我认为是在写“囚”。“绿”只是一种客观存在的东西，常春藤是客观存在的具体的事物，“囚”是作者主观的一种心境，是对“绿”的态度，从作者主观方面来讲，更能分析其情感态度，才能深化到前面那位同学所讲的永不屈服的民族精神。

师：这位同学认为，没有“囚”的历练就没有“绿”的结果，重点在“囚”。那还有同学分享吗？

生 14：我认为是“囚”。“绿”只是全文的线索，“囚”是全文主要描写的内容，而通过“囚”才能更好地体现“绿”对光明的向往、对光明的追求，从而深化主旨，表现作者的思想情感和文章所表达的东西。如果只是“绿”的话，只是作者的情感寄托的物体，并不能承载其重量。

生 15：我认为是“绿”。因为写“囚”只是文章的一部分，文章的主体还是围绕“绿”来写的，写“囚”只是为了衬托“绿”，表达生命的希望和追求，如果只是写“囚”的话，就没有达到那种高度。

师：我们今天就不就这个话题展开继续的辩论。在这里，老师也分享一些感受，其实多种理解都很合理，但老师更赞同的是“囚”。

（教师切换多媒体课件，学生朗读课件上补充材料。）

师：我认为重点在“囚”的原因在于，“囚”是因为绿是生命希望、慰安快乐，它可以让我忘掉不快、减轻抑郁、消除痛苦，获得生的欢喜，“囚绿”的行为展示了寂寞的灵魂寻找精神的外在的艰难，而“绿”不屈服于囚禁、一切向阳的品质是我正需要的精神，所以我不惜牺牲对方的自由，近乎偏执地囚禁，即使陷入“魔念”，也不愿释放坚守生命尊严，被我当作知己和灵魂的常春藤。至于一年后只能用忏悔去获得一种自我精神的救赎，也就是说，这个文章里“绿”的高贵品质、我的最后的忏悔、失去自由的“绿”，还有身陷囹圄的我、身陷囹圄的所有人，都在这个“囚”字上面实现了最好的统一。当然这是老师的看法而已，你们也可以在下课后发表关于“绿”的看法和我辩论。

师：同学们，陆蠡一生也是这样做的。老师先补充陆蠡是怎么死的。日本人找不到他，他自己去巡捕房讲道理，他有正义感，相信敌人会在正义面前低头。据说，他唯一的罪名是口供强硬，说汪精卫是大汉奸，大东亚战争必然失败。真是可悲可叹的一生。所以在这里，记住“囚”也是为了怀念他，他以《囚绿记》来怀念“绿”，我们以《囚绿记》来怀念陆蠡。“囚”很艰难、“囚”不被理解，但是他还是这样忠诚地、固执地去追求，强化了自我精神的突围和忏悔，表达了自我精神的忏悔。在这里，我也感谢一起来纪念《囚绿记》的我们。下课！

【教后反思】

带着学生一起感受绿，这是一次心灵的探寻，也是一次思维的演绎。在这个过程里面，有教师的铺垫、教师的设疑，有学生的解疑，也有学生的质疑，还有思维的碰撞。也有冷场的时候，但一切都超出了预先的构想。虽然感觉有些稚嫩，甚至还不是很连贯，但是对于正在形成思维的高中生来讲，这无疑是一次较好的尝试。在以后的教学中，我会更加重视问题的生成与师生的共生。

【点评：重庆市外国语学校　正高级教师　李安全】

教学目标从写作技巧的角度切入，引导学生运用所掌握的写作常识来解读散文，这无疑是恰当的，也是有效的。课堂教学中熟练运用讲授法，用具体问题引导学生进行有深度的探究性学习，适度援引相关的文学理论常识和阅读鉴赏常识引导学生批读、解读、品读课文，没有因为是“教授”就机械“灌输”，而是相机诱导，引导学生与文本、与同学、与老师开展多种形式、多个层次的“对话”来推进教学。通过课堂实录，我们还看到，教师对这篇《囚绿记》有丰富、深刻甚至个性化的解读，但是，他并没有将自己的解读作为教学的内容硬性地“授”给学生，而是因材施教，根据学生学习的需要，引导学生用鉴赏散文的方法来解读散文，将自己对文本的解读有选择地、很自然地融入教学之中。或许，这样自然、朴实的课堂才是语文教学的追求。

《囚绿记》课堂教学设计 2

◎牛联欢　重庆市复旦中学校

【教学目标】

1. 知识与能力

（1）有情感地朗诵课文，了解作者情感变化。

（2）理解“绿”的象征意义。

（3）把握课文主旨，树立正确的审美观和价值观。

2. 过程与方法

（1）有感情地朗诵，整体感知课文。

（2）学生勾画、圈点、赏析重点语句。

3. 情感态度和价值观

从整个散文中获得审美享受，理解由爱生欲、由欲生魔导致的对一切美好事物的囚禁、伤害以及魔灭之后的释然。

【教学重难点】

学习并领会作者所运用的象征手法。

【课时安排】

1 课时

【教学过程】

一、导入新课

同学们，生活中我们遇到喜爱的东西，往往想着怎样得到它。就有这么一个人，他喜欢绿色，就将绿色的常春藤牵进自己的房间。今天，我们一起走进陆蠡的《囚绿记》，看看作者是怎样“囚绿”的，囚绿之后又发生了什么。

（板书题目、作者。）

二、释　题

师：标题中的“绿”是什么？那么“囚绿”是怎么一回事？

生 1：绿是窗前的一株常春藤。

生 2：“囚绿”是作者把常春藤的两条柔枝牵进自己的房间，以便随时欣赏。

三、整体感知，梳理思路。

1. 作者为什么要囚绿？
2. 他把绿“囚”牢了吗？
3. 后来他对绿的情感又如何呢？

生 1：因为他爱绿，从文中可以看出，他特意选了有绿影的房间并赏绿，所以要囚绿。

生 2：由于“绿”始终不屈服，后来他把“绿”放了。

生 3：离开北平后，他对“绿”充满了思念。

师：由大家的讨论，我们可以梳理出这篇散文的结构线索是“寻绿—赏绿—囚绿—释绿—思绿”。

（教师板书散文结构线索：寻绿—赏绿—囚绿—释绿—思绿。）

四、重点赏析

1. 囚绿前后，常春藤的生长情况如何？

生 1：囚绿前，常春藤枝条浆液丰富，生机勃勃。

生 2：囚绿后，常春藤枝条颜色改变，好像病了的孩子。

师：人为的爱产生了“囚绿”的行为，带来了伤害，所以，真爱是欣赏而非占有。

（学生自由发言，谈生活中相类似的情况。）

师：因喜欢而“囚绿”，但却对绿带来了伤害，因为我们总是站在自己的立场上，却没有过多地考虑对方的感受。

2. 作者由爱而“囚绿”，如何评价？

生 1：由于爱而占有，使被爱者难以自由生长。

生 2：这种爱过于狭隘和自私，是一种畸形的情感。

五、合作探究作品主旨

1. 绿象征着光明，象征着自由，那么《囚绿记》这篇散文的主旨就不仅仅是讲述作者和常春藤枝条的故事了。作品的主旨是什么，能否在文章中找出一些线索？

生 1：卢沟桥事变发生……在七月下旬，不能在流连于烽烟四逼的中的旧都……终于在一天早晨……离开北平一年了……

生 2：作品是想通过“囚绿”—“放绿”这一象征行为，表明日本侵略者对中国的侵略，想把爱好光明和自由的中国人民囚禁起来，而“绿”的不屈服象征了中华民族永不屈服的抗争精神。

2. 如果说“囚绿”是因爱而囚，那么，本文“囚绿”是否可以象征日本侵略者对爱好自由、光明的中国人民的囚禁呢？

生 1：囚绿是因为爱。

生 2：但是日本侵略者是并不爱中国人民的，所以，这个象征的类比不恰当。

生 3：囚绿的前提是爱，所以“囚绿”不能象征日本侵略者对爱好自由、光明的中国人民的囚禁。

师：如果说囚绿具有象征意义，一定要注意这个“囚绿”的前提是爱。同学们可以试着想一想有爱这个前提存在的“囚绿”行为在生活中有哪些？

生 1：爱情中之爱、之欲、之囚。

生 2：亲情中之爱、之欲、之囚。

3. 补充资料（PPT 展示）

我如同一个楔子，嵌在感情和理智的中间，受双方的挤压。 我有时接受理智的劝告，有时又听从感情的怂恿；理智不能逼感情让步，感情不能使理智低头。就是在这时刻变换的将失未失的平衡中，在这矛盾和轇轕（jiáo gé）中，我听到我内心抱怨的声音。有时我想把它记录下来，这心灵起伏的痕迹。这集子就是我的一些吞吐的内心的呼声，都是一九三八年秋至一九四〇年春季间写的。(《囚绿记》序）

然而他在抗战后期写成的另外一些篇章，在思想上和艺术上都不能保持这（《囚绿记》）样的水准。像《池影》在感到异族的侵凌时，还沉浸在儿时的回忆中。《寂寞》和《门与扣者》，甚至还吟咏着寂寞和虚无的主题，与那个争取民族解放的伟大时代，显得多么的不合拍。作者思想的天地显得过于局促了，这使他的作品不能获得更大的成就。(《现代六十家散文札记》对陆蠡后期散文的评价）

陆蠡与惠兰中学：1919 年，陆蠡考入浙江基督教惠兰中学，1921 年转入浙江之江大学附中。惠兰中学为美国传教士甘惠德于 1899 年创立，英文每周 9 课时，圣经为必修课。

（引导学生从知人论世的角度来理解文章主旨。）

师：《囚绿记》也许是记录作者心灵起伏痕迹的文字，由爱而生欲，结合作者教育中有基督教的影响，“囚绿”是因“魔生”，“释绿”是因“魔灭”，由“囚绿”到“释绿”的这一行动，反映了作者内心“魔生魔灭”的心灵起伏痕迹，上升到哲学的高度，似乎也可以用基督教的救赎来理解。

六、作　业

结合自身实际情况，写一篇表现自己心灵起伏痕迹的散文。

【教学反思】

《囚绿记》这篇散文，线索清晰，引导学生找出线索并不难，难的是理解文中象征之所指。结合文中所透露的信息以及作者的生平，一般来说会很自然地引申到爱国的主题上。但文中矛盾之处在于所谓“囚绿”，实为因爱而囚，非不爱而囚，“囚”之前提为爱，是爱之深、之畸的结果。但很明显，如果是爱国主题，即痛斥日本侵略者侵略中国，中国人民如常春藤一般爱好光明、自由，“囚绿”即囚中国永不屈服的人民，日本人对于中国人爱从何来呢？所以，这是矛盾之处，也是容易为人忽略处。所以，可以从更广泛的意义上去理解“绿”之所指、“囚绿”情感之所指，多角度地理解作品的主题。孟子提倡知人论世，知人论世是解读作品的重要方法之一。结合所提供的资料，作者后期作品与伟大时代不合拍的评论家之言以及作者陆蠡的基督教教育背景，似乎这篇散文写的就是作者心灵起伏的痕迹，心中“魔生魔灭”的心灵痕迹，但这样的主题解读又似乎上升到了宗教的层面，是否恰当呢？

【点评：重庆市外国语学校　正高级教师　李安全】

透过教学设计，可见教师对文本的解读较为深入，而且全面，这是现代散文教学备课必须下狠功夫之所在。课堂教学按照“导入—解题—整体感知—合作探究—拓展延伸”的程序展开，层层推进，主线清晰，结构自然，与阅读现代散文的基本程序协和，隐含着“怎样读就怎样教”“阅读教学就是教学生读”的教学理念。注重引导学生运用“象征”的常识，从多个角度来挖掘文本的意义，突出了教学难点，在某种意义上体现了“一课一得”的教学思想。

《春夜宴从弟桃花园序》课堂教学设计

◎刘　彦　重庆市第四十二中学校

【教学目标】

1. 让学生用分解、凸显、还原的思维步骤来疏通字词，品读语言。
2. 积累美句，背诵课文。
3. 了解此文一字立骨，起笔不平的经典章法。
4. 通过文字了解古人的敬天思想。

【教学重点】

疏通字词、品读语言，了解文章的经典章法。

【教学难点】

对“夫天地者万物之逆旅也，光阴者百代之过客也”“阳春召我以烟霞，大块假我以文章”的理解。

【课时安排】

1 课时

【教学过程】

一、引　入

在辉煌的大唐盛世，最辉煌的是李氏家族，因为有实现贞观之治的李世民，也有创立开元盛世的李隆基，然而他们都比不上另一个姓李的男子深入人心。他是侠士，曾仗剑远游、疾恶如仇；他是学士，曾从布衣贫民一跃成为长安翰林；他是“道士”，被赐金放还后寻仙访道、云游为好。但这些都不足以证明他的价值，他最大的价值在于他的文字。同学们，从小到大你所知道的诗人中，哪一位诗人的诗歌你能背诵得最多？答案是谁？无疑是李白。同学们都熟悉他的诗歌，但同学们读过他写的文吗？今天我们就一起来品读李白留下的极为珍贵的序文《春夜宴从弟桃花园序》。

二、解　题

1. 题目是一篇文章的眼睛。透过这双眼睛，你读到了哪些信息？
“春”字点明季节，是在万物复苏、暖风和煦、花香遍地的春季。
“夜”点明时间，提出问题。
“宴”点明活动——宴饮。
“从弟”点明对象——堂弟。
“桃花园”点明地点，在桃花盛开的园中。（展示 PPT）
“序”点明文体。

序，一种文体。序分为书序、赠序、宴集序。序又名“序言”“前言”“引言”，可以在文的前面，也可以附后，主要说明作品、书籍的创作意图、编写体例、资料来源和作者情况，也可以包括对作家作品的评论或者对其中有关问题的研究和阐发。赠序是我国古代的一种散文文体，一般是在送朋友远行时所作，内容多是一些安慰、勉励的话。韩愈《送李愿归盘谷序》一文写于唐贞元十七年（801），是送朋友李愿归盘谷隐居时所作，是他赠序中的名篇，尤为东坡先生和被称为“桐城三祖”之一的刘大櫆所称道。本文属宴集序，是指古人在宴集时，常常一起借着酒兴抒情赋诗，诗写成后公推一人作序。如王羲之《兰亭集序》。

2. 题意：李白于某个春夜在桃花园宴请各位堂弟所作的序文。

大家在完成对题目的理解过程中，来反观它们的思维流程。先把一句话分解成一个个字，凸显每一个字的意思，最后把它们连缀还原在语境中。这个过程其实是了解任何事物知识的基本思维步骤。想想有些聪明好奇的小孩，想要了解电视机怎么会出现人的图像，他会怎么做？把这个电视机给拆掉，拆成一个一个原件，去了解这些原件的功能，然后再把它组装起来，这样就能知道电视机工作的原理了。（根据学生对题目的解释的问题作有关思维过程的引导）

三、了解学情

师：大家预习了吗？是如何预习的？

大家一起朗读，看看同学们字音是否完全读对。学生朗读后纠正字音。

师：文章的119个字同学们读懂了吗？哪些没有懂？不懂的请提问。

设想：如果学生提问某句不会翻译，我会以题目的解读来教他分解、凸显、还原的过程，让他提问不懂的字。

当学生分解出一句话中不懂的字。

师问：遇到不懂的字怎么办？你们采取了哪些方法？

生答：问老师、问同学、查字典。

师：这些方法只是知识性的吸纳。如果考场上遇到了没有老师不能查字典怎么办？还有哪些方法？组词。结合所学课文或结合成语、语境推断。（根据学生实际情况引入）

四、疏通文本

1.“夫天地者万物之逆旅也；光阴者百代之过客也。而浮生若梦，为欢几何？古人秉烛夜游，良有以也。”

> 夫天地者万物之逆旅也，光阴者百代之过客也。

明确文意：天地是世间万物的旅店，光阴是千年百代的匆匆过客。

逆者，其甲骨文为，意为倒着走，顺着是从外面回来，倒着是从里面出来。客人来了，旅店的老板就逆行从里面出来迎接客人，所以逆者，迎也。旅者，旅的甲骨文为，是（旗帜）+（从，追随），表示士兵们追随在飘扬的战旗下，表示军队。古时候的军队经常出征，要安营扎寨暂时居住，所以后来旅就引申为旅途、旅行、旅店。因此逆旅两个字连起来就是迎接旅客的地方，即旅店。

问：可不可以换成家园？本句的意思是天地对于万物而言不是家园是旅店？家园和旅店有什么区别？

家园是用的，而旅店却是短暂的。说天地只是万物的旅店，凸显旅店的含义就可明白，这句意味着人和万物寄生于天地间，不仅是短暂，并且只有使用权，还必须付出劳动，这里暗含了古人敬天的思想，

人生本就短暂，而这短暂的人生中，快乐更是少之又少。所以……（“对酒当歌，人生几何”）

> 古人秉烛夜游，良有以也

明确：古人在晚上拿着火把游玩，确实是有原因的。

秉：拿，执着。

烛：实为火把，后人多讹传为蜡烛，蜡烛是唐代才出现的。

良：确实、实在、很。

有以：有原因。

那是什么样的原因让古人晚上不睡觉，拿着火把去游玩呢？

> 生年不满百，常怀千岁忧。昼短苦夜长，何不秉烛游！为

乐当及时，何能待来兹？愚者爱惜费，但为后世嗤。仙人王子乔，难可与等期。

——《古诗十九首，生年不满百》

少壮真当努力，年一过往，何可攀援？古人思秉烛夜游，良有以也？

——曹丕《与吴质书》

从以上引文我们可以看出，古人“秉烛夜游”，是因为人生苦短需珍惜光阴。而作者在此处引用也就说明，此时作者应也是如此心态。

2. 齐读文章“况阳春召我以烟景，大块假我以文章。会桃花之芳园，序天伦之乐事”。

况阳春召我以烟景，大块假我以文章。

明确文意：况且温暖的春天用绮丽的景色在召唤着我们，大自然又借给我们如此美好的色彩。

况：况且。说明这一句和上一层内容是递进关系。

烟景：“烟花三月下扬州”，笼罩在烟雾中的美景。

召：召唤。

明明是我在欣赏美景，却说春天用美景来召唤，有什么意味？这说明春天是多情的，她主动地展现出她最美丽的风姿，来招引我、呼唤我。面对这样多情的春天的召唤，我怎么能辜负？我必得回应啊，理学大师程颐、程颢说过，天地间只有一个感应而已，更有甚事？中国传统文化强调的就是一个天人感应，有感于自然，有所回应才能彼此不相辜负。

假：借。

遇到不懂的字怎么办呢？结合成语。狐假虎威，假就是借。大自然把美景借给我，不是馈赠，不是赐予，而是借给我，为何是借呢？这源于古人对天的敬畏。

文章：《周礼·考工记》有云：“青与赤谓之文，赤与白谓之章。”这里指绮丽繁复的色彩。

召、假：为拟人手法，使自然多了一份人的多情。章是“彰”的本字。章，金文为，即（辛，带木柄的刻刀）+（口，木、石的圆形横截面），表示用刻刀在圆形的木、石横截面上刻划姓名或标识性的文字，沾上红色印泥后，可以印在高级文件或书画作品的结尾位置，作为个人特有地位或身份的醒目标识。有的金文在圆圈内加一横指事符号，将圆形的写成“日”（），表示在圆形的木、石横截面上刻划图文。有的金文加“又”（）表抓持，强调手持（）刻刀（）在或圆或方的木、石截面（）上刻划姓名、称号等文字。篆文基本承续金文字形，将金文字形的“又”（）写成“十”（）。

3.“会桃花之芳园，序天伦之乐事。”

会桃花之芳园，序天伦之乐事。

明确文意：我们聚会在这桃花芬芳的园中，畅叙天伦之乐。

序：叙也，说。

人生苦短，快乐不多。应珍惜快乐时光。况且此时正值良辰美景，自然都如此多情，我们再不领情，再不行乐，岂不是太无情？

4.“群季俊秀，皆为惠连。吾人咏歌，独惭康乐。”

群季俊秀，皆为惠连。吾人咏歌，独惭康乐。

明确文意：诸位贤弟都是俊才秀士，个个堪比谢惠连，只有我吟咏的诗，有愧于谢康乐。

季：诸弟。兄弟长幼之序，曰伯、仲、叔、季，故以季代称弟

谢惠连：南朝宋文学家，幼而聪慧，十岁便能作文，深为族兄谢灵运所赏爱，常一同写作游乐。

此句引用了谢惠连与其兄谢灵运的典故。看课下注释，了解二人背景。

此句为赞美弟弟，自谦之词。

5. 读课文“幽赏未已，高谈转清。开琼筵（yán）以坐花，飞羽觞而醉月。”

（强调这两句是文章中最难翻译的，以引起学生的注意力，挑起他们克服困难的兴趣）

幽赏未已，高谈转清。

明确文意：清幽的景致尚未赏玩尽兴，高谈阔论又转向清言雅语。

幽：清幽的景致，形容词活用为名词。

魏晋时期，社会上盛行“清谈”之风，不谈俗事，专谈老庄、周易，亦谓之“清言”。这些谈论多超脱现实，表达洒脱的胸襟，出尘脱俗。因此谈论的人是越谈兴致越高，追求的是精神上的愉悦。

开琼筵（yán）以坐花，飞羽觞而醉月。

明确文意：摆开筵席来坐赏名花，在明月下飞动酒杯畅饮。

筵：酒席。

羽觞：形状似鸟的酒杯。

羽觞状如鸟羽而飞，言传杯之速，传达出精神飞动、潇洒之势。是全篇高潮所在。

再读课文“幽赏未已，高谈转清。开琼筵（yán）以坐花，飞羽觞而醉月”。

6. 读课文“不有佳咏，何伸雅怀？如诗不成，罚依金谷酒数”。

不有佳咏，何伸雅怀？如诗不成，罚依金谷酒数。

明确文意：没有好的诗作，怎能抒发我们风雅的情怀呢！如果谁写不出诗来，就依照金谷园的旧例，罚他三杯酒。

西晋石崇，官至卫尉卿。豪富甲天下，生活极端奢侈，曾在洛阳金谷涧中宴客赋诗。他写有《金谷诗序》说：“遂各赋诗，以叙中怀。或不能干，罚酒三斗。”李白所说的“金谷酒数”，即三斗。

此句中可乐之事可概括为“吟诗抒怀，不成罚酒。”

7. 通读全文，翻译一遍，试背诵之。

五、分析经典章法

春夜是良辰，宴是乐事，从弟是雅人，桃花园是美景，四美俱，你觉得这篇文章该表达怎样的主题呢？能否从文章里找一个字概括？（欢。）

及时行乐是其主题。文中是如何写欢的？试分析欢的理由，欢的证据，欢的条件，欢的表现。

1. 为何要尽欢？

天地者，万物之逆旅也；光阴者，百代之过客也。浮生若梦，为欢几何？古人秉烛夜游，良有以也。

欢的条件有哪些？

阳春召我以烟景，大块假我以文章。会桃花之芳园，序天伦之乐事。群季俊秀，皆为惠连。

欢的表现？

吾人咏歌，独惭康乐。幽赏未已，高谈转清。开琼筵以坐花，飞羽觞而醉月。不有佳咏，何伸雅怀？如诗不成，罚依金谷酒数。

概括一下表达欢的表现。

A. 与群季咏歌；B. 欣赏美景，高谈阔论；C. 痛饮狂欢；D. 相约赋诗。

总结：这就是一字立骨，立意的高度概括、凝练集中。本文表现了李白热爱生命，热爱自然、敬天、惜物、尽欢的情怀。

2. 这篇序言里名句是哪两句？（开头第一句。）

这就是文章的第二个章法：起笔不平，先声夺人。

开头气魄非凡，先声夺人，出言起语就是警句，意蕴丰厚。

六、结束语

李白此文起句意蕴丰富，先声夺人，给我们无限启示。我们是时间的过客，是天地的过客，更是彼此的过客。比如我和同学们在这里短暂遇合，也许难以再见，但是我们却可以真诚地在课堂上互动，充分地让心魂交融，留下智慧和美好，人生也如此。

【教学反思】

李白多写诗歌，也长于写诗歌，本篇是他流传下来极为稀少珍贵的古文。因为篇幅短小，适合学生当堂学习。所以本课堂的设置以学生自学为主，让学生提出不懂的问题，在课堂上讨论释疑。但是学生有几种情况。第一种是完全不懂的学生，这种学生容易提出疑问。第二种是似懂非懂的学生，部分学生会发出质疑希望得到确认。第三种是以为自己懂了，却并没有真正懂得的学生，他们甚至有了错误的认知，这是更要引起我们关注的环节。本堂课主要针对第二类和第三类学生的学习疑问，让学生的思考不仅仅停留在文字本身，还能从文字的源头一窥文字含义的文化血脉，从而把短文读厚。学生不仅读懂了文言本身，还能通过文言体悟到我们传统文化中的精髓。但是在设计上对学生第三种情况的估计不足，导致一课时的内容并未能彻底解决学生疑难。我相信教学应基于学生学情灵活应变，此堂课未完成的内容可以合理适当地延续到第二节课去，以真正解决学生问题为首要目的。

【点评：重庆市外国语学校　正高级教师　李安全】

本课堂以“解读”为主线组织教学，从“题解”到“句解”到篇章结构分析，水到渠成；将文学文化常识、语言解析、鉴赏策略、思维方法很自然地融合起来，根据学生阅读的需要随机点拨并随机总结，让学生在读懂和背诵本文的过程之中，还学会了语言赏析和文本解读的方法。特别需要强调的是，在这一教学设计中，教师有意识地用汉字造字法的有关知识来指导学生读懂字词，具体地理解字词在特定的句子结构中的意思和用法，这样的设计体现了“用语文知识解决语文问题”的教学理念，是“语文味”的具体体现。教师在“教学目标”中明确地提出了“分解、凸显、还原的思维步骤”，并且有意识地引导学生运用这样的思维策略来解读经典，这也是语文新课程标准所提出的“思维发展与提升”这一核心素养的具体体现。

同类比较：元阅读的基本方法

——《子路曾皙冉有公西华侍坐》与《颜渊季路侍》比较课实录

◎李庆华　重庆市第二十九中学校

【教学目标】

1. 运用同类比较思维来疏通字词，品读语言，并且理解文本的独特性。

2. 熟悉课文，积累思想素材，发现孔子的理想世界。

3. 了解孔子及儒家思想。

【教学重点】

疏通字词，品读语言，比较文章形式章法，比较内容差异，透视孔子思想的发展。

【教学难点】

对“吾与点也”以及孔子感喟的理解。

【课时安排】

1 课时

【教学过程】

一、导　入

师：《子路曾皙冉有公西华侍坐》（以下简称《侍坐》）是《论语》

名篇，放到《论语》全书中去阅读这篇文章，我们会有很多有趣的发现。尤其是与同类文章比较时更是如此。比较是元阅读的一个基本方法。单篇阅读往往泛泛，唯有比较才容易发现深度。这节课，让我们一起在《子路曾晳冉有公西华侍坐》与《颜渊季路侍》两篇文章的比较阅读中回到两千年前那个“有教无类”的课堂，去感受那些伟大如山的灵魂。

二、比形：形式也能决定内容

师：还是老规矩，我先来检测一下大家的预习情况，占有资料多寡直接决定了我们这节课的容量和走向。谁能介绍一下《论语》？

生：《论语》是孔子及其弟子的语录结集，由孔子弟子及再传弟子编写，这里面既有对孔子及弟子言行的真实再现，也可能会有部分美化。全书共 20 篇 492 章，以语录体为主，叙事体为辅，较为集中地体现孔子的政治主张、伦理思想、道德观念及教育原则等。此书作为“四书”之首，是研究孔子生平最重要最可信的史料。作为一部以记言为主的语录体散文集，《论语》辞约义富，但也语句简略、篇章简短，所以更需要我们字斟句酌、仔细玩味。

师：你概括得非常到位。谁能介绍一下《侍坐》一文在论语中的位置或者地位等信息？

生：它出自《论语·先进篇》，而《先进》是第十一章，该章主要记录孔子教育言论和对其弟子的评论，通过孔子的点评我们可以大致了解这些学生的性格特点、个人特长、理想志愿等信息。

师：还有补充吗？比如，比较一下课文与《颜渊季路侍》课文的形式特点？

生（边读边总结）：一是较为丰富的动作描写，人物形象更鲜明；二是篇幅较长，情节波澜起伏，心理一波三折；三是与之前“言志”或谈理想相比，《侍坐》更有文学审美。

师：总结得非常棒。我们不能把《侍坐》看作孔子一堂优质课的实录，而要将其作为文学作品来解读。为此，我们需要在《论语》全书中找到同类文本《颜渊季路侍》并比较。与《论语》中谈理想常具有实用理性倾向不同，《侍坐》更具有以情感为核心的文学审美趣味。在“意不尽言”与“言不尽意”之间透着一股隐隐的张力。《论语》中记录孔子与学生言行甚至举止的文段很多，但记录“侍”与“侍坐”只有两篇，恰好又是早期与晚期。这就具有了同类比较的价值。下面我们细读文本，比较异同。

师：两文都是孔子提出问题，问题相似，都是言志。但提问的方式大不相同。谁来比较一下，谈话方式的不同。

生：《颜渊季路侍》中孔子直言不讳：各自说一下自己的志向吧。学生言志也颇为直率，子路就是要驾驶豪车与朋友一起兜风，车撞坏了也不吝惜；颜回就愿不夸耀自己的好处，不夸耀自己的功劳。两者追求的都是个性发展。在《侍坐》中，孔子却体现出“温良恭俭”的气度。

师：（追问）可以更具体地翻译文段，分析一下吗？

生：（继续）孔子主动放低姿态，谦虚有度，说只比学生年长几天，进而说“不要怕人不理解”“假如有人重用你”之类的话，无形中拉近了心理距离，缓解了弟子们的紧张情绪，与之前那个严肃的孔子判若两人。

师：分析很精确。孔子很注重语气，在《论语》这种雅正古典的古文中，孔子连用了两个“也”一个“哉”，这是很少见的。这些虚词的使用，远远比“盍各言尔志”这样生硬的话更显得亲切温和，起到了一种散漫随意的语言效果。可能正是如此，一下子打开了子路的话匣子，子路“率尔对曰”。子路率先发言可能是性情使然，但也与孔子营造的随性自然的氛围有莫大关系，当然也从一个侧面看出师生关系的融洽。而《颜渊季路侍》中只有子曰、子路曰、颜渊曰，对话简略，缺乏张力，纯粹客观记录而已。

三、比意：态度可能比内容更有意味

师：两文都是子问生答，回答都是言志，言志的境界却高下立判，孔子的态度更是大相径庭。谁能总结一下孔子的态度？

生：《颜渊季路侍》中孔子对子路这种江湖豪客式的志向没有任何评价，相反还真诚地说出自己的志向，而且孔子也曾说过“当仁，不让于师”，但在《侍坐》中，他却对子路“哂”之。这种态度颇值得玩味。这一点我不大理解。

师：你主动提问，差点教我措手不及了。我也提一下我的意见，一起商讨。“哂”表面上看是“笑”，而且是讥讽，容易叫人误解孔子在说子路志大才疏、大言不惭，或者对他锋芒毕露表示不满。但如果我们通读《论语》就会发现这两种见解流于肤浅。自古有“六经皆史”的说法，所以《论语》也不乏微言大义、一字褒贬的春秋笔法。“哂”字表面看是“不满哂笑”，但绝不是针对“其言不让”的行为习惯，而是“为国以礼”的政治理想差距。孔子的政治理想是仁政，也就是礼乐治国，即使在早期《颜渊季路侍》中也有着“老少皆有所安”的和谐政治理想，这与子路的“军事暴力”大相径庭。而且让百姓知耻而后勇，知仁义礼智信似乎比单纯“知勇”更符合孔子的礼治思想。孔子的“哂”可能与评价冉有的态度一样，都带着有一种失望感。二子都没有触及孔子礼乐治国的政治蓝图，甚至与孔子的政治理想截然相反，这也难免引起孔子触动。这种复杂的态度与情感，显然是《颜渊季路侍》中不曾出现的。甚至可以这样说，《颜渊季路侍》才是各言其志，而《侍坐》则是以孔子治国思想为主导的课堂或小说。

师：两文同样都是侍，但《颜渊季路侍》里信息过于简略，而《侍坐》一文却有点小说的形式了，具备《世说新语》式的表达方式。谁能根据小说要素，总结一下课文的小说特色。

生 1：首先是一波三折、出人意料的情节。孔子一开始降低身段，要学生畅所欲言，但子路“率尔对曰”之后，孔子竟然“哂之”，谁还敢继续说呢？所以，只能点名了。但接下来，说理想的人自然一个比一个谨慎。冉有的回答是治理小邦三年有成，公西华是诸侯会盟或祭祀作为小相，孔子没做任何点评。到了曾皙，情节有点波澜了。他停下演奏的音乐，谦虚至极，孔子只能再次鼓励。但当曾皙说出圣人之乐后，他只是喟然叹曰：“吾与点也”，又让人出乎意料。最后在曾皙的追问下，才有了那番点评。如此描述，在意料之外，读来又荡气回肠。而且一问一答，前后其实并没有紧密的关联，前三人的回答越来越低调谦逊，但总觉得缺乏点什么。直到曾皙诗般的语言一出，顿觉之前都是铺垫了。

生 2：丰富立体、各具风姿的人物形象。孔子的温文尔雅、谦和冲淡，只是寥寥数语就已跃然纸上。子路的轻率鲁莽、坦诚侠义，在要扶危济困的志向中清晰可辨。一个中等国家，夹在大国之间，遭受围困，更可怕的是爆发饥荒，在这种外危内困的危机中，他可以使国家“三年有勇且知方”，何其自信。冉有的谦虚谨慎，表现在只愿治理小国，而礼乐之事等待君子来做。公西华更是谦恭有礼，娴于辞令，声称未必做得来，愿意学习，在诸侯会盟或祭祀中担任赞礼或司仪的小官。曾皙不慌不忙，高雅洒脱，停止演奏，幻想出一派在舞雩坛春季祈雨的景象，令人神往。此几子或有儒家独善其身的追求，或有天下太平、安居乐业的期待，甚至有天下大同、民富国强的理想。

师：两位同学总结得非常到位。还有一点也值得我们关注：笔法多变。前三子都只有对话，到了曾皙出现就有了描写，最值得玩味的是三个动作描写：“鼓瑟希，铿尔，舍瑟而作。”与子路言武、冉有言治、公西华说邦交祭祀不同，曾皙答非所问，动作娴雅。孔子问志，曾皙描述的却是春游时节在舞雩坛祭祀祈雨的场景，这种看似无干的描绘，恰恰是太平盛世、天下大治才有的场景。既不用担忧大国挤压下民不聊生或危在旦夕，也不用劳心于小邦治理，不饥不寒，更不用担心邦交祭祀的问题。看似最没有追求，但绝不是隐居世外，而是积极入世，立足礼乐治国。这与孔子“老者安之，朋友信之，少者怀之”的政治设想不谋而合，甚至更具有画面感和灵动性。

四、比神：知人论世更能释疑

师：大家读过《孔子世家》吗？由“文”入“史”我们才能得深度。与《孔子世家》文本比较，我们才能解释孔子的态度中的深意。谁能总结一下全文的叙事线索？

生：叙事线索非常明确。孔子问志，诸生言志，然后曾皙疑问，最后孔子评志。暗线应该是孔子的治国思想即礼乐治国，前三子或言战或言小治或谈邦交祭祀，都不合孔子的“治国以礼”，而曾皙的话虽深合孔子之心，也触动了他怀才不遇之心、壮志难酬之情。这样就导致了孔子“与点”还有个“喟而叹曰”。

师：你的回答再次超过我的期待。曾皙描绘的到底是什么场景，能让孔子如此感慨赞同？谁能翻译一下？

生：曾皙为我们勾勒出这样一幅逍遥画卷：暮春时节，春服已经穿上，成年五六人，少年六七个，沐浴着暮春的水温，迎着扑面的春风，歌唱着回家，享受着大自然的恩惠，体验着人际的和谐。

师：这情境带着很强的抒情性，构成一种诗化的情境。饱经离乱之苦后，夫子渴望的这种安静祥和，而今也未能得到。显然，曾皙的描绘正是孔子多年的夙愿，一番诗意抒情触动了夫子最深沉的痛。孔子多年夙愿、治国纲领也就是《颜渊季路侍》中“老者安之，朋友信之，少者怀之”。

但真是如此吗？我相信你们都看了很多资料，准备非常充分。作为山东曲阜人，我给大家介绍一下我眼中的家乡。（结合实景图片）舞雩坛在沂水畔，是山东曲阜当地祈雨的祭坛，暮春时间此地都会举行盛大的祈雨仪式。弱冠者五六人、童子六七人都是祈雨的乐人。“浴乎沂”显然也不是到沂河中洗澡，而应该是“三月初三”的“修禊事也”，即“祓禊”，“祓”是古代除灾祈福仪式，是洗濯祈福，并不一定是洗澡。《正字通》中“禊”解有二：其一即《论语》中“浴乎沂”；其二才是王羲之在兰亭里的春禊。王充《论衡·明雩》记载：“风乎舞雩，风，歌也。”所以，风并不是吹吹风，而唱着祭祀的歌，跳着祭祀的舞。“归”在这里应当是通假字“馈”，即向雨神献上祭品。

所以，曾皙的诗化场景应该是：暮春时节，春服已经穿上，成年人五六，童子六七，在沂水畔举行祓禊活动和祈雨祭祀，一边歌舞，一边把祭品献给神明，以祈求五谷丰登、国泰民安。这场祭祀，真正符合孔子“治国以礼”的政治理念，也触及了儒家“天下大同”的政治蓝图。这才是孔子最心动的画面。

师：孔子的反应为什么如此悲伤以至于“喟而叹曰”？谁能结合我的介绍，分析一下？

生：“喟然”是感慨万千，“也”加强化了肯定性情绪。这一“喟”一“也”的强烈对比。一般解释有两种。一是《史记·孔子世家》中记述孔子晚年曾经叹息“吾道穷矣”，被理解为“穷则独善其身”。这是有依据的，孔子晚年心态即“道不行，乘桴浮于海”。二是理解为孔子仁政、礼乐、教化的理想实现，达到了“老者安之，朋友信之，少者怀之”的境界。当然也可以认为二者皆备。

师：预习得很充分。专家结论给我们一个高屋建瓴的理解。我也来谈谈我的意见。《孔子世家》中记载孔子有另外两次“喟”：第一次是灵公老，怠于政，不用孔子。孔子喟然叹曰：“苟有用我者，期月而已，三年有成。”孔子行。那是怀才不遇。第二次是及西狩见麟，曰：“吾道穷矣！”喟然叹曰：“莫知我夫！”还是怀才不遇。纵有经天纬地之能，却终成为“屠龙之术”。听完曾皙一番描绘，这不正是自己一生的政治构想吗？可惜人到暮年，纵然老骥伏枥，志在千里，但终究回天乏术，多少苍凉在一声“喟”叹中呀。再放到《侍坐》的语境中去看，这一声“喟”也不免有一种“俱往矣”，数风流人物，还看子路、曾皙、冉有、公西华他们吧。毕竟，儒者生来弘毅，任重而道远，为天地立心，为生民立命，为往圣继绝学，为万世开太平。孔子老矣，无能为也已……呜呼哀哉。

【教学反思】

阅读之难在古文方面，突出表现在文字、文章、文化三个层面。我们之所以研究“元阅读策略”，就是要立足整本书阅读，超越一般的单元群文阅读策略，以贴近原著的方式走进选段或单篇文章。《侍坐》一文，单独看无非就是孔子与弟子之间的一段对话，话里话外无非就是儒家治国理政的理念。但当我们用同类比较的方法，立足《侍坐》与《颜渊季路侍》在文本形式与文本内容表现出的孔子态度的差异和行为语言背后所体现的孔子思想的延续与变化来研讨，那古文阅读也便可以深度发生了。形式上，我们看到虚词的丰富、实词的增多、句式的摇曳变化；内容上，我们探究孔子早年只是不置可否，晚年竟长吁短叹，感喟丛生，心境发生了那么多变化；精神上，我们通读《论语》《孔子世家》等书才能理解圣人暮年的悲戚与哀而不伤。苦哇，多少苍凉在一声“喟”呀！悲呀，天不假年何由此。叫人如何不伤悲？孔子之喟，何尝不是我辈之喟。可恨世间无限丹青手，也只能一片伤心画不成了。这不是清浅的“如花美眷，似水流年”，这是孔子才有的“我心伤悲，莫知我哀”！文学的魅力，不正在于此吗？

【点评：重庆市外国语学校　正高级教师　李安全】

以整本书阅读和群文阅读的理念与方法引导学生阅读《论语》，这样的探索是值得肯定的。用比较阅读的方法指导学生将《子路曾皙冉有公西华侍坐》与《颜渊季路侍》两章从语言、内容、主旨、写作技巧等方面进行比较阅读，这种全视角的比较有助于学生读懂、读透课文。联系《论语》基本观点和思想体系，引导学生将这两章的主旨放在“政治理想”的层面来阐释其意蕴，也是高屋建瓴的构思。在教学过程中，教师注重设计问题引导学生思考；注重引导学生在“问答”与讨论的过程中相互启发，相互补充；教师的相机点拨，突出了重点和难点，有梯度、有深度、有实效，这样的教学具有启发性，与新课程理念相切合。

《项脊轩志》课堂教学设计

◎何　燕　重庆市第六十六中学校

【教学目标】

1. 在语境中落实重点字、词的理解。
2. 分析文中归有光的形象和文章主旨。
3. 把握封建士子的抱负和情感变化，积累叙事抒情散文的阅读方法。

【教学重难点】

重点：分析文中归有光的形象。
难点：分析文章主旨，把握封建士子的情感变化。

【课时安排】

1 课时

【教学过程】

一、导　入

师：同学们，梁平柚子名扬天下，今天，我们要学的散文中也有一棵树流传千古。这篇文章笔意疏淡，真挚动人；这位作者，胸怀大志，屡试不第；这份情感，朴素悲凄，细腻深沉。让我们一起欣赏这篇文，走近这个人，感受这份情。

二、预习检测、诵读全文

师：通过预习，你读出作者写了些什么？抒发了怎样的情感？
师：书读百遍，其意自现。我们一起再把文章好好地读一读。关于文章的情感主旨，大家现在有点眉目了吗？
（学生或者不知道，或者读出的内容比较浅。）

三、从标题入手，对文章进行深入解读

师：古人云，作诗非难，题为难，好的标题就像悬挂在篇首的一盏明灯，照亮我们对这篇文章的理解。这堂课，我们就以标题为切入点，

从标题入手，对文章进行深入解读。

1. 项，颈之背也，泛指脖子；脊，脊骨、脊梁，都是我们的身体中非常重要的部位，就好像归有光在整个家族中的重要位置一般，请回归原文，找一找文中哪些语句表明了归有光对整个家族的重要性？

明确："吾家读书久不效，儿之成，则可待乎！"顷之，持一象笏至，曰："此吾祖太常公宣德间执此以朝，他日汝当用之！"（祖母将象笏传给我，希望我考试高中，步入仕途）

追问：为什么祖母要将象笏传给孙子归有光而非自己的儿子们呢？

明确：迨诸父异爨，内外多置小门墙，往往而是。东犬西吠，客逾庖而宴，鸡栖于厅。庭中始为篱，已为墙，凡再变矣。（闹分家，有矛盾，鸡犬不宁，混乱颓败，没落的封建大家庭）

总结：要挽救一个家道中落的封建大家庭，需要一个能人。一个读书做官的能人才能承担起这一重任，把衰落的家业恢复起来。读至此处，我们读出了一个"肩负家族复兴重任"的归有光。

2. 轩，意为有窗槛的长廊或小室，或车顶前高起的部分，引申为高扬、飞举的意思。既然是小室，请问，归有光将这个房间用于做什么呢？（书房）。哪些句子叙述了归有光在轩中读书的情况？请找出来好好读一读。

明确：借书满架，偃仰啸歌，冥然兀坐，万籁有声……余自束发读书轩中……余扃牖而居，久之，能以足音辨人

教师总结：修葺后的项脊轩从一间破漏昏暗的房子变成了优美、宁静与恬适的书屋。轩内积书满架，轩外树木葱茏；白日小鸟啄食，月夜桂影半墙。高洁的志趣、怡悦的心境、读书的乐趣，不知不觉中流露笔端，作者内心对项脊轩始终怀有无限热爱，这种爱甚至被神化，成为一种信仰，从哪里可以看出来啊？

明确：轩凡四遭火，得不焚，殆有神护者。

教师总结：因为热爱，所以虔诚。项脊轩已经成了作者的精神寄托，内化为一个精神内核，时时激励自己上进。读至此处，我们读出了一个"刻苦求学、渴望重振家风"的归有光。

追问：还是回扣标题中的"轩"字，本文在称项脊轩名称的时候，除了这个项脊轩的"轩"，还有什么另外的名称吗？（学生找出

原文中包含“轩”“室”二字的语句）

明确：……室仅方丈……室始洞然……室西连于中闺……余自束发读书轩中……轩东故尝为厨……从轩前过……轩凡四遭火……时至轩中……室坏不修……

追问：作者是很随意地用这两个字的吗？还是说有一定的讲究和意图？

明确：“轩”字充满爱意，既因为项脊轩见证了作者刻苦求学、要挺直脊梁力求重振家风的奋斗历程，更因为在这件小小的书屋中，还有关于作者生命中非常重要的三个女人的温暖回忆。

先妣：“儿寒乎？欲食乎？”

大母：“吾儿，久不见若影，何竟日默默在此，大类女郎也？”……“他日汝当用之。”

吾妻：“时至轩中，从余问古事，或凭几学书。”……“闻姊家有阁子，且何谓阁子也？”

读至此处，我们读出了一个“母亲关心、祖母激励、妻子崇拜”的归有光。

师：学习到此处，我们不禁在脑海中留下了一个疑问，那就是肩负家族复兴重任、渴望读书考取功名重振家风、又有亲人爱妻关心激励的归有光最后考中功名了吗？著名历史学家钱穆说：“要在文学里表现出作者的人生。”显然，这篇文章里也藏着归有光的人生。到此时为止，老师没有向大家出示归有光的人生经历，那么，你能从文章的细节中看到作者考中了吗？（也就是文中作者功名之路的委婉暗示）

明确：“室坏不修”“久卧病无聊”。

聊，依靠的意思。无聊，精神没依靠，空虚。为什么精神会空虚呢？除了亲人、妻子的离世，还在于作者坎坷的科举之路。

资料补充：归有光，号项脊生，人称震川先生。出生于累世不第的寒儒家庭。

年幼时归有光可谓神童，九岁能成文章，十岁时就写出了洋洋千余言的《乞醯论》，十四岁应童子试，二十岁以第一名考取生员。但才华过人的他在乡试中却连连落第，五上南京，榜上无名，三十五岁时才以第二名中举。三年一次的会试，次次远涉千里而去，一连八次都是落第而归。后来终于在 60 岁时中进士，66 岁卒于任上。

教师总结：本文分两次写作而成，前 3 段的正文部分约成书于归有光 18 岁，省略号后的内容是后来补写的，后人对于附记的写作时间仍有争论，但从“后五年”“其后六年”“其后二年”等词可推断，附记至少写于正文完成 13 年以后，即归有光 31 岁时。从上面补充的资料可看出，在 35 岁中举之前，归有光经历了科场屡遭不顺、幼女夭折、爱妻早逝、婢女寒花亡故等不幸。但是，你能从文章最后两段找到关于作者情感情绪直接流露的词语吗？（无）

时光磨掉了归有光身上的锐气，岁月的沧桑感使他在情感表达上更加内敛含蓄，在体验了功名难就、生命无常后，他的情感更复杂，悲痛更深沉了。

读至此处，我们读出了一个“屡试不第、落寞失望”的归有光。

四、主旨总结

师：同学们，这就是我们今天所学习的《项脊轩志》，作者借几度兴废的项脊轩，寄托怀念亲人、物是人非的沧桑之感，再现了一个寒儒之家的读书人屡试不第而又屡试不止的苦难奋斗历程，表达了一个生不逢时、想挺直脊梁重振家风的学子难以排遣的惆怅和对功名无望的感叹。

五、课堂学习方法小结

过渡：学习到此处，你能对今天的学习过程做一个小结，总结一下写人记事散文的阅读方法吗？

1. 找好理解的切入点，例如标题。
2. 回归语境理解文言字词。
3. 抓细节品味语言，咀嚼文字背后的情感。

六、板书设计

项脊轩志

<table>
<tr><td>预习检测</td><td rowspan="2">室
|
轩
|
室</td><td rowspan="2">肩负家族复兴重任
一个刻苦求学、渴望重振家风的归有光
母亲关心、祖母激励、妻子崇拜
屡试不第、落寞失望</td><td rowspan="2">泣
|
长号
|
寓情于景</td><td>课堂方法小结</td></tr>
<tr><td>1个屋子
3个女人
回忆悼念</td><td>紧扣标题；
回归语境；
咀嚼品味</td></tr>
<tr><td colspan="5">一个封建士子由青年步入中年的情感渐趋蕴藉的心路历程</td></tr>
</table>

【教学反思】

教什么、怎么教是阅读教学绕不开的话题。

教什么？文言文绕不过去对文言字词的理解疏通，字词的障碍本质上还是学生对文章情感主旨的理解把握问题。当然，文言文字词教学更重要的是唤醒学生已有的积累，锻炼学生结合语境进行推敲的能力。因此，我决定以文带言，让学生把握文章所抒发的情感。那么，《项脊轩志》的情感主旨到底是什么呢？传统认为，《项脊轩志》抒发了作者三世变迁、怀念亲人、物是人非的感慨。从表层来看，文中的确也表现了这些情感，但我们不应忽略作者在本文中流露出的浓厚的家族情结。抓住“项脊”的本义、紧扣归有光封建读书人的身份和文中对“诸父异爨”后杂乱的渲染、再联系最后两段人到中年后无力振兴家族的无奈自责，我认为，本文着重呈现的是一个封建士大夫对家族衰落破败的无助的慨叹和无可奈何的哀伤。因此，清晰认识归有光的人物形象是准确解读本文的关键。

怎么教？新高考强调整本书阅读和群文阅读、方法引导，重视的是用这篇文章教，而不是教这篇文章。因此，教学的重点既是引导学生分析文章情感主旨，更是教会学生分析的方法。因此，我把切入点设置为了对标题的理解，并在分析文意的过程中，唤醒学生的生活经验，结合语境落实重点字词的理解。

为什么要把标题作为本文理解的切入点呢？这取决于笔者以一个普

通读者身份对这篇散文素读的过程。作者给自己的书房命名做“项脊轩”，据说有两层含义：一是说它窄小，如在颈脊之间，此为纪实；一是因作者远祖归道隆曾在江苏太仓县的项脊泾住过，作者自号项脊生，又把自己的书斋取名为“项脊轩”，有怀宗追远之意，此为纪念。但这两个理解其实都源于资料的补充，在学生已有的阅读经验里，要理解这个书房名称，首先源于对基本语素的理解和他们已有的阅读经验。项，脖子；脊，脊梁；轩，小室。再紧扣以往的阅读经验，无论是欧阳修的“醉翁亭”，还是刘禹锡的“陋室”，名称缘于起名者有所寄托、托物言志。“脊”，脊梁，项脊轩一名是归有光身居小室、胸怀大志、挺直脊梁、重振家风的志向的委婉表达，这从教材中删去的作者以早先昧昧一隅最终名闻天下的蜀清、诸葛孔明自比的内容中，也可窥见一斑。

依循这样的设计思路，我的课堂教学摒弃细致讲解和包办替代，注重方法示例，尊重学生的原初阅读体验，让学生自己去发现文本中的言语智慧，从而发现作者深藏在言语背后的复杂情感。捕捉作者先于文本的原始经验和无意识，最终发现作品的情感密码、文化基因。以此为依托，我与学生、文本与学生展开充分的多元对话，在对话中发现理解的差异。我利用这种差异撩拨起学生深度阅读的兴趣，进而追问、探究、发现、交流、修正，逐步让学生形成自己的阅读经验和方法。在一课时还拖了几分钟的情况下，我的文章也没有讲完。但课堂结束以后，学生自发地拍手鼓掌却激起了我心中的涟漪。也许我的课没讲完，也许我的课堂不够漂亮，但我一定是在浅浅地教语文、静静地教语文，并且真正地尊重学生自我阅读经验的，于己无愧，于生有益，这已足够，学生的认可是给我的最大支持和激励。

【点评：重庆市外国语学校　正高级教师　李安全】

要读懂古代散文，首先要读懂文字。所以，传统的文言文教学常常是以“串讲”为主，因为这便于让学生按照“字不离词，词不离句，句不离篇”的原则将每一个字、每一个词、每一个句子读懂。但是，这样的方法过于重视语言，而轻视甚至忽视了鉴赏与批判。再从教学效果的角度看，这样的教学不但耗时多、收效少，而且容易让学生厌倦甚至厌恶。这里的教学设计，固然是重视语言的，但是，教师并没有以“串讲”来组织教学，而是以“作者为什么要写《项脊轩志》？从《项脊轩志》可以看出归有光是一个怎样的人？”这样的视角来解读和欣赏文本，从题目“项脊轩”来突破，然后，让学生围绕这一核心来解读，将文本层层剖开，从多个层面来阐释文本。这一设计思路，抓住了散文的本质特征，又以品味语言为抓手，将语言理解、文本解读、主旨阐发有机地融合起来，让学生通过一篇文章的阅读获得了更多的滋养。这样的有机结合无疑是语文学科综合性的具体表现。

《秋兴八首（其一）》课堂教学设计

◎严吉林　重庆鲁能巴蜀中学

【教学目标】

1. 学会朗读感知、品味意象和了解关键字词的读诗方法。
2. 体会杜甫沉郁的悲伤。

【教学重难点】

通过语言鉴赏，感悟杜甫的沉郁的情感。

【教学用时】

1课时

【教学过程】

一、为什么读诗

师：我知道大家正在学习诗歌。喜欢读诗吗？喜欢读诗的同学请举手。

> 大多数人之所以不理睬大多数诗，是因为大多数诗不理睬大多数人。
>
> ——特里·伊格尔顿

师：同学们怎么理解伊格尔顿这句话的？

师：这话把诗歌说得很"高冷"。但诗歌的"高冷"只是针对不理解它的读者而言的。诗歌不"高冷"，但确实高贵。读诗是一种高雅的情趣，能提高我们的审美能力，平庸之人是不具备这种能力的。有句话现在很流行，"生活不止眼前的苟且，还有诗和远方"，同学们应该不只想要"眼前的苟且"，只想做那"大多数人"吧。

今天我们就来读一读杜甫的一首诗——《秋兴八首（其一）》。

二、怎么读诗

（一）感知理解

师：读诗首先要读，同学们先来齐读一遍这首诗。

1. 学生朗读

师：大家自己评价一下读得好不好？

师：（简单评价）诗该怎么读才能读得更好呢？俗话说"心有焦躁不读诗"，首先要静心。内心浮躁，是不能真正走进一首一千两百多年前的诗歌的。还要注意读音的轻重缓急、高低长短。有合适的音乐相配就更好了。当然，最重要的是融入感情。大家伴着音乐再来读一遍。

2．学生配乐朗读

师：听了大家的朗读，我也跃跃欲试，愿不愿意听老师读一读？

3．教师配乐朗读

师：读得怎么样？ 好或不好体现在哪呢？

师：朗诵技巧虽然重要，但最关键的是理解诗歌的情感。我们读了三遍了，大家感受到诗中怎样的情感？

明确：伤感、忧愁、悲伤、悲凉……

师：诗中有两句最能直接体现杜甫的悲伤，是哪两句？

明确："丛菊两开他日泪，孤舟一系故园心。"

师：对，杜甫流泪了，一个伤心流泪的杜甫。大家能从这两句中读出杜甫的悲伤从何而来吗？

明确：念家、漂泊、秋肃。

师：还有没有其他原因？大家可以和左右的同桌交流一下。

明确：年迈、动乱。

分析：

①"丛菊"，可见是秋季，"春女善怀，秋士易感"，秋季容易引起感伤。

②"孤舟"，可见羁旅漂泊。

③"故园心"，可见思念故乡。（也可把"故园"理解为杜甫的精神家园——长安。杜甫心系长安、忧心国运。）

④ 羁旅漂泊，正因国家动荡。

⑤ 知人论世，可见人生迟暮。

展示材料：

> 杜甫为避"安史之乱"，携妻儿由陕西入四川，依靠四川节度使严武等亲友的接济维持生活。765年四月，严武病逝，杜甫失去依靠，经重庆等地到了夔州。
>
> 杜甫寓居夔州两年，写《秋兴八首》时已五十五岁，已处在人生之秋。当秋风萧瑟之时，不免触景生情，感发诗兴，故曰"秋兴"。

当时“安史之乱”虽然结束，但李唐王朝仍然面临北方军阀割据的危险，另外，唐朝与吐蕃、回纥、羌人的战争也接连不断，《秋兴八首》就是在这样国家仍然动荡不安，诗人依旧客居他乡的背景下写成的。

4．学生配乐再读

师：既然杜甫的悲伤中融入了这么多关于自然、人生、国家的感慨，朗读这首诗应该读得更加深沉，文如其人、言为心声，读诗的时候，要感受杜甫的悲伤。我们再来读一遍。

（生读。）

（二）深入探究

师：同学们的朗读已经渐入佳境了，因为我们更深入地理解了诗歌，不仅感受到杜甫的悲伤，而且理解这悲伤的缘由。可是对于诗歌内容，我们仅仅着重读了两句（还借助了一点背景资料），那诗中其他六句有什么用呢？

生：……

师：它们跟这个问题有关：杜甫写的悲伤有何特点？在诗中是怎么表现的？

师：同样是悲伤，有的是一时的，有的是一世的；有的只是皮肉之痛，有的则是椎心泣血。两句诗是道不尽杜甫的悲伤的，这悲伤渗透在整首诗的字里行间。杜甫凭借自己在夔州所见所闻，遣词造句，赋成一诗，让内心的悲伤展现出不同的面貌、不同的质感。这首诗可谓字字含情、句句有意。请大家扣紧诗中意象和关键字词，结合自身的生活经验和知识经验，来探究这个问题。大家先自己研读感受，然后带着收获前后左右交流一下。

流程：自主研读感受—交流讨论—分享发言

注意：要参与到学生的讨论中去；点评学生发言不啰唆，简洁不纠缠，可以“开火车”。穿插朗读。

预设内容：意象及关键字词研读。

1．第一句：清冷、刺骨、浓重的悲伤

通过意象“玉露”“枫树林”以及情感色彩鲜明的动词“凋伤”表达。

（1）玉露，即白露，二十四节气中有“白露”，白露是深秋时节，阴气渐重，露凝而白，给人一种清冷的感觉。《诗经》有：“蒹葭苍苍，白露为霜。”

什时候出现白露？深秋、早晨——清冷。

（2）枫树林，秋季典型的景物，有人从枫叶中读出秋天的萧瑟，也有人从中感受到“霜叶红于二月花”的热烈。

你知道什么写枫叶的诗歌？

杜牧《山行》：“停车坐爱枫林晚，霜叶红于二月花。”

白居易《琵琶行》：“浔阳江头夜送客，枫叶荻花秋瑟瑟。”

（3）动词：“凋伤”。

能不能换成表意效果一样的“凋残”？

不能，“伤”有抒情效果。杜甫眼中的枫林是被“玉露”凋伤的枫林，枫树不会伤痛，真正被秋意触动刺骨伤痛的是杜甫自己。

能不能说“凋伤枫树叶”？

不能，弱化了抒情效果。玉露凋伤的不是一片枫叶、一树枫叶，是整个枫林，可见杜甫的悲伤是浓重的。

这七个字、三个词，背后的悲伤是清冷、刺骨、浓重的，把这三种感觉融进朗读中去就是……（范读）

2．第二句：紧裹、深广、无孔不入的悲伤

通过意象“巫山巫峡”“气”描写一种深广的空间，情感色彩鲜明的形容词“萧森”给这深广的空间添上了阴冷的色调。

（1）“巫山、巫峡”，这是一个纵向延伸的视角，上到巍峨的夔州群山，下到深邃的峡中河流，它是一幅壮美的画卷。

（2）“气”是弥漫在整个空间的，无孔不入的，把我们紧紧裹住。

（3）形容词："萧森"。

"萧森"给"巫山巫峡"和大气添上了阴冷的色调，无论是山间还是山上，都是一片萧瑟阴森，这种萧瑟之感浓重到弥漫在山峡之间，在空间上是深广的。萧瑟阴森像"气"一样无孔不入，杜甫的内心也仿佛被这萧瑟与悲愁紧紧地裹住。

3．第三、四句：翻腾、动荡不安的悲伤，阴沉压抑、广阔、沉重的悲伤

通过汹涌的江间波浪和动荡变幻的塞上风云两种意象表现。

（1）"江间波浪"，是涌动、翻滚、激荡的。涌，表明浪是大浪；兼天，是大浪滔天。可见杜甫内心的悲伤是翻腾激荡的。

（2）"塞上风云"，变幻无常。风云变幻有时能激发人的壮志（李白"风云激壮志"），可是"阴"表明杜甫眼中的风云是密布的乌云，"接地"，更显黑云压地。

（3）"涌"体现悲伤的强度。"兼天接地"，营造广阔的景象，体现悲伤的广度。

4．第五句：长久积淀的悲伤

主要通过"两开"表现悲伤是长久的、积淀的。

（1）"丛菊"，可以指秋意浓，也可以是"采菊东篱下"的悠然自得；情感色彩鲜明的词语"泪"，表现悲伤。丛菊开出的是泪，是秋意触动了悲伤，流泪的不是花，是杜甫。而且是"丛"菊，许多的花开出许多的泪。

（2）"两开"，时间过了两年，作者离开蜀地也已经两年，但是他回到故乡的想法始终没能实现。"他日"，往日，当今仍然流着往日的泪，可见这悲愁不是一时的，是长久积压的、沉重的。其实，何止两年，杜甫的晚年几乎都在羁旅漂泊中度过，所以他的诗中总是充满泪水。（《春望》："国破山河在，城春草木深。感时花溅泪，恨别鸟惊心。"《蜀相》："出师未捷身先死，长使英雄泪满襟。"《登岳阳楼》："戎马关山北，凭轩涕泗流。"）

5．第六句：无力、无奈、脆弱的悲伤

（1）“孤舟”，小舟可以是孤独的象征，也可以是“小舟从此逝，江海寄余生”的洒脱和“潮平两岸阔，风正一帆悬”的豪迈。关键这是承载着“故园心”的舟，决定了它是孤独的、漂泊的，小舟在此、心在故园，回不去，充满无奈。

（2）“故园心”，返乡路上的“孤舟”不是洒脱、豪迈的舟，是孤独漂泊的舟。

（3）“一系”，可以理解为一心挂念家乡、亲人、国家，也可以理解为大浪滔天的江边，一叶孤舟一绳系，给人脆弱、漂泊、无力的感觉。

6．第七、八句：尖锐、锋利、急促、急切的悲伤

（1）寒衣，冬衣。白帝城、暮砧，城中傍晚的捣衣声。诗词中寒衣与捣衣声意味着思乡，因为缝制冬衣、洗衣的人是女子，是母亲或妻子，母亲和妻子在的地方就是家乡。

（2）“刀尺”剪的是衣服，也是杜甫思乡的心，“捣衣石”上，捶打敲击的是衣服，也是杜甫漂泊的心。悲伤如同刀尺般锋利。

（3）风霜凄紧，严冬将至，千家万户“处处”的“刀尺”声和捣衣声响起，刀尺声、捣衣声越多意味着思乡之情越浓厚。

（4）“催”“急”，刀尺声、捣衣声越是匆忙、急促，诗人盼望归乡之情越是急切。

7．手法研读

（1）情景关系：借景抒情、情景交融。营造了凄清、衰败、萧瑟、冷寂又阔大的意境。景中含情，寄托了诗人漂泊无依的愁苦和感时伤世的情怀。

（2）烘托：通过对巫山巫峡的秋景的描绘，烘托出阴沉萧森、动荡不安的环境气氛。

（3）颔联一语双关，暗示着时局的动荡不安，国家命运光景暗淡，作者心情既翻卷不息又阴沉郁闷。

（4）颈联上、下两句互文见义。“丛菊两开”谓花开有时，“孤舟一

系”伤归乡无期；“两开”见出时光流走，“一系”见出人迹淹留；“他日泪”是果，“故园心”是因。句法奇异而旨意错综。对偶工稳而文气流荡，笔墨老成，炉火纯青。

（三）小　结

师：真正会读诗的人能感觉到那些其他人可能会忽略的事物。同学们做得很好。通过大家的深入探究，我们知道杜甫通过整首诗传达的悲伤是非常复杂的，它清冷、紧裹、深广、激荡、压抑、沉重、持久、尖锐、急促，读出这些，我们就不仅是粗浅地“知道”，而且深入地“感受”到了杜甫的情感。

展示材料：

> 俄国文艺理论家维克多·鲍里索维奇·什克洛夫斯基在《作为手法的艺术》等文章中认为：艺术之所以存在，就是为使人恢复对生活的感觉，就是为使人感受事物，使石头显出石头的质感。艺术的目的是要人感觉到事物，而不是仅仅知道事物……感觉过程本身就是审美目的，必须设法延长。

师：大家的感觉如此敏锐、丰富，真是令人欣喜。我们再来读一遍这首诗，让诗歌的每一个字词都钻进我们心里，把我们的每一点感觉都融入这首诗中。

（四）配乐朗读

（略）

三、拓展延伸

（一）杜甫的那些悲伤泪水

师：“悲伤”不仅仅是杜甫这一首诗的基调，也几乎是杜甫大半生的生命底色。在许多大家学过、没学过的杜甫的诗歌中，都能感受到他那些复杂深沉的悲伤。请同学们来读一下。

国破山河在，城春草木深。感时花溅泪，恨别鸟惊心。（《春望》）

夜久语声绝，如闻泣幽咽。（《石壕吏》）

出师未捷身先死，长使英雄泪满襟。（《蜀相》）

野哭千家闻战伐，夷歌数处起渔樵。（《阁夜》）

亲朋无一字，老病有孤舟。戎马关山北，凭轩涕泗流。（《登岳阳楼》）

请为父老歌，艰难愧深情！歌罢仰天叹，四座泪纵横。（《羌村三首·其三》）

少陵野老吞声哭，春日潜行曲江曲。（《哀江头》）

师：杜甫的泪既是为自己而流，也是为百姓、为国家而流。唐朝诗人无数，诗圣只有一个。尽管他穷困潦倒，饱受饥饿折磨，除了苦难屈辱就是辗转奔波，但杜甫却拿出自己生命的全部情怀，给天下苍生以真挚的关注。因而他诗中的悲伤之情总是如大家所读到的那样深厚深广、沉重复杂，前人将杜甫的诗风总结为“沉郁顿挫”，这便是杜甫的“沉郁”。杜甫用他的沉郁给灵魂添加了沉甸甸的重量，让我们铭记这样一个有分量的杜甫。

（二）冯至《蛇》（备用）

师：当我们在一首诗中能够感觉我们愿意感觉的东西，并且还能够说出、读出我们所感觉到的东西的时候，是非常幸福的。我们在杜甫的这首诗中做到了，在其他诗中也能做到吗？在古诗中能做到，在新诗中也能做到吗？我们在这首诗中试试。

（PPT 展示）

蛇

冯至

我的寂寞是一条蛇，

静静地没有言语。
你万一梦到它时，
千万啊，不要悚惧！

它是我忠诚的侣伴，
心里害着热烈的乡思；
它想那茂盛的草原——
你头上的、浓郁的乌丝。

它月影一般轻轻地
从你那儿轻轻走过；
它把你的梦境衔来了，
像一只绯红的花朵。

1．一读明确基调

师：先请同学们朗读一遍诗歌。体会诗人的心情。
明确：寂寞
师：从何而来？
明确：对你的相思，对爱的渴望、憧憬。
师：得到了吗？
明确：没有。

2．再读感受寂寞

师：那这到底是一种怎样的寂寞呢？现在你就是冯至，用身心去贴近诗歌，去感觉这寂寞的感觉。

我感觉到冯至________的寂寞。（PPT 展示）

明确：围绕核心的意象"蛇"。

（1）"静静的没有言语"：无声的。

（2）"它是我忠诚的侣伴"：它常伴我左右，缠绕着我，就像我的寂寞挥之不去，难以排遣。

（3）“它心里害着热烈的乡思，想那茂密的草原”：蛇热烈的“乡思”就像我在寂寞中对“你”的浓郁的相思。

（4）“它像月影一般，轻轻地，从你那儿轻轻走过”：蛇的游走如月影一般轻柔，如我的寂寞般轻柔，悄然无声。

（5）蛇是细长的，就像我的寂寞一样悠长，剪不断，理还乱。

（6）蛇是冷血动物，阴冷的。

小结：“蛇”给人的一般感受是令人厌恶、恐惧的，诗人跳出思维定式，取蛇的某些特点加以描写，巧妙地把寂寞这一抽象、虚无的情绪化为“蛇”这一具体可感的意象。这也是这首诗最大的妙处所在。我们从中感受到了诗人无声的、缠绕的、轻柔的、悠长的、阴冷又热烈的寂寞。这样的寂寞，正值青春年少的同学们应该是最能感同身受的吧。融入你感觉到的东西，我们再来读一读。

3．学生朗读

结语：对所有的人来说，思想和行为都源于一个出处，这个出处就感觉。如果丧失了感觉，我们还能奢求什么呢？有人说：“诗人，是指导人们对于生活抱着高贵的观念，抱着高贵的感觉方式的领袖。”我们的生活又怎么少得了诗人和诗歌呢？希望同学们在生活中做个“理睬”诗歌的人，一个感觉丰富的人！

【教学反思】

本课在引导学生鉴赏诗歌时，注重学生的个体的、原始的阅读感受，从学生感受切入，以学生感受收尾，并且有意在课堂上给学生留下表达交流的空间。我始终认为，在语文阅读鉴赏的课堂上，能让学生呈现真实的、个性化的阅读感受并进行一定程度的交流，才是调动学生积极性，提升文学作品鉴赏力的核心。在此基础上，本课也注重引导学生细化对杜甫“沉郁”之情的体会，避免流于符号化的鉴赏，这就要求在课堂上做到“审美的延迟”，通过提问、追问让审美过程慢下来，只要慢下来，才能走进去。本课的不足之处表现在节奏的延缓导致课堂容量不高，在实际教学中，未能以文本鉴赏的为支点，给学生打开更广阔的审美世界，在点评引导上的不足也导致课堂的张力、感染力不够强。

【点评：重庆大学副教授　沈岸】

英国诗人奥登（Wystan Hugh Auden.1907-1973）在为《十九世纪英国次要诗人选集》所写的序中指出：一位诗人要成为伟大的诗人，要必备五个条件中的三、四个。这五个条件是：

1. 必须多产；

2. 诗歌的题材和处理手法必须广泛；

3. 诗人在观察人生角度和风格提炼上，必须显示出独一无二的创造性；

4. 在诗的技巧上必须是要给行家，也就是技巧要很高明；

5. 尽管其诗作早已经是成熟作品，但他的成熟过程要一直持续到老。

同样的，我们的诗歌教学在作品的数量上、题材的广泛性上以及独一无二的解析与诗人生命的研究上，必须有一个良好的教学结构。严老师通过为什么读诗、怎么读诗展开教学，在师生互动配乐朗诵中，加强了学生的参与性，通过史料研究以及文学的内部研究，深度剖析杜诗的文字与思想特点。整个课程非常巧妙地把杜甫的多产、广度、深度、技巧、蜕变展现出来，在课程理解中诠释了杜甫的伟大。这种润物细无声的教学手法，值得所有老师学习、借鉴。

尚有需补充的一点。针对“杜甫写悲伤有何特点？在诗中如何表现的？”所涉及的中国传统文人悲秋传统，有关宋玉的补充是必不可少的。宋玉对秋天萧瑟的描写非常细腻，以至于他对秋天的定位和塑造奠定了一种感应模式，后人一想到秋天就自动的涌现出悲秋的传统。两千多年来，涌现出无数伤感秋天的诗歌，他们几乎都离不开宋玉所描写的方向，杜甫也是如此。

格律诗修改之入门三法

◎李联川　重庆市大足城南中学校

【教学分析】

1. 创新点

高中诗歌教学一般是围绕欣赏进行的，很少涉及诗歌尤其是格律诗的创作和修改。

2. 教学内容和核心素养培养分析

古代诗歌一直是高中语文的教学重点和难点，人教版普通高中课程标准实验教科书和选修教材都有很多诗歌篇目。但是，只是学习欣赏诗歌是远远不够的。格律诗的学习不但有利于夯实高中生古代诗文的基础，提高学生的诗歌鉴赏能力、阅读能力以及审美能力，而且有利于培养“文化传承与理解”和“审美鉴赏与创造”两个方面的核心素养。

3. 教学对象分析

在诗歌阅读鉴赏板块学习的基础上，学生已有一定的诗歌积累，具备一定的诗歌鉴赏方法，有了一定的格律诗词创作欲望，但语言表达能力和文字书写的文采性需要加强。这就要求我们要以学生为主体，进行格律诗词的创作与修改指导。

【教学目标】

1. 知识与能力：掌握格律诗的基本修改方法，初步培养创作格律诗的能力和审美能力。

2. 过程与方法：学习格律诗的基本修改方法，并初步运用。

3. 情感态度与价值观：培养和激发学生创作格律诗的兴趣，培养“文化传承与理解”和“审美鉴赏与创造”等语文核心素养。

【教学重点】

学习格律诗的基本修改方法，并初步运用。

【教学难点】

短时间内把格律诗改得合辙合律甚至很有表现力。

【教学准备】

学生人手一份资料《格律诗一般格式》。

【课时安排】

1课时

【教学方法】

合作教学法、研究法。

【教学过程】

一、创设情境，导入新课。

（此部分时间为4分钟，考虑了没有预习这一情况，以此热场。如学生答不上来可以灵活调整。）

展示“武汉市第35届金秋菊展”的图片：请大家看看，这是哪座城市呢？

（生答武汉。如学生看不出，可以提示：诗仙李白在这里送别好友，写下了千古名句“烟花三月下扬州”。）

师：武汉的菊花天下闻名，有一部1963年发表的武侠小说里就写到了“汉口出名的菊花会”。你知道是哪一部吗？

（生答《连城诀》。如猜不到，可以提示“丁典”“狄云”。）

师：你知道这部小说是谁写的吗？

（生答金庸。可以提示“香港作家”有作品“飞雪连天射白鹿、笑书神侠倚碧鸳”。）

师：金庸先生是诗词高手。据粗略统计，先生小说里有 37 首经典诗词。2018 年 10 月 30 日，先生仙逝，其子查传倜写了一首七言诗追悼。（PPT 展示）

有容乃大侠客情，
无欲则刚论政坛。
看破放下五蕴空，
含笑驾鹤倚天飞！
（2018 年 11 月 05 日《成都商报》）

师：有人说，这是一首七言绝句。请大家对照“格律诗一般格式”分析它是否为七言绝句。

学生对照分析，交流，明确：不是。如果归为绝句，没有押韵，而且至少 7 处平仄不合。

师：格律诗是要讲格律的。

的确，你自己写给自己看，怎么写都可以，就像“全民 K 歌”，自己开心就行。但是如果要发表或参赛，就必须改得符合格律。今天，我们一起来学习格律诗修改的入门方法。

（板书课题：格律诗修改入门）

二、了解格律，做好准备。（5 分钟）

1．什么叫格律诗？

格律诗，也称近体诗，是唐以后成型的诗体，主要分为绝句和律诗，按照每句的字数，可分为五言和七言。句数、字数、行数、平仄、用韵甚至对仗都有严格的限制。词、曲其实也属于格律诗的范畴。（展示，齐读）

格律诗是中国优秀传统文化的重要内容，继承它应该“求正容变”。但是，对于初学者而言，遵循规则先“求正”，熟练之后再“容变”。可以这样说，写格律诗不讲规则就是“耍流氓”。

2．格律诗有哪些基本的格律要求？

简要说明要求，为格律诗修改提供方向。

（1）篇有定句：绝句每首四句，律诗每首八句。

（2）句有定字：各句字数相等，五言或七言。

（3）韵有定位：偶句必押韵，一韵到底，只能押平声韵。首句押不押韵，格式不一样。

（4）字有定声：每个字都有平仄要求。（普通话的一声、二声为平声，三声、四声为仄声。）

（5）律有定对：律诗中间两联必须对仗。（特殊体式今天暂不涉及）（PPT 展示，齐读）

3．展示“格律诗一般格式”

格律诗有很多规则，如果要讲清楚需要不少时间。作为初学者，我们只需要比照 16 种格式来写、来修改。我在改诗的过程中总结了 3 个方法，希望能够给大家一点启发。

三、方法之一：一见钟情（10 分钟）

1．展示城南中学学生龙凤的原作

《夏荷》

（学生习作）

蜻蜓轻轻荷角荡，
晶莹玉粒滚如球。
莲花情动随风舞，
诗韵点滴水里流。

2．选句定律

（1）齐读，选出你认为最美的一句或者最喜欢的一句作为核心句。

（2）对照下发资料《格律诗基本格律》，根据核心句选择最接近的格律形式。说说你选的哪一句，最接近的格式是哪一种。

（自由发言。如意见不统一，可以按选择的句子分组进行修改。）

（预计多数会选最后一句，属于七绝仄起首句不入韵式。）

3．据律修改

（1）根据相应格律，检测不合格律之处，找出需要修改的部分。

交流，明确。（如选最后一句，则第 2 字“蜓”应仄，第 24 字“点”应平。）

（2）对照格律，进行针对性修改，使之合辙合律。

4．改后核对

（1）修改之后再自由阅读，根据格律核对是否合辙合律。

（2）学生展示修改结果，交流。（选最后一句，可展示参考示例“蜓翼”“蜓影”“蝶翅”“滴滴”等。）

5．归纳方法

研究、讨论、抽答，明确“一见钟情法”的精髓。（PPT 展示后自由阅读，理解记忆。）

一见钟情法：选出“一见钟情”的句子，以之为核心，选择合适的格律诗格式，找出不合格律的部分并修改，使之符合格律。

具体步骤：

（1）精选核心；

（2）依句定律；

（3）据律修改；

（4）改后核对。

（板书：一见钟情摈雾尘）

四、方法之二：拈轻怕重（10 分钟）

1．校对比较

仍然以《夏荷》为例，根据下发资料《格律诗一般格式》，比对 4 种格式后选择需改动最少的格律诗格式，进行修改。分组进行。

（分 4 组，每组核对一种格式，其余组的安排为“巡视员”，检查、指导相关情况，并确定该小组的发言人。）

研究、交流：如按七绝仄起首句不入韵式，平仄只存在 2 个问题；如按七绝仄起首句入韵式，则押韵存在 2 个问题，平仄存在 3 个问题；如按七绝平起首句不入韵式，则平仄存在 12 个问题；如按七绝平起首句入韵式，则押韵存在 2 个问题，平仄存在 13 个问题。

2．选律待改

借助一见钟情法的修改，我们只需要再把“荡”字这一处改为押韵的字即可。

3．列字待选

因为此处牵涉到押韵，初学者可以列出同韵部（ou，iu）的字，以便选择。

4．筛选过滤

（1）因为待选字太多，需要初步筛选。选择可能用到的字的标准：

① 同一首诗不能重韵；

② 意境、情感相协调。

（2）根据标准初步筛选出以下字备选：

沟、鸠、瓯、鸥、丘、艘、休、羞、悠、幽、舟、绸、稠、忧、愁、留、谋、牛、抔、泅、裘、柔、揉、头、投、由、油、游。

5. 定字修改

选定一个字以后进行修改。修改方法：

1. 直接换用；（男生采用）

2. 选用后需改动相邻两三字。（女生采用）

6. 改后校对

（1）交流。

具体方法：修改好以后跟同桌说出自己选用的格式并朗读，请对方核对是否符合格律。

女生抽一组上黑板板书，同时男生展示。

（2）参考示例（轮读女生写在黑板上的：女读第一句，男读第二句）。

直接换用：羞、悠、幽、柔、休、愁、留、游

选用后需改动相邻两三字：伴鸥、舞未休、戏小舟、消怨愁、春意留、春几抔、爱意柔、叶底游。

7. 研究、归纳、抽答，明确“拈轻怕重法”的精髓

（PPT 展示后自由阅读，理解记忆）

拈轻怕重法：如果没有绝对不能改动的句子，比较几种格式，选择改动最少的合适的格式。

具体步骤：

（1）校对比较；

（2）选律待改；

（3）列字待选；

（4）筛选过滤；

（5）定字修改；

（6）改后核对。

（板书：拈轻怕重孕“琴心”）

五、方法之三：移花接木（4 分钟）

1．据律校对

自由阅读《夏荷》，思考：如果选用七绝平起首句不入韵式，哪些地方需要修改？（请先前选择这种格式校对的同学发言。）

2．讨　论

哪些地方之需要调整语序就可以合辙合律？（为方便修改，只留出 8 个字来修改）

3．修改、交流、抽读、校对

将“莲花情动”改为“情动莲花”，将“诗韵点滴”改为“点滴诗韵”。

4．研究、归纳、抽答，明确“移花接木法”的精髓

（PPT 展示后自由阅读，理解记忆）
移花接木法：通过调整语序来调和平仄，就可以焕然一新。
具体步骤：
（1）据律校对；
（2）调整语序；
（3）改后核对。
（板书：移花接木萌新绿）

六、课堂练习（5 分钟）

1. 运用这些方法，有时候可供选择的词语很多，需要锤炼比较。请自由阅读城南教育集团董事长 × × 的五律《走笔赠城南教育集团莘莘学子》，在横线上填入合辙合律的词语。

走笔赠城南教育集团莘莘学子

城南教育集团董事长 ××

少立鲲鹏志，丹心绘彩虹。
________怀抱里，______课堂中。
学得诗书破，求来气势雄。
一朝图报国，四海遍蛟龙。

2. 对照“格律诗一般格式”研究此诗的格式，弄清填写的格律要求。

明确：此诗属于“五律仄起首句不入韵”式，这两处的平仄分别是：⊙平和⊙仄。

3. 填写、交流、展示，并说说这么填的理由。填好了的可以上黑板书写，其他的同桌交流，点评。

4. 原诗为：江山、天地。

请和自己填的内容比较，体味原诗的妙处，并在 4 人小组内交流。

我们今天讲的只是入门的方法，要想真正改好还需要很多人文积淀，包括文学、生活，甚至情感等。

（板书：炼句锤词助入门）

七、总结（共 2 分钟）

主板书是一首七言绝句，请大家思考它是哪一种格式？（板书：七绝仄起首句入韵式）

我们介绍了格律诗修改的三个入门方法。以后有机会我们再讲格律诗修改的三个提升方法：立意优选法、翻出新意法和亮点打造法。

八、课后练习

请根据图片（在上课学校拍摄）试写一首格律诗，并修改得符合格律要求。

同时附上教师创作的一首藏头诗。

游武汉开发区一中

（七绝仄起首句入韵）

李联川

一片娇黄惹爱怜，
中间嫩柳舞诗篇。
太白有景犹须道，
美遍红尘动地天。

（此诗是在确定学校以后根据校内实景拍照写的。）

九、结束语

下课以后，请大家修改自己写的这首诗，或者帮我改一改我写的这两首诗，或者修改查传倜这首诗。大家可以发给我，我会择优推荐到我们学校南苑诗社的社刊《南苑诗韵》发表。愿我们在座的每一个人，都能够和格律诗一见钟情、厮守一生！谢谢大家！

附：板书设计

设计说明：主板书是一首“仄起首句入韵式”的七言绝句，展示了格律诗修改的三个入门方法，有利于激发学生创作热情。

学生板书区 1　　　格律诗修改入门　　　学生板书区

（七绝仄起首句入韵式）

一见钟情摈雾尘，
拈轻怕重孕琴心。
移花接木萌新绿，
炼句锤词助入门。

【教学反思】

一、总体说明

这个课例是在2017年工作室诗歌研讨活动教案《格律诗修改入门》的基础上打磨的。虽然保留了原来的基本方法，但是有着很大的改进，几乎是一堂全新的课。

二、主要创新点

这堂课最大的创新点在于对高中生进行比较系统的格律诗创作指导。高中诗歌教学很少涉及诗歌尤其是格律诗的创作和修改。学习格律诗的创作与修改，不但有利于提高学生的诗歌鉴赏能力、阅读能力以及审美能力，而且有利于培养“文化传承与理解”和“审美鉴赏与创造”两方面的语文核心素养。掌握了格律诗基本的创作、修改方法，学生才能更好地理解并认同古典诗词这一优秀传统文化，从而热爱古典诗词，在格律诗词创作、修改活动中体验、欣赏、评价、表现和创造美，形成自觉的审美意识和审美能力，养成高雅的审美情趣和高尚的品行。

三、课堂亮点

本堂课延续了原课例的几个优点。

1．学情分析较准，重难突破较好

本堂课没有安排学生预习，但是以学生为主体，突出了“学习格律诗的基本修改方法，并初步运用”的教学重点，突破了“短时间内把格律诗改得合辙合律甚至很有表现力”这一教学难点。学生的创作潜能被激发了。虽然课前并没有预习，也没有任何关于格律诗词创作的入门指导，但学生不但基本掌握了格律诗词的用韵、平仄、对仗、格式等基本知识，能够结合下发的《格律诗一般格式》进行简单的诗词格律检测，还能根据老师独创的方法指导修改格律诗。

2．教学方法得当，师生互动有效

本堂课采用合作教学法、研究法，只讲授了“一见钟情”“拈轻怕重”“移花接木”三种格律诗修改方法。三种方法讲授结构大体相似，而又富于变化，特别是学生动手实践之后自主归纳方法，是真正的“授之以渔”。与原课例比较，方法完全是自主生成的，也更明确有效，更具操作性。

师生互动也有一个创新：分组时，巧妙地设置“巡视组”，让学生真正动起来，让课堂真正动起来。

3．板书设计新颖，作业设置巧妙

主板书是一首“仄起首句入韵式”的七言绝句：“一见钟情摈雾尘，拈轻怕重孕琴心。移花接木萌新绿，炼句锤词助入门。”板书展示了格律诗修改的三个入门方法，有利于激发学生创作热情。同时设置了一左一右两个学生板书区，留给学生更多的展示空间。

最后的作业是：“下课以后，请大家再帮我改一改主板书这首诗。”教师留下联系方式，邀请学生交流修改结果，首尾圆合，给了学生更多的成长空间。

四、不足之处及改进思路

虽然方法已经减少了一半，但由于内容较难，学生又是零基础，方法运用不易，整个课堂还是稍显紧凑，学生创作、修改的时间依然较紧。

导入部分为了拉近和武汉学生的距离，安排了 4 分钟的互动，可以适当压缩，或者作为课前暖场的内容。

五、其他思考

虽然诗词教学是高中语文教学的重点和难点，新课改也对诗词教学提出了新的要求，但是，当前的诗歌教育尤其是古典诗词教育情况还是不容乐观。不少学校并没有真正实现诗词的有效教学，存在的问题有：教师教学目标设置流于形式，教学内容针对性不强，教学模式和教学评价传统单一；学生学习目的过于功利，学习兴趣不够浓厚，想学习创作却欠缺方法指导等。所以，我们有必要认真地进行诗词教学。

（一）诗词教学存在的误区

1．以为诗词是个性化写作，怎么写都可以

诗词创作是要讲格律的。你自己写给自己看，怎么写都可以。但是，如果要发表或参赛，人家就会严格按格律审稿。就像在“全民K歌”，你怎么唱都可以，但是要去参赛，评审的要求就会很严格。

纯个性化诗歌写作也是大众诗歌的一部分，但是读者极少，不能代表大多数读者的阅读喜好，因而不受广泛欢迎。

2．处理不好“诗”和“教”的关系

（1）强调教化价值，忽视诗词韵味，以为强调“诗”必定影响“教”的效果。在创作实践上，强调思想性，忽视艺术性，不讲究意象和语言艺术。

（2）强调艺术求美，忽视道德教化，认为“教”必定束缚“诗”的发展。创作时往往远离生活，脱离时代，片面追求形式唯美，误以空虚为空灵，晦涩为含蓄。

（3）只教欣赏，不教创作。

（二）教会学生从“言象情志”四个维度阅读欣赏诗词

1．“言”，是诗词教学的第一内容

语言是构成形象、形成结构的重要因素，只有通过对文本语言进行

“细读”，才能探求文本真正意图。《毛诗序》说“诗者……情动于中而形于言”，钟嵘《诗品序》说“气之动物，物之感人，故摇荡性情，形诸舞咏”，均说明了诗词鉴赏宜从语言开始，逐步进入情意层面。

（1）语言本体

在诗词教学中，语言本体主要是指古代汉语字词句知识，包括通假字、一词多义、古今异义、词类活用、特殊句式等内容。它们是文本教学的基础，是诗词鉴赏最基本的内容。

（2）表达方式

诗词中，叙述、描写和抒情是三种惯用方式。叙述，即记叙与述说事情经过或人物经历，其基本方法是顺序、倒叙、插叙和平（分）叙。描写，即描绘与摹写人、景、物或场面，其基本方法是白描与细描。抒情，是一种由作者或作品中的人物对作品中的人、事、景、物抒发主观感受、表达情感的表达方式。其基本方法是直接抒情和间接抒情。

（3）表达技巧

表达技巧是语言在表达方式基础上的提高，除了修辞手法以外，主要有叙述技巧、描写技巧和结构技巧。

2.“象”是“言”的具体内容

“象”主要包括“人”“景”“物”“事”。“象”的教学是诗词教学的基础性工作，是“情”“志”分析的前提与条件。象的教学是基础，鉴别清楚了象，才能为情、志分析做好铺垫。不然，情、志分析就成了无源之水。

3.“情”是由言到志的关键

文学是人学。诗词是充满人性和人情的文学。诗词的“象”往往是情感的载体，所以要准确解读出其中的情感。

4.“志”是诗词鉴赏的终极目标

所谓“诗言志”“词言情”，一般认为“诗庄词媚”：诗多以国家兴亡、民生疾苦、胸怀抱负、宦海沉浮为主，词则多写男女爱情、相思离别和生活中的喜怒哀乐。

其实，“志”与“情”都是藏在心中之意，具体到作品，总是情中有志，志中有情。“情”与“志”并不对立，它们共同组成了诗词的内核。

（三）多渠道实施诗词教育

我们要多渠道实施诗词教育，才可能培养起学生对诗词的感情。

如何搞好诗歌教育，处理好“诗”和“教”的关系，真正推动诗词这一中华优秀传统文化创新性发展，是摆在我们高中语文人面前的难题。

1．构建建模，开发资源

可以大致构建一个“兴趣培养—入格训练—鉴赏提升—小试牛刀—平台展示—推荐发表—形成习惯”的课程建模，设计、打造课堂，开发教学资源，使国家课程校本化，校本课程活动化，将学习、诵读、欣赏、探究、表演、创作、展示、发表与诗歌的教化功能相结合，真正让学生成为学习的主动者和诗歌的传承者，形成审美体验，提升语文素养，为未来的发展奠基。

2．打造平台，形成常态

为了发挥诗词的教化功能，促进教师专业发展，培养学生核心素养，培养一批合格的诗词读者和诗词爱好者，需要不断打造一些平台，使诗词教育成为常态。

我们可以搭建诗词教育的八大平台：欣赏创作指导平台、诗词书画展示平台、师生诗词创作平台、作品发表提升平台、教育教学研修平台、活动视频制作平台、经典诗词诵读平台、衍生艺术表演平台。通过搭建八大平台，培养学生核心素养和语文学科核心素养，最终立德树人，涵养正气，继承传统，使学生成为大写的人。

（四）教学生尝试诗词创作与修改

诗词创作要注意格律诗的基本格律要求。要教学生入门的方法，也就是入格，符合格律要求。还要教学生提升的方法，也就是修改诗词、提升质量、增加诗味。

【点评：重庆大学副教授　沈岸】

课程以江城武汉作为引子，导入格律诗一般性结构研究，提出疑问、设定立场，充分开启学生对格律诗的好奇心，课堂氛围积极、活跃。第二部分在格律诗的详解以及修改格律诗的方法上都做到了深入浅出，使同学们迅速进入诗歌写作“技巧”的状态。为什么这里“技巧”我要打引号呢？这就是我认为本堂课有所欠缺的地方。

针对格律诗的学习，我们首先必须了解格律诗的发展历史，其次应该引用一首唐诗作为诗歌史的分析对象。

例：初唐张若虚的长篇乐府古诗《春江花月夜》，它虽然不是律诗，却也把初唐时期所奠定的格律运用起来，使得整个诗歌抑扬顿挫，极具音乐性，更增加动人心魄的魅力。

针对格律形式这样一个六朝以来的诗歌发展主流，初唐已经出现了许多反对的声音。例如复古派的陈子昂。陈子昂很激烈地批评六朝诗歌，说“汉魏风古”到晋朝、南朝刘宋时期就再也没有传下来了，再到后来齐梁时期，更是华丽有余，却失去情感的寄托。

小结：虽然教学内容是格律诗的修改方法，但在“汉魏风骨”“绮丽不足珍”之间，必须更全面的了解律诗发展历程。这样才能兼顾修改格律诗的同时，又达到文中有情的目的。

《念奴娇·赤壁怀古》课堂教学设计

◎刘红枚　重庆市巴蜀中学校

【教学目标】

1. 教学过程中实践读词、入境、见人的诗词鉴赏方法。

2. 深刻体悟苏轼在本词中流露的思想情感。
3. 渗透学习面对逆境，终能以旷达乐观的心态以对之的人生态度。

【教学重点】

读词、入境、见人的诗词鉴赏方法。

【教学难点】

体悟苏轼在本词中流露的思想情感。

【教学课时】

1 课时

【教学过程】

一、导入：引出课题

从大足石刻说起（此课授课背景：重庆市名师工作室在大足城南中学召开诗词研讨教学展示活动）：

大足是一个人杰地灵的地方。距离我们不远的大足城北 2 千米的北山，就有蜚声中外的石刻，它还是世界非物质文化遗产。同学们，你去看过石刻吗？看到大足石刻时，你会想到什么呢？请去看过大足石刻的学生回答。

（看到石刻，会联系起能工巧匠，会想到佛教文化，会想到历史……）

自然风景常让我们感慨大自然的鬼斧神工，人文风景则常令我们想到与此相关的人和事。从古至今，大多如此。900 多年前的一位词人，他去游览了当时他所居住的城市附近的一处既是自然风景又具人文特色的景点，由此景点，他想到了一些人和事。这位词人是谁呢？他想到的人事又是什么呢？（板书课题：念奴娇 · 赤壁怀古）

二、解题：明确背景

1. 念奴娇·赤壁怀古

（1）师：本词题目是什么？

生：赤壁怀古。

师：从题目中可以得出什么信息？

生：作者游览的地点和发生的事情。题目“赤壁怀古”，告诉我们这首词的主要内容是苏东坡在赤壁这个地方游览的时候，触景生情，进行怀古，缅怀古人。从内容上可以看出这是一首怀古诗。

（2）师：怀古诗词特色是什么？

生回答后师补充：基于历史作品题材、古迹、人物、事件等进行感叹、托思、讽刺等目的创作的诗词。如杜甫《蜀相》怀历史人物诸葛亮；王昌龄《出塞》怀历史战争等。

（3）师：“念奴娇”是什么？

生：词牌名。

师补充：“念奴娇”为词牌名，念奴是唐代一个很著名的歌妓，“念奴每执板当席，声出朝霞之上”。娇是个形容词，形容娇媚、美丽。词牌名因此而来。

2. 作者及本词背景

师：关于作者苏轼的词风及本词写作背景，你了解哪些？

抽学生自由回答，适当补充。

作者写本词的背景：北宋元丰二年（1079），苏轼因不赞成王安石新法，陷“乌台诗案”，虽在入狱5个月后被释放，但因此被贬为不具有签书公事权力的黄州团练副使，而《念奴娇·赤壁怀古》恰是被贬后作品。

三、鉴赏：探究词作

1．读其词：以声达词，初步感知

（1）师范背（营造氛围）。

苏轼这首词《念奴娇·赤壁怀古》是豪放派词的发轫之作，整首词如挟天风海雨，大气磅礴。接下来请同学们自由朗读这首词。

（2）学生自由读。

（3）抽学生读。

指导学生读：读准字音（圆润饱满）——注意语速（节奏、停顿、快慢）——注意语气（轻重、抑扬、抒情）

（4）全班齐读。

2．入其境：以词达意，进入词境

本词为我们营造了怎样的意境呢？

（1）探究物象。

老师提示：意境是指文艺作品中描绘的生活图景与所表现的思想情感融为一体而形成的艺术境界。作者能借形象表现心境，寓心境于形象之中。请结合词中意象感受。

生结合意象后可能会回答：立于赤壁，眼前是往东奔去的滚滚长江水，作者想到千百年来历史上风起云涌的英雄人物。滚滚长江，是阔大的。

生：此地的江水奔涌，陡峭的山崖直插云霄，汹涌的江水拍打着江岸，卷起千万堆犹如白雪的浪花。江水是凶猛的。

师引导生找关键词：

“穿”——夸张手法，写出陡峭山崖直插云霄的气势。

“拍”——拟人手法，写出江水与岸拍击的力度。

“卷”——写出波涛的巨大力量。

“雪”——比喻手法，水色纯白如雪。寥寥数笔便勾画出一幅雄奇壮丽的雪浪图。

明确：“大江东去”“故垒西边”“乱石穿空，惊涛拍岸，卷起千堆雪”是自然景象，它们将古战场磅礴且宏伟的气势进行了淋漓尽致的描绘，虽然其中部分比喻的运用略显夸张，但整体所形成的奇险雄伟画面，可更好地营造出古战场上英雄豪迈的气魄。

这些自然景象营造出恢宏、阔大、磅礴、宏伟之境。

师：除了物象，人也能凸显意境？本词中人有谁？和物象有何关系？

（2）探究人物形象。

生：人物是周瑜。作者是由眼前之景想到与赤壁有关的历史人物再引出周瑜的。

师：那作者在写法上是很明确地先写景再写人吗？为什么？

明确：不是。上片在写景的过程中，除了时间（三国）、地点（故垒、赤壁）之外，还交代了人物（周瑜）、事件（赤壁之战），然后又接着写乱石、惊涛等宏伟的景象。诗词和记叙文不同，诗词写作内容具有凝练性和跳跃性。同时，词还要讲究平仄和押韵，要合词牌的格式要求。

师：与赤壁有关的“千古风流人物”有多少？为何是“三国周郎赤壁”，而非三国其他某某赤壁？（思历史人物。）

观眼前之景，思历史之人。这所思之人往往和作者自己有着某种联系。

上片写景为主，下片写人为主。“江山如画”承接上片的景，“一时多少豪杰”启下片的人，人在景的“底板”上出现，既让人觉得顺理成章，又反映出人生在世任谁都有无法摆脱的环境。

这个历史之人（周瑜）和眼前之人（自己）有何联系呢？

3．见其人：对比见意，行为见心

特　点	周　瑜	“我”（苏轼）	特　点
（年龄） （婚姻）	当年，小乔初嫁了	（　?　）	（　?　）
（外貌）	雄姿英发·羽扇纶巾	（　?　）	（　?　）
（身份） （能力） （功名）	谈笑间，樯橹灰飞烟灭	（　?　）	（　?　）

从书中的文字可以总结推测周瑜的各方面特点，括号中的内容由学生总结概括出来。学生总结不出来的，老师补充当时的背景和相关的事件，与学生一起完成表格。

特　点	周　瑜	“我”（苏轼）	特　点
（年龄：34 岁） （婚姻：幸福）	当年，小乔初嫁了	（现在，王弗已亡故）	（47 岁，经历丧妻之痛）
（外貌：英俊潇洒）	雄姿英发·羽扇纶巾	（两鬓斑白，早生华发）	（衰老）
（身份：东吴大都督） （能力：高） （功名：功成名就）	谈笑间，樯橹灰飞烟灭	（愁苦中，何处施展才华）	（被贬黄州，任团练副使） （英雄无用武之地）

“十年生死两茫茫，不思量，自难忘。千里孤坟，无处话凄凉。”

——苏轼《江城子》

“心似已灰之木，身如不系之舟。问汝平生功业，黄州、惠州、儋州”

——苏轼《自题金山画像》

我们仿佛看到苏轼站在江边赤壁之上，看到眼前之景，目光穿过历史，回忆起当年意气风发的周瑜，又想到自己人生的处境，心生感慨。

师：作者的心境是悲观还是乐观呢？请结合苏轼的行为回答。（抒一己之情）

提示：感叹“人生如梦”，行为“一樽还酹江月。”师提醒抓“梦”“月”的特点。

“人生如梦”，人生犹如梦一般，“梦”的特点：虚幻。庄周梦蝶，不知周之梦为蝴蝶与？蝴蝶之梦为周与？万事万物最后都是要合而为一的。人生的成功与失败、得意与失意，都是如此虚幻。千古风流人物，不也都随着大江而东去，洗涤荡尽了吗！那么我又何必执着呢。

“江月”的特点。江：永恒。月：朦胧，永恒。“人生代代无穷已，江月年年望相似”就写出了人生个体的短暂和宇宙的永恒，苏轼在《赤壁赋》中，“哀吾生之须臾，羡长江之无穷”。和江水、江月相比，和永恒的大自然相比，尤其会有这种喟叹。想当年横槊赋诗的一代枭雄曹操在历史的舞台上纵横驰骋，施展其雄才大略。这些风流人物都经不住时间的淘洗，何况自己呢？“一尊还酹江月” 使整首词冲破了之前低沉悲愤的情绪，表现了与《前赤壁赋》相类似的情感，是寄情于天地间的宽慰与对生活和自然的热爱，是对个体人生境遇的感慨后的洒脱。

小结：整首词有苏轼复杂情绪和思想上的矛盾，对英雄的敬仰、对生活的热爱和功业无成的忧愤相互交织，词中虽有伤感之思，但最终能以旷达乐观的精神坚持对生活的追求。这就是苏轼的生存智慧，也是他的诗意人生。

四、拓展：更懂苏轼

引入整理的图 1 和图 2，图 1 是苏轼的生平轨迹；图 2 是苏轼人生轨迹（虚线）与创作轨迹（实线）。

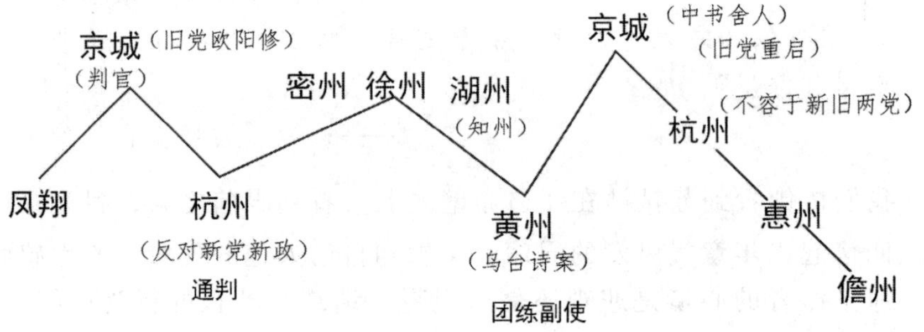

图 1

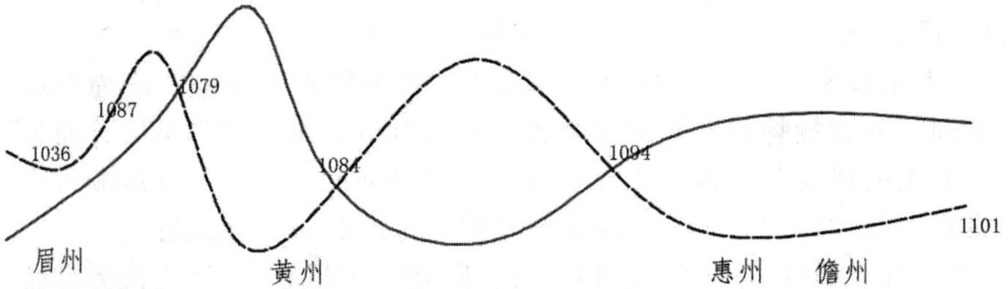

图 2

由图可见，苏轼在黄州被贬的人生低谷，其创作的作品数量却达到了峰值。在此期间其除创作《念奴娇·赤壁怀古》外，还创作了《卜算子·黄州定慧院寓居作》《南乡子》《前赤壁赋》《水调歌头·黄州快哉亭赠张偓佺》《记承天寺夜游》《定风波》《方山子传》《游沙湖》《水龙吟·次韵章质夫杨花词》等作品。正所谓“人生不幸诗家幸”是也！

被贬黄州后，苏轼主要是从日常生活情景、自然景物、游仙的虚幻情节、即景怀古、追忆历史往事等角度进行人生真谛哲理的探究或哲理意境的营造。这种“胸无杂物，触处流露，不知其所以然而然”的主客观契合创作心理状态，也可以反映出苏轼从复杂走向旷达的心境以及苏词的豪放。

五、结束：升华人生

人生不可能一帆风顺，当面临逆境之时，怎样生存与生活，确实是每个人都可能面临的问题。现代社会，有人与父母一言不合离家出走，考试考差欲寻短见，友谊受挫嫉恨他人……在逆境之时，苏轼尽管也体验着人生的低谷，但他也为我们呈现了另外一种可能的旷达和诗意。从《念奴娇·赤壁怀古》中，我们触摸到了一个以洒脱旷达的心境面对困境的鲜活的苏轼的灵魂，这对我们的人生具有启示意义。

六、作业设计

1. 背诵《念奴娇·赤壁怀古》。

2. 自行整理并鉴赏苏轼其他时期的作品，体会苏词豪迈作品风格在其他时期作品中的体现以及苏轼个人的情怀与情感。

【教学反思】

语文老师要有课程意识，要明白课文只是实施语文课程培养学生语文素养的范例。《念奴娇·赤壁怀古》是一篇经典文章，我们要通过这篇文章去挖掘它哪个部分的独特的“语文价值”呢？从查阅的众多资料来看，这篇文章的讲法各异，令人眼花缭乱。

后来，我暂时放下别人的东西，再次素读文章，再做文本细读，挖掘出本文是一篇典型的“景情（人）”结合的怀古词。我们可以通过学习这篇文章，打通一类文章的读法。结合学生初读时候的问题，我设计了教案。虽然结构中规中矩，但是内在逻辑清晰，贴合学生实际。在遇到长久以来争论不止的问题，我会大量查阅资料，然后抛给学生探讨，再做一些努力靠近“真理”的总结性的尝试。如在探究本词所体现的苏轼的情感问题上，我自己也很纠结，查阅了不少论文，结合苏轼的哲学思想和本词的内容，最后我还是倾向于认为：“整首词有苏轼复杂情绪和思想上的矛盾，对英雄的敬仰与对生活的热爱和功业无成的忧愤相互交织，词中虽有伤感之思，但最终能以旷达乐观的精神坚持对生活的追求。”而这点，要引导学生探讨出来，重点就在对“梦”“酹江月”的理解上，紧扣“梦”“月”的特点，结合中国传统文化对这两个意象的常见解读，最后就不难归结于苏轼在经历思想的矛盾之后最终仍然走向旷达乐观了。

本次课堂教学让我深深体悟到在“一篇带动一类”的背景之下文本细读的重要性。尤其是别人讲过无数次的经典作品，既要借鉴，更要有自己的体悟。本课以老师提问为主，学生的主动提问、发散思维还不够，这部分要继续钻研。

【点评：重庆大学副教授　沈岸】

本堂课抓住苏轼人生中最精彩的瞬间，文本解读更是突出了宋词的“人生易逝，好景不常；‘作茧自缚’，九死不悔”的特点。同时，针对《念奴娇·赤壁怀古》的文学内部研究，老师通过展现历史与文学的交织、外物与人心的交汇，把文学融入历史，又在历史中展现文学，突出了诗词学习的多维视野，正好也印证了“横看成岭侧成峰，远近高低各不同”的意义。

唯一不足的，是课程少了对宋代作品的哲理性的思考的讲述，无论是诗歌还是词，这都是不可避免的难题。虽然《念奴娇·赤壁怀古》是一首经典的传世之作，但苏轼在文中并没有找到人生易逝，如何安顿自己心灵的答案。在教学中，我们应该突出这样一个道理：绝大多数人对苦难都是避之唯恐不及，所以才会努力趋吉避凶。而苏轼却一视同仁，认为一切的经验都非常珍贵，因为这些经验会提升我们的生命，使我们的人生更有意义。苏轼这样的想法非常与众不同，值得我们每一个人去学习、思考其中的道理。

欧洲古典音乐有一个德奥室内乐团，叫做哈根四重奏（Hagen Quartet），他们说：经由贝多芬的音乐，音乐家与乐迷都可以成为更完整的人。同样如此，经由苏东坡的诗词，我们也可以成为更完整的人。所以，诗词的哲理性是每一堂课都无法回避的问题，充分利用西方文艺理论，以一个更广、更深、更悠远的角度来剖析诗词，是今后诗词学习、研究一个重要的方向。

PART THREE

整本书阅读指导

高中新教材改革的最大亮点，就是主张并推进整本书阅读。

“元阅读”的核心就是整本书阅读，但“元阅读”较之常规的整本书阅读，又更讲究阅读的书目必须基于学生现有认知水平，阅读过程必须真实有效，阅读方法必须针对性强。

为此，我们有研究，我们有总结反思……

点燃一盏心灯

——整本书阅读策略之导读手册编写初探

◎刘　彦　重庆市第四十二中学校

【摘　要】 本论文探讨了整本书阅读的意义，探讨促进学生进行整本书阅读的导读手册的编写实例。

【关键词】 整本书阅读　意义　小说类导读手册编写

一、提倡整本书阅读的意义

苏联教育学家苏霍姆林斯基曾说过：“让学生变聪明的方法不是补课，不是增加作业量，而是阅读，阅读，再阅读。”诚然，在新课改背景下提高学生的核心素养，最核心的手段就是让学生进行深度阅读，而培养学生深度阅读的能力，最重要的就是提倡学生能够进行整本书的阅读。

“整本书阅读”中的“书”，当然不是指产品形态上的印刷品，也非泛指广义上的文化产品。笔者所说的“整本书”，仅限于文学经典。

整本书阅读比起单篇阅读来说，对学生的阅读能力究竟有哪些益处呢？整本书阅读有利于扩大阅读时空，有利于学生实践阅读方法，还可以训练学生阅读各种文体的能力。学生能在一个相对较长的时间段里，一心一意地阅读某一本书，这样心志可以专一、阅读可以集中、研究可以彻底。读整本的书，可以使用多种方法，既可以精读也可以泛读，有利于学生获得个性化的阅读体验，积累更多的阅读经验，以便形成更好的习惯。一味地单篇阅读容易让学生短时间读完就停止阅读，而习惯的养成必须是一段时间的坚持，整本书阅读能够激发学生阅读兴趣，持续给予学生阅读完的动力，能够给学生带来阅读的成就感，从而更容易让学生养成乐于阅读的习惯。

总之，“读整本的书”，算不上对语文教学的新要求，但的确算是当下语文教学和教学研究都需要解决的一个难题。在“标准”中强调“读整本的书”，我认为至少有三个现实意义：一是体现国家意志，将学生乐于、善于和经常“读整本的书”以“标准”的形式确立为学生语文素养的基本内容和重要标志；二是响应时代要求，有利于语文教学引导学生在课外阅读中静下心来，在信息爆炸的世界中真正学会选择，而不掉入功利性和碎片化阅读的泥沼；三是调整现实偏差，有利于改变学生“做题多”而“读书少”的现状，改变课外阅读指导重“读文”而轻“读书”的通弊，更好地引导学生，让课外阅读从“小溪时光”走向“海洋时代”。

二、整本书阅读策略初探

整本书阅读，学习任务和目标不像单篇课文那样集中和明确，既费时力，又耗心血，指导策略很重要。对此我做了一些粗浅的思考。

（一）如何让习惯了碎片阅读的学生开始整本阅读

身处“微信时代”的人们习惯了心灵鸡汤和短文阅读，怎么才能让一个主要阅读“轻文本”的人来阅读“整本书”呢？显然不能强行规定、硬塞经典。教师应该循序渐进，需要分层指导，有针对性地进行引领。如字数上逐渐递增，又如，从刘墉、池莉、余杰再到江河、刘亮程、帕斯卡尔、梭罗，然后是莫言、鲁迅、沈从文、托尔斯泰、卡夫卡，再到叔本华、海德格尔、维特根斯坦等，渐渐增加文本的难度。

（二）整本书导读手册的编写策略

怎样实现课内阅读与课外阅读之间、正式学习与非正式学习之间的平衡，克服整本书阅读的无序状态而又避免整本书阅读篇章化的倾向？混合式学习是一种可行的路径。混合式学习是近一二十年在互联网背景下产生的一种学习模式。美国学者迈克尔·霍恩和希瑟·斯特克这样界定混合式学习："混合式学习指的是一种正规的教育课程，学生进行部分在线学习，其间可自主控制学习的时间、地点、路径或进度，另外部分时间在家庭以外受监督的实体场所进行学习；它将学生在学习一门课程或科目时的各种模块结合起来，形成一种整合式的学习体验。"

李卫东认为，混合式学习与整本书阅读的属性相契合。运用混合式学习模式的整本书阅读不是只在课堂上进行阅读和讨论，而是将阅读延展到家庭、社区等任意空间，且灵活采用线上、线下的学习方式，一部分是在线讨论、探究，一部分是在实体课堂上由教师介入指导的阅读学习，还有一部分是学生的自由自主阅读。课堂学习、在线互动、非课堂非在线自主阅读这三个模块结合在一起，形成完整的整本书阅读体验课程。课堂学习会有学生安静阅读的时间，但不可能是常态和主体，课堂学习主要开展方法研习、问题研讨、章节赏析、汇报展示等活动。

我有幸参加了重庆市高中语文名师工作室，在主持人张学忠的带领下，基于"元阅读"理论和活动，我们工作室全体成员今年主要针对混合式学习三模块中非课堂非在线自主阅读进行了研究，即对我们推荐给高中生阅读的经典作品编写导读手册，让学生通过手册的引领在寒暑假能集中较长时间自主深度阅读一到两部经典名著。

托马斯·福斯特在《如何阅读一本小说》中提到许多小说在第一页就告诉读者差不多十八件事情："文体、强调、情绪、措辞、视角、叙述的在场、叙述的态度、嘲讽、节奏等。"引入这些方法性知识进入导读手册，对学生自主阅读一部小说会有切实帮助。导读手册可以从读前准备、读时引领、读完悟得几个部分入手。我以我们工作室团队编写的小说类的导读手册为例进行分析。

1．读前准备

俗话说：不预则不立。读经典名著之前，最好有所准备。所谓准备就是阅读之前可纵览相关内容，可以让阅读航程顺风顺水，渐入佳境。比如《大卫·科波菲尔》，因为此书是外国名著，读前纵览包括以下几点。

（1）了解各种翻译版本，选择最佳译本，此举更有助于我们嗅到小说原汁原味的芬芳。

（2）了解作者生平、代表作。知其人才能更好地读其书。

（3）摘录名家对名著的点评，有助于学生在点评的引领下更好地杨帆远航进行阅读。

2．读时引领

小说最重要的就是通过三要素——人物、情节、环境来读出主题，这也是高中小说阅读能力基本要求，所以我们在编写导读手册时主要从情节层面，人物层面和主题探究层面进行示范式、表格式、问题式导读。

（1）情节导读编写

比如《红岩》导读中，我们在情节层面做了这样的示范式导读。

我们以第一章为例，看情节提纲怎么写。

一、新江见甫—纵火事件—拟设联络站—松林去重大—成瑶抗争—纪纲受伤

这是一个细纲，如果粗一点，可以是这样：

一、新江见甫—重大所见

其实，这八个字已经能概括第一章的内容。请同学们快速浏览全文，采用这种粗纲模式，拟出全书“粗纲”。读完全书后再要求学生用800字（高考作文字数要求）进行故事的简述。

这样的编写，能培养学生根据提示概括故事大意、纲要的习惯，拥有复述情节的能力。

（2）人物导读编写

比如人物层面，我们选择的最佳导读路径就是撰写人物小传和梳理人物事件。

① 撰写人物小传

请为主人公“大卫”写一个100字小传。要求：写人物的主要生活经历和思想，或是几件典型事情。实事求是地对人物做出比较客观的简要评价。

② 梳理人物关系

我们采用了表格导读梳理人物关系，这样便于学生掌握整本小说多个人物之间的关系和各自的性格。

姓　名	与科波菲尔的关系	主要形象特征	相关情节概述
克拉拉			
默德斯通			
默德斯通小姐			
皮果提			
皮果提先生			
爱米丽			
汉姆			
巴吉斯			
米考伯			
克里克尔			
贝西·特洛伍德			
斯梯福兹			
威克费尔德			
特拉德尔			
爱妮丝			
尤来亚·希普			
斯宾罗先生			
朵拉			

（3）主题探究导读编写

在主题探究层面，我们采用了问题式的方式导读。从情节的伏笔、悬念、照应，到人物行为的深层次的心理动机和社会原因，对小说中有违常理的地方设问质疑，引发学生思考。比如《大卫·科波菲尔》中我们设置这样的问题：本书是狄更斯最重要且耗费心血最多、篇幅最长的一部半自传体著作，是他“最宠爱的孩子”，曾被列夫·托尔斯泰誉为

“一切英国小说中最好的一部”，请你认真思考，这本小说的主人公身上寄寓了狄更斯怎样的精神理想？

比如对《红岩》设置的问题：请你认真思考，本书为何命名为《红岩》？什么是“红岩精神”？生活在新时代的我们，应该怎样学习和弘扬“红岩精神”？

这些问题不仅能让学生深入思考小说的主题意蕴，还能激活学生自身的阅读经验，赋予小说个性化的理解，注入时代的精神。

3．读完悟得

在读完悟得层面，让学生总结阅读整本书的方法，撰写相关论文或心得，以读导写，把阅读的经验转化为写作的实践，促进学生核心素养的日渐发展和提高。

总之，我们希望通过导读手册的编写能让学生对整本书进行深度专时阅读，让阅读成为学生的生命状态，点燃学生的性灵之光。

参考文献

[1] 苏霍姆林斯基．给教师的建议（修订本全一册）[M]．杜殿坤，编译．北京：教育科学出版社，1984：49.

[2] 迈克尔·霍恩，希瑟·斯特克．混合式学习：用颠覆式创新推动教育革命[M]．聂风华，徐铁英，译．北京：机械工业出版社，2016：33-35.

[3] 李卫东．混合式学习：整本书阅读的策略选择[J]．语文建设，2016（25）：12-15.

[4] 托马斯·福斯特．如何阅读一本小说[M]．梁笑，译．海口：南海出版社，2015.

整本书阅读视野下的学术著作阅读范式实践探究

◎周　斌　重庆市巴蜀中学校

【摘　要】　在核心价值观的引领下，培养中学生的问题意识与整本思维已不可或缺。中学生如何阅读学术著作，如何培养学生的整本意识，成为当下讨论的热点话题。本文试从语文课程“整本书阅读与研讨”学习任务群的要求，即“五步阅读法”（浏览、略读、精读、研读、重读）中的浏览、略读、精读、研读来探讨阅读实践范式。

【关键词】　整本　浏览　略读　精读　研读

不同于阅读文学作品、人物传记那般平易近人，学术著作先天似乎就是“板着脸”，以严肃性、学理性、深刻性等形象拉开和大众的距离。但是，人又是情感与理性并重的物种，或者说理性与思想也是人类进一步获得自我价值认同的方式之一。于是，通过阅读的方式提升自我的理性认知，通过思考的方式提升自我的思想素养又显得至关重要。在核心价值观的引领下，在整本书阅读的要求中，学生学会提问、学会思考，以至形成理性思维，生成思想，是教学努力的大方向，更是我们阅读学术著作的现实起点。

《高中语文课程标准》指出：“在阅读过程中，探索阅读整本书的门径，形成和积累自己阅读整本书的经验。重视学习前人的阅读经验，根据不同的阅读目的，综合运用精读、略读与浏览的方法阅读整本书，读懂文本，把握文本丰富的内涵和精髓。”在语文课程中，阅读学术著作，应该采用怎样的方法、应该采用怎样的程序，是一个值得研究的课题，也很需要我们在实践中去探索和总结。而本文也试着根据语文课程“整本书阅读与研讨”学习任务群的要求，即“五步阅读法”（浏览、略读、精读、研读、重读）中的浏览、略读、精读、研读来探讨阅读范式。

一、浏 览

不同于其他书目的浏览，学术著作要重点关注其专题研究的学术价值、学术影响以及研究背景、研究角度、研究思路等。也就是说，如果其他作品以新奇性、趣味性等吸引眼球，那么学术著作则以深刻性、独到性彰显魅力。具体而言，对学术著作的浏览，虽然方式是浏览，但是与浏览伴随的一系列入门工作却要做到位：如理论著作的阅读方法、对作者擅长领域的了解、相关专题的研究成果、研究专题的价值意义等。理论著作的阅读方法，离不开读书笔记，笔记要分专题地列述观点信息，分条理地梳理作者思路等。对作者擅长领域的了解，要求我们能够在与作者相关的信息检索中按目标筛选。相关专题的研究成果可以借助专业的学术期刊网站，比如中国知网、万方数据库等。具体而言，它要求我们在阅读著作时，要关注本书的主题与内容构成，以确定是否进一步阅读；阅读封面、序跋、目录、注释，以确定我们对专著有大致印象；选择一目十行的扫描式阅读或跳读部分章节或段落，来预估我们理解的认知难度与可能障碍等。比如阅读著名文艺理论家罗兰·巴特《写作的零度》一书时，通过翻阅目录，我们可以发现该书由三个独立部分组成。在此启发下，我们查阅作者的生平和学术经历，可以知道其中的《新文学批评论文集》包含了作者对若干法国文学经典作品所作的细腻分析，被视为结构主义文学篇章分析的典范，而《法兰西学院就职讲演》为作者就任法兰西学院讲座教授典礼上的演讲词，相当于作者晚期文学思想的另一份宣言书。这就引导我们去了解作者的学术思想经历和创作背景，原来作者是针对萨特“什么是文学”的问题提出了摆脱激进文学倾向的中性文学观，对法国存在主义和左翼文学提出了深刻的批评，主张“零度写作”。有了这些背景知识，再去阅读整本书，理解起来就会显得容易许多。我们还可以对作者反复强调的语言行为“写作的零度”这一理解难点做出预判，阅读时重点关注其涉及的作者和文本的关系、语言和意义的关系等。

二、略　读

古往今来，读书方法多如牛毛。孟子的“自求自得”，韩愈的“钩玄提要”，诸葛亮的“观其大略”，朱子的“格物致知”等，不胜枚举。而学术著作的略读，就类似于“观其大略”。也即是说，我们要像诸葛孔明一样提纲挈领地领会精神实质，把握其主要观点。这是阅读的重要步骤，更是在浏览的基础上，完成对查阅资料、研究成果、研究价值的验证过程。在这过程中，读书笔记又一次发挥了重要作用，它既要求我们在阅读的过程中概括要览，明确观点，厘清关联，更要求我们在略读之后，结合大纲小目，对全书的内容梗概及主要内容做出自己的描述。因此，略读是我们养成思维的初始步骤。

具体而言，它要求我们在阅读的过程中，以结构带动整体，注重速度、框架与思路，不过分拘泥于字句，不过分拘泥于片段；以理解带动思维，注重观点、表达与思想，不过分拘泥于注释，不过分拘泥于严谨。我们知道，柏拉图是西方哲学史上第一位具有完整体系的哲学家，不理解他的哲学，就不能理解他的美学和文艺思想。阅读他的《理想国》，我们发现他以斯巴达作为原型，通过苏格拉底和其他人的对话虚构了一个世界上最早的乌托邦：哲学家位居统治者地位，共妻制，以体育、音乐作为教育的主要形式，以美、正义和善作为城邦法律。理念论是其哲学思想的核心，柏拉图认为，思想所关注的不是事物的特性，而是同属一类的其他事物所共有的持久的、本质的共性，当我们给众多的个别事物取同一个名字时，我们就“假定一个理念存在”。理念是实体、实在，是万物原始、永恒和超越的原型，先于、脱离和独立于事物而形成一个自在的世界，它是永恒不变的，只能被思想所理解。考察了柏拉图的政治哲学，我们才理解了哲学、文艺、艺术家在他心中各自的地位和性质，才能更好地理解柏拉图的哲学与美学。如读《语文常谈》，略读之后不难得出以下结论。一是他的框架体系清晰明了，让人心生敬佩。全书共八章：语言与文字的辩证关系；汉字的语音、音韵；文字三要素的形、音、义；语句的结构；词义和句义；古今语言的变化；各大方言及推广普通话；汉字改革与汉语拼音。每章环环相扣，密切关联。二是论述浅显易懂，贴近生活。“说起来也奇怪，越是人人熟悉的事情，越是容易认识不清，吃饭睡觉是这样，语言文字也是这样。”他用通俗易懂的语言、简单明白的事例阐述了语言学上几个重要的问题，如动物“语言”和人类语言的差异问题，语言和文字的关系问题，汉字的注音问题，汉字形、音、义之间复杂的对应关系以及由此带来的不便，语言的历时变化和共时的地域差异问题，汉字改革问题等。

三、精　读

精读，重在精，反复咀嚼，深刻体会。它要求我们带着敏锐的嗅觉，全身心地进入文本，和作者、作品进行深入细致的对话。在重要的或者难以理解的章节、片段，回环往复、逐字逐句地探究、落实。这有点类似于韩愈的“钩玄提要”，探取精微，摘出纲要。

写提要时，必须弄清事情的来龙去脉、前因后果，弄清这一事件和其他事件错综复杂的关系；钩精义时，必须对那些言论进行深入的研究与分析。话及于此，我们再度发现，读书笔记贯穿了我们精读理解的始终。

与浏览、略读不同的是，精读更强调对章节、片段、句子甚至词汇的理解，更强调对严谨性、准确性、科学性的研讨，更强调对读书笔记的质量的多维要求。具体到学术著作而言，可以简单地分为三个方面。首先，概念的运用。作者如何界定概念，如何限定中心语，如何在分析问题的过程中运用概念，如何对相关语词做出比较标准、科学的注释，如何结合注释帮助理解作者的表达等。其次，提问的方法。小到语词的选用，大到章节的关联，都与提问的方法相关。比如，作者分析材料的视角、进入论证的角度、问题间的关联等，都是我们精读过程中不可或缺的。或者说，这点点滴滴的思维痕迹恰到好处地反映了作者的论证细节。第三，思想的呈现。读出作者如何由现象到观点、从语言到思想来论述问题。作者如何从处处发问到严密分析、深刻推理。这直接关系着我们精读的质量。如学者赵园的学术论著《北京：城与人》成书于 20 世纪 80 年代，却是了解京味小说、北京这座城市及其文化的重要文本。细读之后，可以清晰地发现，她以个人学术兴趣点——老舍的作品为重心，进而勾连出现代文学与当代文学中作为风格现象的北京文化写作的一个侧面，部分具有文学史的写作效果。而文章的层次结构和写作思路也是很清晰的，她在地域文化热的学术风潮中，与众不同地建立了人与城市的多重联系：京味小说作家、作品人物与北京的联系、读者与北京的联系、现实生活中北京人与北京的联系，这几者与北京城之间在文化性格上相互规约和渗透。仔细推敲作者切入材料的视角，不难感受到文中最具特色的是从空间的角度分析了人与城在精神气质上的联系，比如四合院、胡同的建筑形态对人的性格、生活方式和处世态度的影响。

四、研　读

研读，即研究式地深入阅读，它既强调我们对著作本身的深刻理解，又关注运用作者的思想或逻辑分析现象，研究问题。如果说，精读是钻进文本，分析著述的细胞或者毛细血管，那么，研读就是整合精读的研究成果，对著述整体思想、结构、语言等展开全身性的体检与观照。因此，研读要求我们在既定学术思维基础上有扎实的资料思维基础，有充分的学术心理准备，有深入的精读细节储备，注重研讨、探究、拓展，从而形成思想的实践研究过程。

具体而言，它首先要求我们整合浏览、略读、精读中的读书笔记，在自己颇有心得体会的地方，做好勾勒与梳理，从而形成自己独到的理解。其次，它鼓励我们去查阅相关的研究资料，对作者的论证、思想或者其他领域进行对话、质疑或批判，再次强化我们对作者思想的理解。第三，它还可以暗示我们运用作者的语言、观点或思维来分析其他社会现象、研究成果等。也就是说，研读的关系在于读中有研、研中深读、研读结合、指导实践。那么，强调运用、关注实践、知行合一，无疑就成为我们深入理解的关键步骤。专题探讨、学术沙龙、论文比赛、研学旅行等不失为好的检验形式。

还是以上文谈到的《北京：城与人》为例，整合该著作的写作思路和语言风格，我们可以发现，作者首先做的是缩小论题：以“京味小说”为研究对象探索“城与人”的关系，研究小说中的北京文化同时关照现实；其次，努力寻找关注点并建立各个研究对象的横向与纵向联系，将它们固定在横向网状论述结构中：京味小说作家，作家与作品，作家与所写人物与读者群、北京文化的关系，重点分析作家写的态度及方式，对语言趣味的倚重，对知“味”读者群的依赖和对“京味”风格的多样化展示。有了对整体写作格局的观照和梳理，我们可以看到该书的研究局限也比较明显，一是过于散文化。具体分析的散漫和语言文字的淡薄对于学术论著思辨功能的削弱。同时，尽管作者以话题为中心，在章与章之间努力做到逻辑的衔接，但各个章节之间更多的是平铺式的关系，是话题的平面展开而非纵向深入，章节的各有侧重导致论述的重复、冗余，论述中心有着不经意的偏移；二是最后一章“城与文学”的论述与全书主题不尽相符，比如城市现代化的期待等，全是作者十分乐观的想象，不符合文学学术研究的写作形式。有不少评论说，该作秉承了赵园对知识分子群体精神的关照，并时时警惕自身，使得她对北京城和北京知识分子的研究具有研究对象主体化和自我主体对象化的双重特征。那么作者是如何将个人的生命体验融入学术创作中的呢？这可以从作者的写作对象中找到答案。京味小说更多的是对作为乡土的北京的书写，对这类写作现象的关注，尤其是对其中知识分子精神风貌的关注，构成了与都市写作中都市漂泊者心灵体验的对照。从这个意义上说，该书也是一次对文学中国现代性的关注。这引发了我们对乡土中国中的人与他们生存的环境之间关系的深思，进而引发持续性的思考：乡土中国中的人和他们的生存环境之间未来如何可能、怎样可能。

当然，中学生阅读学术著作的路径是多样的。同时，中学生的阅读背景、思维结构、理解方式的不同，容易造成大家对“五步阅读法”的认知不一。不过，从语文课程“整本书阅读与研讨”的常规路径，从培养中学生基本“学术思维”的角度看，浏览、略读、精读、研读、重读的逻辑认知顺序，以及在不同环节的着力不同与具体侧重，还是“整本思维”形成的关键。因此，“探索阅读整本书的门径”，还得从捧起整本书开始，在“五步阅读法”中培养规范与整合、梳理与探究的能力，进而逐步探究，得出“整本”的奥秘。

参考文献

[1] 罗兰·巴特. 写作的零度[M]. 李幼蒸，译. 北京：中国人民大学出版社，2008.
[2] 柏拉图. 理想国[M]. 郭斌和，张竹明，译. 北京：商务印书馆，1986.
[3] 赵园. 北京：城与人[M]. 北京：北京大学出版社，2002.

指导学生小说类整本书阅读策略初探

——以编写《〈三国演义〉任务书》为例

◎刘　彦　重庆市第四十二中学校

【摘　要】　本文以《〈三国演义〉任务书》的编写来探索小说类整本书阅读的策略。任务书分为导读、批读、研读、测读四个部分，共同实现六大教学目标。
【关键词】　任务书　六大教学目标　导读　批读　研读　测读

从2008年始，江苏省高考语文增加了颇具地方特色的、分值为40分的文科附加卷，其中15分是名著阅读题。名著阅读的考查范围包括《红楼梦》《呐喊》《边城》《三国演义》《欧也妮·葛朗台》《老人与海》《哈姆莱特》《女神》《家》等十多部古今中外经典名著，其中小说类的名著占有极大比重。2017年新版《普通高中语文课程标准》正式提出“整本书阅读”理念，附加目录中直接指明的小说类篇目就有16部。纵观2018年高考语文试题，整本书考查篇目涉及古典文学2部（《红楼梦》《三国演义》）、革命文学1部（《红岩》）、现代文学4部（《边城》《呐喊》《家》

《茶馆》）、当代文学 1 部（《平凡的世界》）、外国文学 3 部（《老人与海》《哈姆莱特》《欧也妮·葛朗台》）、传统经典 1 部（《论语》），小说类的整本书占了七部。2019 年高考语文共有八套试卷，考查了《史记》《理水》《小步舞》《呐喊》《红岩》《平凡的世界》《老人与海》《边城》《红楼梦》《呼兰河传》等经典名著，其中小说也占很大比重。可见小说类整本书阅读能力是学生必备的基本阅读能力。

如何让学生在有限的时间读完、读通、读懂甚至读精一部名著小说呢？又怎样通过阅读整本小说来发展学生的核心素养呢？重庆市张学忠高中语文名师工作室成员在工作室主持人张老师的带领下，通过编写《〈三国演义〉任务书》来助推学生进行整本书阅读。作为其中的一名编写成员，笔者想分享编写过程中的一些思考和做法，希望得到同仁的不吝赐教。

一、助推阅读，目标先行

目标是导向，是航标，是过程的检测仪，是行动的指南针。《普通高中语文课程标准（2017 年版）》指出，阅读文学作品要“从语言、构思、形象、意蕴、情感等多个角度赏析作品，获得审美体验，认识作品的美学价值”。我们不仅要根据新高考、新课程标准培养学生四大核心素养，还要关注新课程标准中除了“整本书阅读与研讨”以外的“语言积累、梳理与探究”“文学阅读与写作”“中华传统文化经典研习”“中华传统文化专题研讨”等任务群的目标。据此，我们制定了如下《三国演义》阅读目标，每个目标又分为三个，第一目标为初级层次，第二、三目标为高级层次。

1. 阅读目标：通过《三国演义》了解故事内容和古典小说创作的基本规律，能够从读一部类推到读一类作品。

2. 语言目标：积累文雅的诗词，整理成语典故；能够整体把握小说文白相间、雅俗共赏的语言特色。

3. 思维目标：探究情节的合理性，分清人物文学形象、历史形象和民间形象的不同；辩证思考历史真实和艺术虚构的逻辑关系，从而形成思辨理性分析、追根溯源和多元兼容的科学思维方式。

4. 文化目标：具体全面了解三国史实和相关文化常识；探究以忠义精神为内核的三国文化的起源以及内涵。

5. 审美目标：综合体会《三国演义》巧妙的艺术构思，比如情节的六起六结，人物的丰富典型，崇智尚义、忠君慕贤的文化意蕴，体会其美学价值。

6. 表达目标：运用《三国演义》中雅俗相间的语言材料和谋略智慧、骨鲠人物素材进行口语表达和书面表达；能对其中任务专题进行口语交流和论文写作。

二、任务驱动，完成目标

1. 导　读

《三国演义》中的许多故事早在民间口口相传，很多同学已经耳熟能详，但是对于这部小说的深刻意义和重要价值却不甚明了，这时就需首先为学生指明读《三国演义》的意义和价值。大部头书怎么读？关键是授法。我们在《〈三国演义〉整本书阅读任务书》（以下简称"任务书"）中从小说阅读的角度对学生给予方法指导，比如以思维导图的形式梳理情节结构，以专题研读方式来理解人物等。当然最直接的指导是布置《三国演义》阅读任务单，我们以任务清单的形式体现整本书阅读课程化的任务规划，明确每一阶段的时间管控和目标任务，以任务驱动方式推进阅读。

比如我们设定以下任务单：

第一阶段通读（第一周），"观其大略，不求甚解"。首先可以浏览章回目录，阅读"任务书""编者的话""全书导读""单元导读""章回目录"，大体了解本书的内容和基本结构。

第二阶段熟读（第二到四周），精读全书，即咬文嚼字，细致入微，边读边批。主要方式是细读各章回，结合"任务书"中的"批读建议"，圈点勾画，一边阅读，一边批注评点。最好能做读书摘要，简述每个章节主要内容，并理解原文的表达技巧及语言特点。重点关注旁批、疑难点、精彩处。

第三阶段精读（第五到九周），研读专题，发现问题并解决问题。第五周到第九周为专题阅读阶段。同学们可以参照《三国志》《三国志注》《世说新语》《孙子兵法》《三十六计》等有关资料，从人物鉴赏、艺术构思、意蕴探究、语言特色、谋略探究五个方面对《三国演义》进行专题研讨；可以撰写读书笔记，学会提炼观点，并且用相关证据分析阐述，还可以提出新的疑问和观点；可以尝试写作一些小论文，有侧重地选择专题阅读，探究全书的写作技巧和语言特色。

2．批　读

批读分为教师任务书编写过程中对原文批注和学生阅读过程中根据任务批读两种策略。前者在编书环节完成，后者基于课堂教学。这里我们探讨的是教师编书环节的批注如何助推学生阅读。

首先，在原文阅读中的批注，是根据第一次师生共读中提出的疑难问题作为依据，选择原文中需要批注的部分，比如阅读困惑点、鉴赏思辨点、思维发展点和文化积累点进行批注。具体来说分为三个层次：一是对原文中生难字词和文化常识进行随文注解；二是从鉴赏的角度对小说细节进行点评；三是以设问的方式引导学生深入阅读文本。因为随文批注，批注不宜过长，以防分散阅读者的注意力，所以都要求言简意赅、精准凝练。

其次，是基于整本书阅读的需要，根据小说内容而专设单元导读与单元思考，便于读者对整部作品做阶段性的总结，如此化整为零，又能常读常思。我们把一百二十回小说按照主要人物和大事件划分成了十八个单元，在每个单元开头设置单元导读。导读字数在200字以内，用于梳理单元内容、提出单元目标、指点阅读方法。结尾设置单元总评要求，从小说鉴赏的角度来写，包括艺术手法、表达效果，突出一到两个亮点。

在批读任务中主要引导学生完成阅读目标、语言目标、思维目标、文化目标、审美目标的第一个初级目标。

3．研　读

通过前四周的粗读、细读后，学生对《三国演义》应该有了一定程度的熟悉，在此基础上便可进入精读、研读阶段。专题研读可以是学生根据自己的阅读经验、阅读兴趣、阅读疑难处自己设立，也可以由老师根据学生阅读情况预设，本文主要探讨后者。

为了实现任务书的阅读、语言、思维、审美、表达目标中的高级层次的教学目标，本书还专门开设了八个专题，分别从“人物鉴赏”“主题意蕴”“艺术构思”“语言艺术”四个方面入手。小说三要素中最核心的是人物，《三国演义》中的人物塑造独具特色。故毛氏在点评《三国演义》时指出：“古史甚多，而人独贪看《三国志》者，以古今人才之众未有盛于三国者也。”因此人物专题中我们设定了刻画最为丰满的曹操、诸葛亮、关羽等形象作为子专题。每个专题都设有导语、学习目标，为了实现目标而给学生布置的学习任务以及任务驱动下的研读建议，链接了学习资源，给学生搭建研读的思维框架，构建研读的方法体系，提供充足学习资源。比如为了让学生掌握阅读小说的基本方法，关联小说三要素中核心要素人物，我们在研读曹操专题时做了如下设定：

学习目标一：掌握曹操的形象特征。为了达到此目标，我们设定了与此相应的学习任务：阅读相关章回，概括曹操的形象特征。并且对此给出了研读建议：从语言、神态、心理描写等角度入手分析曹操的性格特点；从出生、外貌、地位变化、活动环境、小说情节等角度入手分析曹操的外在形象。

在初步把握曹操基本形象的基础之上，我们确立了学习目标二：能够利用对比分析法，加深对曹操形象的认识。对此我们布置的学习任务是：对比分析吴、蜀领袖形象，加深对曹操形象的认识；研读建议是：分析刘备、孙权人物形象并与曹操进行比较，突出曹操的性格特征，加深对曹操形象的理解。

为了培养学生分析人物的思维能力，更深入地把握塑造人物的规律，我们确立了目标三：了解曹操复杂的人物形象的生成。我们设定的学习任务是：探究曹操整体人物形象的生成。我们给出了研读建议：将曹操文学形象、历史形象、民间形象的演变进行比较，探究生成，在后面还链接了历来名家对曹操的点评、分析等跨媒体学习资源。按照这种思路，其余人物的形象探究都可以进行类似的专题设置，让学生掌握长篇小说阅读、分析、评价人物的基本方法。

阅读是输入，是为输出表达而服务，在每个专题的目标任务下我们都设置了表达运用。表达运用包括口语表达和书面表达。历来教学只偏重写作，而我们是两者并重。比如在人物专题研究中设有对人物性格特点的讨论、辩论、演讲、分享等口语表达活动，在八大专题的学习目标中都设有写作任务。

比如语言专题中设有以下写作任务。写作任务 1：请查阅资料，进行专题研讨，深入探究《三国演义》采用文白相间、雅俗共赏语言的原因。在全面研讨的基础上写作一篇不少于 800 字的小论文。任务 2：在理解穿插诗词的妙处后，在书中任意选择一首诗词，运用所学方法写一篇不少于 600 字的赏析文章，进而初步掌握赏析诗词的一般方法，培养思辨性阅读与表达的能力。任务 3：请分别整理书中的成语、歇后语、谚语、典故，并写一段 180 字左右的文字，至少用上其中 5 个，积累成语并为己所用。再比如，意蕴专题的目标 4 是能够结合阅读学习，在以上内容中确立选题，或选择学习任务中话题，也可自选其他“意蕴”撰写一篇小论文，要求不少于 1000 字。艺术构思专题的目标 4 是：结合自己的生活经历和阅读写作经历，能够从以上学习内容中确定一个选题，从“情节”切入，发挥想象，合作探究，独立写作，撰写文学评论，形成 1000 字的小论文。

综上，八大专题的设置，以目标驱动布置任务，提供研究方法和资源，可以全面提升学生整本书阅读能力与语文的四大核心素养。

4．测　读

经过大约九周的阅读，完成全书研读后，为了全面检测学生是否达到了“任务书”的阅读、语言、思维、审美、文化、表达目标，我们还原创了 ABC 三套试题：A 卷通读、了解；B 卷熟读、理解；C 卷精读、创新、应用。这三套题按能力层级递增，可以帮助学生有效了解整本书中已经在高考中考查过的题型，分别检测三个不同阅读阶段的阅读能力和学生达到的水平。

围绕“任务书”我们还设计了导读、批读、研读三种课型来实施任务书的教学目标。

由此，我们初步探索了阅读小说类整本书的基本规律，有目标、有计划、有任务、有测评，建构了完整的阅读策略，开展有效的学习活动，完成学习任务，通过指导学生深度阅读《三国演义》，帮助其掌握阅读长篇小说的方法，提升整本书阅读能力，从而全面提升学生的语文核心素养。

参考文献

[1] 沈伯俊. 三国演义新探[M]. 成都：四川人民出版社，2002.

[2] 罗贯中. 毛宗岗批评本三国演义[M]. 长沙：岳麓书社，2012.

[3] 何晓苇. 毛本《三国演义》研究[M]. 成都：巴蜀书社，2013.

[4] 唐风. 胡适、鲁迅等解读《三国志演义》[M]. 沈阳：辽海出版社，2002.

[5] 刘永良. 三国演义语言艺术[M]. 沈阳：白山出版社，2010.

[6] 沈晓云.《三国演义》文白相间的语言特点[D]. 宁波大学，2010.6.

[7] 张志和.《三国演义》思想意蕴试论（上）[J]. 天津外国语学院学报，2000（3）.

[8] 蒋正治. 二十世纪 80 年代以来《三国演义》主题研究述评[J]. 古典文学知识，2007（1）.

简述整本书阅读中旁批点评的作用及其运用策略

◎肖　睿　重庆市第二十九中学校

【摘　要】在整本书的阅读过程中，旁批点评不可缺少，它们能帮助学生梳理文章情节，完整把握人物形象，总结文章结构特色，从而进一步理解文章内涵。本文介绍了以《三国演义》部分内容为例，用旁批点评的方法帮助学生激发自主阅读的兴趣，培养独立阅读能力的策略。
【关键词】 整本书阅读 旁批点评的作用 运用策略 自主阅读能力

《普通高中语文课程标准》鼓励学生“读整本的书”，并且明确提出“通过阅读和思考，领悟其丰富内涵，探讨人生价值和时代精神。养成独立思考、质疑探究的习惯，增强思维的严密性、深刻性和批判性”。2016 年，教育部建构中国学生核心素养体系，语文学科有四个维度的学科核心素养体系，其中就包含了“思维发展与提升”和“审美鉴赏与创造”。引导学生运用在教读中获得的阅读经验和方法，进行自主阅读，使之在实践中逐渐沉淀和培养自主阅读的能力。

整本书阅读的关键，在于一个“整”字。“整”即“整体性”，它要求的阅读量和理解量更大，既包括对全书结构内容的整体把握，对具体情节、人物形象的延伸思考，还包括与之相关联的其他多本书籍的阅读和整理。根据不同的情况，阅读方法可以是精读，也可以是泛读。整本书阅读更加注重学生的个性化解读，因此，在阅读的过程中，旁批点评就成为帮助学生记录自己所思所感所疑的必要手段。

一、旁批、点评的作用

“词学宗师”夏承焘把读书比作交朋友，有泛泛而交的普通朋友，也有推心置腹的知己朋友。读书也是一样，他说：“应该有一种是精读的，有一种是泛读的。泛读只要了解个大概，精读则要读透了。”

同学们一般会认为“旁批点评”就一定是精读，其实不然，它同样适用于泛读。

泛读即广泛地阅读、泛泛地阅读。读书需要大量的积累，需要看各种不同的书。

精读，是区别于泛读而言的概念，指深入细致地研读。对重要的文章和语句，要认真读反复读，要逐字逐句地深入钻研，透彻理解它所要表达的思想内容。

点评更多地被运用在泛读之中，对章节内容进行相应的概括和评价，从而将泛读落到实处；旁批则更多地被运用在精读之中，对词句、结构进行分析，对人物进行赏析，对中心进行深刻的探究，甚至可以针对情节安排提出自己的疑问，从而达到精读文章、全面深刻理解文意的目的。

泛读和精读是两种不同的阅读方法。它们各有目的，但总是相辅相成、相互补充的。精读为泛读准备条件，泛读则巩固和发展精读的成果。整本书的阅读，一定要将二者结合在一起，通过泛读点评，整体上了解并总结作者的写作风格和创作特色；通过精读，旁批自己感兴趣的、有意思的部分，完整地把握人物形象，探讨文章主旨，发现情节结构特点。

二、旁批、点评的使用策略

这个学期，我们张学忠名师工作室学员参加了《〈三国演义〉整本书阅读任务书》的编写，我承担第二十一回到四十回的旁批、点评任务。下面，我就以此为例，为同学们做一个旁批、点评的范例：在泛读点评的过程中了解故事梗概，了解主要人物；在精读旁批中力求完整把握人物形象，探索文章结构特点，探究文章主旨，感受《三国演义》的独特魅力。

（一）泛读点评

学生们经过泛读，对故事内容的整体把握是没有问题的。这个时候的点评，可以是写在章节前的章节导读，主要是对这一章节内容的概括，也可以是写在章节之后的章节总评，对故事内容或人物形象进行评价。还可以根据章节内容，将整本书分为若干个单元，然后在单元开端总写单元导读，在单元末尾总写单元总评。

《三国演义》第二十回到第四十回，我们把它分为五个单元：第二十回到二十四回是一个单元："刘备投袁"；第二十五回到二十八回是一个单元：“千里走单骑”；第二十九回到三十三回是一个单元：“官渡之战”；第三十四回到三十八回是一个单元：“三顾茅庐”；第三十九回到四十二回是一个单元：“火烧新野”。

大家应该都比较熟悉关羽“千里走单骑”的故事，所以我们的“点评”就以此为例。

> 单元导读
>
> 这一单元着力塑造一个人物——关羽，关云长！“桃园三结义”，“义”字当头，决定了关羽不同于庞德，他绝不会背弃刘备，所以一探知刘备的下落，马上过五关斩六将追寻过去；思全局、顾大局，决定了关羽不同于张飞，他会约三事周旋于曹操，以保嫂嫂周全；心存感激，公私分明，决定了关羽会为报答曹操而助曹斩杀袁绍大将，当然也为之后的华容道释曹埋下伏笔。关羽有谋有勇，刘备得之，实乃大幸！对关羽的解读，将会是我们这个单元阅读的重点。

因为我们编写的是整本书阅读任务书，所以我们的导读包含了对单元阅读重点的指导，如果仅仅是学生的自主阅读点评，那么只包含前面内容概括的部分也是可以的，但要注意一点，语言一定要简洁，不啰唆。

> 单元总评
>
> 刘备势弱，屈身于袁；关羽兵败，暂投曹操。《三国》之中，对关云长之刻画，可谓浓墨重彩。斩颜良、诛文丑，只是行伍之勇；谨约三事，挂印封金，护嫂归兄，过五关、斩六将，才是义薄云天。“英雄”二字，如何解？“忠义”二字，如何写？罗贯中写云长，不忘“桃园三结义”，这个“义”字，将一位败兵之将写得伟岸雄出，文武兼备。又兼欠下曹操一笔人情债务，自然草蛇灰线，一伏千里，赤壁之战后，再添一笔义释曹操。匹马单枪，千里不远；忠昭日月，名节方重，这或许才是作者命意之所在。

不难看出，总评和导读相比，更偏向对人物的评价、对结构的总结，当然，也可以是对主旨的升华。同学们此时可能并不知道后面的情节会怎么发展，但因为前文内容有泛读和精读的基础，所以对此处结构的总结的理解应该也是没有问题的。

（二）精读旁批

在精读的过程中，在文本旁边进行批注，简洁地写下自己的所思所感所疑是不可缺少的过程。尤其对小说中一系列的细节描写和多次出现的事物（景物）的描写，既要分别思考，也要联系起来考虑。

旁批的内容可以分为以下几个方面：

1．对相应内容的补充注解

这个是需要我们查阅资料完成的。例如地名、官名、典故、字意等。学生阅读一般可以不用过于关注地名和官职，但是典故和字意还是有一些了解的必要的，它对我们理解文意有积极作用。

例如《三国演义》第二十一回，对“瓮城”的解释：设于城门之外的小城，多为圆筒形，是城门的屏障，一旦敌人攻入，则如瓮中捉鳖。第二十三回，“阳货轻仲尼”的典故：阳货就是阳虎，是春秋时齐国贵族季孙氏的家臣，因唐太祖李渊的祖父也叫虎，为避讳，阳虎被改为阳货。阳货轻仲尼，是说有一次孔子去季孙氏家做客，阳货看孔子年轻，面有饥色，衣服也不光鲜，就认为他是来蹭吃蹭喝的。对仲尼说：“我家大人宴请的都是饱学之人，啥叫饱学，就是先吃饱了饭才能做学问，你吃饱了吗！”“臧仓毁孟子”的典故：战国时，鲁平公要接见孟子，臧仓进言诋毁孟子，使得鲁平公打消了见孟子的念头。此后，人们就把进谗害贤的人称为“臧仓小人”。只有了解了这些典故，才能理解祢衡的话。

2．对相应语句描写的所思所感

一般来说，这里的所思所感指的是对人物的评价或对事件的认识和评价。这类旁批可带有很强的主观色彩，能充分调动读者的能动性。

《三国演义》第二十一回，曹操邀刘备到府中，青梅煮酒，关羽、张飞二人闯入曹府，“见两个人撞入后园，手提宝刀，突至亭前，左右拦挡不住”这样的画面是不是似曾相识呢？所以旁批“与鸿门宴樊哙入有异曲同工之妙”。又有写公孙瓒被袁绍所破的原因：“瓒曰：‘若救一人，后之战者只望人救，不肯死战矣。’遂不肯救。”旁批曰：“此时的公孙瓒对局势估计不足，抱定了固守的决心，但牺牲下属保全自己的做法，让他逐渐失去了人心。”

3．对相应情节的疑惑和提问

《三国演义》第二十三回，曹操问荀攸，谁可招安刘表，荀攸荐孔融，孔融又荐祢衡，看孔融的话：“吾友祢衡，字正平，其才十倍于我。此人宜在帝左右，不但可备行人而已。我当荐之天子。”明明是推荐人才给曹操，却说“荐之天子”，这是为什么呢？精读的时候，我们是应该可以发现这个疑问的，所以可以将此疑问旁批出来。当然，如果我们把这个问题再深究下去的话，应该可以看出，“孔实不服曹”，但迫于曹操的淫威不得不屈服。另外，结合后文，也可以解释这个问题，那就是“亦可见祢衡固不为曹操所用”。同时，结合名家的解说，教师的批注可为：“毛宗岗评曰：‘不曰荐之丞相，而曰荐之天子，我知正平固不为曹用者也。’结合后文，可知果真如此！”第二十七回，关羽千里走单骑，至东岭关，孔秀向关羽要通关文书，此时，联系上文曹操送别关羽的描写，又可旁批提一问：“曹操赠金送袍，却不给通关公文，无意乎？有意乎？”

由此可见，对情节的疑惑，旁批的一问一答，实际上就是我们深挖细节，追根溯源，找出人物“秘密”，发现作者写作意图的契机。当然，它对我们同学的阅读量、阅读能力和仔细度也有一定的要求。

4．对人物形象的概括

值得一提的是，人物的形象一般不会是单一的，一个人物可能会有多个性格特征，而某一处描写可能只能表现出人物的某一种形象特征，这就需要我们在整本书阅读结束之后，再对人物形象进行归纳概括总结，以完善对人物的认识。

例如对曹操这个人物的认识，就特别需要多方面地来看待，而不能只“固守”一个“奸”字。《三国演义》第二十三回：“曹操知祢衡受害，笑曰：‘腐儒舌剑，反自杀矣！’”此处旁批：“不说自己杀他，也不说别人杀他，而说其自杀，果真奸雄！”第二十五回，写曹操如何尽心对待关羽，可见他“识英雄，重英雄”。第二十七回，曹操放云长而不追，可见其“义”；放云长而不给关文，又可见其“奸”，真可是：“若云长生，则足见曹之独爱云长；若云长死，则将吏之罪耳！”第三十回，曹操用许攸，信许攸，可见他“礼贤下士，听人进言”。第三十一回，众将皆劝曹操赶尽杀绝，但操以“现今禾稼在田，恐废民业，姑待秋成后取之未晚”拒之，可见他以“民业”为上，以民生为上，以苍生为上……

5．通过联系上下文，总结结构特征

《三国演义》第二十七回末，关羽渡过黄河，在马上叹息说：“吾非欲沿途杀人，奈事不得已也。曹公知之，必以我为负恩之人矣。”此处神态、语言描写的作用非常明显，可批语：“出此语，便知日后华容道相遇，必不杀曹。”第三十五回，玄德几次问伏龙、凤雏，果系何人，“水镜亦只笑曰：‘好！好！’”此处旁批“昨夜不说，今日不言，悬念尽设”。另外，总看第八单元“三顾茅庐”，在结构上非常明显地运用了悬念设置、层层铺垫的方法，为诸葛亮的出场用尽心思。

6．对表现手法、描写方式的赏析

《三国演义》第二十一回中：“操以手指玄德，后自指，曰：‘今天下英雄，惟使君与操耳！’玄德闻言，吃了一惊，手中所执匙箸，不觉落于地下。”后紧接着描写：“正值天雨将至，雷声大作。”这是非常及时的、必要的环境描写，所以我们的同学应就此环境描写的作用进行分析并完成旁批。第二十二回，写郑玄“家中侍婢俱通《毛诗》。一婢尝忤玄意，玄命长跪阶前。一婢戏谓之曰：‘胡为乎泥中？’此婢应声曰：‘薄言往诉，逢彼之怒。’”表面写侍婢，而实际上是要表现郑玄，故旁批：“侧面描写。通过写家中的婢女都精通《诗经》，日常生活中开玩笑都能引用其中的句子，更表现出郑玄的风雅学识。”另外，运用语言、动作、心理描写来塑造人物形象的例子更是不胜枚举，这里就不再赘言了。

由此可见，在整本书的阅读过程中，通过旁批点评，可以从整体和细节上对书本的情节发展、结构安排、人物形象和中心主旨有一个自我的、完整的认识，它是学生实现独立阅读、自主理解的重要手段，能够激发学生自主阅读的兴趣，培养其独立阅读的能力。

参考文献

[1] 徐鹏：整本书阅读：内涵、价值与挑战[J]. 中学语文教学，2017（1）：4-7.

元阅读视野下的高中整本书阅读

◎何　燕　重庆市第六十六中学校

【摘　要】 当前高中生整本书阅读的兴趣、深度和效果不好，究其原因，许多老师仅把其当成一个任务，浮光掠影地与学生进行浅阅读。本文拟从“元阅读”的内涵、特点着手，探讨元阅读视野下的整本书阅读具体策略，让阅读抵达学生的“原始阅读区”，破解当前整本书阅读的形式化问题。

【关键词】 元阅读　实施策略　文化源头　原初困惑　测读评价

伴随着2017年新课标的公布和新课程改革的逐步推进，“整本书阅读”在各地高中火热地开展。两年过去，尽管教师热情不减，高中生阅读的趣味、效果和深度却难以令人满意。在笔者看来，如果不突出学生在整本书阅读中的主体地位，不关注学生的“元阅读”状态，不为学生的“元阅读”提供相应的策略，而空谈“多读书”“读整本的书”，语文教学不仅难以变得有效、高效，甚至会重回“少慢差费”的怪圈。

一、什么是元阅读？

20 世纪 70 年代中期，美国心理学家费拉维尔提出“元认知”一说，认为阅读过程中存在“对认知的认知”。经不断发展成熟，“元认知”已成为当下广泛运用的一个阅读研究理论。它抓住教育主体性的本质特征，认为阅读不仅仅是对所读材料的识别、加工和理解的过程，而且还是一个对该过程进行积极监控、调解的元认知过程。

元阅读则是基于“元认知”理论而提出并不断在实践中被丰富的一种阅读策略。国内外不少学者已对此有所涉及，但其推广尤其是广大一线教师对此的认识还远远不够。笔者认为，对“元阅读”的理解不能够贴标签，它不只是单纯地对自己阅读过程的识别、监控、调解，还是更加强调广大一线教师在具体的阅读引导过程中，从以文本为主转移到以阅读主体——学生为主，并将这一原则贯彻于阅读书目的确定与引导学生走进、阅读状态的监控与方法点拨、阅读结果的反馈与评价等各个阶段。

二、元阅读的实施策略

（一）阅读书目的确定与引导学生走进

“元”字的基本意思是“头、首、始、大”，提倡元阅读，首先应厘清在课堂时间有限的情况下，当代高中生应该读哪些书？即，学生文化源头应生长在哪里？北师大二附中李煜晖老师认为，在有限的时间和繁重的学业压力下，高中生可以“古典小说读懂《红楼梦》，现当代小说读懂鲁迅，余者‘一览众山小’”。新教材规定的两本必读书目《乡土中国》和《红楼梦》，正是从“经典的生长根源”这个角度出发选取的，兼具学术性和文学性的两本经典之作。

但实际操作的困难是，经典书籍往往不是学生一看就容易感兴趣的书。例如，《乡土中国》虽然短小，但按作者本人的话来讲，这是一本“杂话”，陌生的概念、费解的理论、散乱的行文让不少学生一看就头昏脑涨，更不用说高居“死活读不下去榜”榜首的《红楼梦》。那么，如何引导学生走进这样的经典著作呢？

人类的大脑是一个有趣的构造，科学家经过试验证明，人类的两个大脑分工不同，左脑主要负责理性的语言、数学、逻辑、顺序、分析、理解等，俗称“认知脑”，右脑主要负责感性的创造、想象、图像、情感、空间、韵律等，俗称“情感脑”。这从科学的角度告诉我们，如果没有明确的动机、兴趣等，人类很难高效率地投入一本书的阅读。

所以，尽管部编教材必修上下册已经将《乡土中国》《红楼梦》放进了单元教学计划，但一线教师在学生正式阅读之前，有必要对学生进行思想动员和兴趣激发。

（二）关注学生的阅读状态

在整本书阅读的过程中，教师更关注的是阅读文本的意义建构和获得过程，对学生的阅读状态关注不够，导致阅读的兴趣、效果和深度都难以令人满意，老师声嘶力竭，学生无动于衷，《红楼梦》琐碎的生活场景、《乡土中国》难解的思路更是加深了学生的阅读焦虑和挫败感，很多学生一看《红楼梦》就打瞌睡，一看《乡土中国》就坐立难安、没有耐心。

西方“阅读投入”理论认为，一个投入性阅读者，是具备内部阅读动机，具有建构文本意义的知识基础与阅读策略，有社会交往特质，充满好奇心，乐意接受挑战的阅读者。这启示我们每一位教学一线的元阅读引导者：学生才是阅读活动的主体，提倡整本书阅读，一定要注意监控和调节阅读过程，激发好奇心，摆脱消极的情感体验，多项措施并举，务必保证学生在读书、真读书、乐读书。

1．给学生留足充分时间进行阅读自主体验

在整本书阅读的具体操作过程中，很多一线教师以课时不够为由，将

阅读放在了课后，这本无可厚非。但阅读过程中，“读”最重要，尤其是学生的“素读”。一切的理解、提升都是建立在初次阅读的数量和质量之上的。虽然新课标只给了必修阶段的“整本书阅读与研讨”这个任务群 18 个课时，但实际上，不少学校还有晚自习的时间可以做个腾挪。哪怕课时再有限、时间再紧张，至少也应保证学生的初始阅读在课堂上进行，剩下的再以记文账的方式督促完成，否则，学生是否看书、过程是否足够用心就难以保证。而没有前期的充分阅读，没有自主阅读的体验，生成真实的阅读问题，剩下的精读、研读就成了教师一个人的“发挥”。

文账示例：

《红楼梦》阅读之文账					
阅读时间	阅读地点	阅读起止页码	主要内容	我的感悟（可写在书上）	我的疑惑（可写在书上）

2．尊重学生的原初困惑和方法点拨

《乡土中国》与《红楼梦》都不好读懂，阅读过程中会产生许多困惑，虽然有些问题可能与情感主旨关联度不高，但每个学生都是阅读的主体，都是带着已有的阅读经验进入的新书。倡导“元阅读”，就是要“尊重学生已有的阅读经验，尊重学生对文本的个体认知”。从这个角度来说，教师或者不引导，要引导，则要注意尊重和保护学生的求知欲，给学生留足充足的时间解决疑惑，在学生未解决的阅读困惑上生成教学主问题。

在进行《红楼梦》前五回的导读时，学生产生了许多疑惑，例如“冷子兴为何对贾府那么了解？”“小说当中为何不论男女，一律用的‘他’？”“前五回出现了那么多次和尚，有没有什么深意？”“女娲补天为什么恰好多一块石头？”“第三回中，黛玉对读书的两次回答不一样，这是为什么呢？”“第五回通过判词、曲子、绘画将结局都告诉给了读者，有意思吗？”，等等。

这些疑惑有的跟文本有关，有的则超出文本很多，有的学生自己能解决，有的则需要老师点拨。因此，我给学生留出了时间，让他们小组讨论，自行解决能解决的疑惑；不能解决的放到班级，由全班来解决；仍然无法解决的，我则梳理成了教学主问题，通过文本细读、资料助推、方法点拨、同本书其他章节能力迁移，与学生一块探讨，整个学习过程中学生趣味盎然。

3．教学设计贴近学情和生活

倡导元阅读，还要在阐述文本经典意义的基础上，充分考虑学生学情和经典的时代意义。例如，《红楼梦》这类经典书籍的阅读一定是常读常新的，不同读者同一时期、同一读者不同时期阅读会有不一样的体会，但在高中阶段进行《红楼梦》阅读，教师可引导学生着重从恋爱的忧喜、成长的烦恼、青春的悲欢等角度去思考，这样学生的兴趣更浓厚，也更容易走进这本叙述琐碎的古典名著，并做出贴近他们的时代和生活的解读。下面是我班一位同学对宝黛爱情的独特理解：

> 一个虽是贾府大少，但没有资本，只能依靠长辈的疼爱在贾府立足，一个是无人做主失了母亲的孤女，两人的爱情在以父母之命媒妁之言定亲的封建礼教社会，注定不可能成正果。
>
> 若宝玉有点心计，知道社会中要有自己说话的份，就需要早早立业，这样他若是决定娶这一个孤女别人又能奈他何呢？谁会在有权势的人面前说三道四？可是他选择沉溺在疼爱中，但这种疼爱一旦面临利益诉求，就会原形毕露。
>
> 放到现在社会，宝玉不过就是一个对母亲言听计从的“妈宝男”，他无权无势，在家里倍受宠爱，但在关键问题上从未有过发言权，而黛玉就是一个痴情但柔弱的灰姑娘。从对儿子婚姻大事有着绝对掌握权的父母来说，思及家庭的利益和长远的发展，牺牲自己儿子的幸福去换取更好的未来才是可行的。

> 从性格来看，一个天天拈花惹草的渣男和一个本性多疑的病女也是不可行的，一个天天认姐姐妹妹，另一个天天你爱不爱我，不可能有好的结局。所以，这是一场注定无可奈何的爱情。

也许文中有的认识未必准确，但这是学生结合自己的阅读经验得到的逻辑自洽的认识，是真真实实的阅读体会，尊重和认可这种认识，并及时给予反馈，能够更好地推进学生持续地、深入地走进文本。

《乡土中国》这本学术性著作更是因其陌生的概念、艰深的社会学理论令不少学生望而却步，但一旦联系现实，对文章做出形象化的理解后，不少学生都会为费孝通对中国社会的真知灼见所折服。例如阅读《名实的分离》一章时，我给学生出示了俄罗斯总统普京的上台背景、四任总统的执政经历和对俄罗斯的积极消极影响，由此来帮助他们理解“时势权力”和“文化英雄”。在这样的启发下，学生的思考被激活，课堂一步步走向深入，有学生在课堂上与我们分享：“我想起了以前在一篇文章上看到的一段话——人们常说乱世英雄乱世英雄，乱世才会出英雄，之所以在乱世中出英雄，因为在太平盛世里的时候，英雄都去吃茶享乐去了，所以乱世的时候才会出英雄，太平盛世里难出英雄，倒常出会吟诗作画的人，时势造就了英雄。我还在另一篇文章上看过这样一个观点，他说每一个朝代都诞生于野蛮消亡于野蛮，就如秦始皇灭了六国横扫天下才建立了秦朝，它在野蛮之中诞生，而秦末农民起义也是在野蛮之中灭亡了秦朝。这与《乡土中国》所讲的，因为领导的阶层不符合社会的变化速率，所以才导致了混乱的发生也挺符合。”另一个同学则补充说：“德国剧作家布莱希特的戏剧《伽利略传》有这样一段对白，安德列亚说：‘没有英雄的国家是可悲的。’伽利略则回答说：‘不！需要英雄的国家才是可悲的。’我想这个话也能够让我们更好地辩证看待‘时势英雄’的出现和影响。”

学生的思考借由《乡土中国》得到了延伸。我想，通过元阅读激活自己、调动已有的阅读经验，师生碰撞、生生碰撞，这才是整本书阅读的最大意义，也是元阅读的趣味之所在。

（三）丰富的元阅读评价形式

倡导元阅读，就是承认阅读存在一个积极监控、调解的元认知过程，不同于课外阅读，课程化的整本书阅读，还要跟进阶段性的测读评价，让学生及时反思自己的理解到了怎样的层次，需要做出怎样的调整，这种反馈和肯定反过来又能促进学生的阅读状态和阅读投入，进一步提高阅读的成效。

倡导元阅读，还要承认“真实阅读的过程中，读者的学术水平、人文素养、知识结构、人生经验等千差万别，也会出现不同阅读层面的认知”，学生对“整本书”的阅读并非都是一次到位的阅读，元阅读允许部分学生掉队，并在适当时机重新拾起。由此，我们对整本书阅读的评价检测也当是多元且个性化的，并为学生的个性化发展和终生发展奠定良好的基础。

1．多样测读，激活学生的思维和审美

包括小说在内的所有艺术其实都是关于想象的艺术，整本书阅读要掌握学生的理解状况，不一定非得是做题，教师可以创新检测形式，增强学生的参与性，展现学生个性。画画、海报、书签、《红楼梦》文化晚会、《乡土中国》社会实践调查报告等都是既有实践性又有思维参与度，兼具对审美鉴赏、表达能力、创新能力考查的形式。

除了多样化，检测还要关注学生的个性和层次区别。例如，除了阶段性地检测学生的《乡土中国》阅读情况之外，我还在阅读结束后设计了三套测读题，开卷检测，分值 100 分。学生层次不同、阅读追求不同，对三套题的使用和要求也不一样。第一套题，我突出“内容复述”和“少量理解”，更多检验学生对文章细节的把握，力争每位认真读过书的学生至少能得到 80 分；第二套题，突出对“读懂”能力的考察，让学生“知其然更知其所以然”，兼顾理解、整合与延伸；第三套题，突出“鉴赏、应用”层面的考察，为学生的个性化发展搭建平台。

2. 创新写作，调动学生的语言运用与创造

20 世纪 70 年代以来，西方教育界一直流行着“写作式学习”，这既是一种学科知识的写作式表达，也是对所学知识的反思性修正。语文学习尤其如此，“写作式学习”能让作品的生命力得到延展，对创作者而言既是对原文解读能力的考察，又是写作能力的检验。

仿照这种创作模式，针对《红楼梦》这本未尽之作，我让学生进行原著部分情节的改写、续写、仿写，学生们兴致勃勃，根据自己的偏好开始了创作。其中袁同学仿照《红楼梦》的语言风格，以“薛宝钗再见宝玉”和“林黛玉决绝对宝玉说再见”为线索续写《红楼梦》，获得学校教师和区教研员的高度肯定，现已准备发表在相关报纸上。这样的成功对该生是一个很好的鼓励，对其他同学也起到了很好的榜样引领作用，反过来更好地激发了学生的阅读和创作热情。

3. 分享阅读，实现学生对学生的文化传承

我们倡导元阅读，认为阅读应“享受读书的愉悦，从作品中汲取营养，丰富自己的精神世界，逐步形成正确的世界观、人生观和价值观，用自己的语言撰写全书梗概或提要、读书笔记与作品评介，通过口头、书面形式或其他媒介与他人分享”。

《乡土中国》也好，《红楼梦》也罢，都是我们民族的精神坐标里非常重要的两本书，但在今天碎片化阅读、功利化阅读盛行的时代，学生一看名著就容易犯困，长时间没进入精彩情节就易丧失耐心，我们的经典阅读又该如何在理解中实现传承呢？与其靠师者的说教，不如让同龄人现身说法，分享自己的阅读经验，这样的元阅读经验传授更能触动同龄人。下面是我班一学生写的《红楼梦》阅读建议。

致死活读不下去的你

饱受折磨的“红友”：

你好！

红楼难，难于上青天；红楼也可易，易在你心。

正诚心，读红楼。俗言：“读书有三到，心到、眼到、口到。”心即根也。读前，莫受他人影响，认为红楼枯燥，要克服畏难情绪，可自我暗示：“世上无难事，只要肯攀登。”读红楼始于正心态。

重细节，析红楼。读时，抓其特点“玩转谐音判词，畅游铺垫伏笔”。如“霍启”，祸起，为后文他把英莲弄丢做铺垫。又如判词“堪羡优伶有福，谁知公子无缘”暗示袭人嫁蒋玉菡，无缘宝玉之命。诸如此类，何不视为“字谜”把玩，别是番滋味。读红楼重在赏细节。

红楼如座城，攻破靠心诚。心理暗示是利剑，玩转特征把它现。

你的红友

2019 年 9 月 8 日

鲁迅先生曾说，革命有三个阶段，第一个阶段是大家都反对革命的时候，第二个阶段是看反对不成，试探着革命的时候，第三个阶段则是大家都说着拥护革命，也在“革命”，但革命已经有些变味的时候。新课程改革行至今日，整本书阅读进行得如火如荼，但越是这时，我们越应该冷静下来，回归一个读者的最原始阅读状态，从理论到实践，注重元阅读，关注“读书”的每一个学生，尊重他们在阅读中的主体地位，让他们乐于接受经典的整本书，在身心愉悦中走进整本书，在被关注、被肯定中提升自己的元阅读策略，切实提升语文核心素养，让整本书阅读真正发挥它应有的功效。

参考文献

[1] 沈韬. 当代阅读理论新进展[J]. 中学语文教学参考，2000（1）.

[2] 张学忠，李庆华. 元阅读：新课标背景下高中整本书阅读策略新探[J]. 名作欣赏，2020（6）.

[3] 贡如云. 西方“阅读投入”研究对我们的启示[J]. 南京晓庄学院学报，2014（07）.

让学生愉快地读起来

——《天龙八部》阅读指导案例与评析

◎何　燕　重庆市第六十六中学校

【摘　要】　本论文以《天龙八部》为例，探讨了在当前经典阅读欠缺的背景下，如何运用多种策略让学生愉快地进行整本书阅读。

【关键词】　天龙八部　阅读指导　愉快阅读

一、案例背景：学生少读书、乱读书甚至不读书

在武侠小说浸润下长大的一代，许多人都曾怀揣 “仗剑走天涯” 的梦想，那是属于我们的“意气风发、飞扬跋扈”的青春岁月，那也是一个流行金庸古龙、全民皆爱读书的美好时代。

时光荏苒，岁月匆匆。在碎片化阅读、网络浅阅读越来越盛行的今天，我们不知道在魔幻小说、宫廷戏以及穿越剧中成长起来的新一代，是否还能读懂武侠小说中那些高傲而孤独的身影？

这是一个最好的时代，这也是一个最坏的时代，学生什么都读，学生什么都不读。玄幻、仙侠、异能、穿越、言情……网络小说阅读的低门槛让不少学生沉溺其中，而学生看惯了长篇累牍、动辄几百万字却言之无物的网络小说，却一看名著就犯困，看散文就心浮气躁，看一篇小说长时间没进入精彩画面就没耐性。这种阅读质量培养出的语言感知力和文字敏感度着实有限。

伴随着阅读量下降的，还有学生语文课堂积极性的下降。在应试教育的大背景下，学生自动把投入多、提分慢的语文放在了最微末的地位上，课后几乎不花时间学语文，不少理科生更是把语文课堂当成繁重的数理化学习之后的放松时段。语文教师的阵地正在逐步失守。

而那些喜欢文学、有心想把语文学好的同学，又烦恼于教材上的一篇篇短文在条分缕析后食之无味、弃之可惜，学生语文学习的趣味正一点点丧失。

导致这种现状的根源是语文老师剥夺了学生阅读的时间。课堂上单篇文章的讲解虽然深入细致，但又有多少是教授者、学习者本人真正的解读？抑或只是照本宣科，强加给学生的理解？1978 年，吕叔湘老先生提出语文课堂“少慢差费”的问题，许多年过去了，这一问题仍没得到根本解决，学生仍是学得无力、无趣。语文学习的内容到了不得不改的时候。既然学生爱读书、要读书，为什么不把语文课堂还给学生，让他们多读书、读整本的书？语文学习要读“整本的书”，这是语文教育学家叶圣陶先生早在 20 世纪 40 年代初期就提出来了的。

1942 年，叶圣陶先生在《论中学国文课程的改订》一文中指出：“现在国文教材似乎该用整本的书，而不该用单篇短章，……退一步说，也该把整本的书作主体，把单篇短章作辅佐。”1949 年，他又在总结多年实践经验的基础上，为当时教科书编审委员会草拟了《中学语文科课程标准草稿》，把上述观点修正和发展成为这样一条内容：“中学语文教材除单篇的文字而外，兼采书本的一章一节，高中阶段兼采现代语的整本的书。”

所以，在教学课文之外，以整本书的阅读为载体，激发学生阅读兴趣，让学生重拾对母语的热爱，这是每个语文老师的责任，更是守住自己教学阵地的必不可少的一项措施。

二、案例描述：《天龙八部》整本书阅读指导

1. 一个月时间内自读《天龙八部》，阅读时必须在书上圈点勾画批注

（1）每周星期一固定两节课在课堂上展开阅读，尤其是第一次阅读，一定要在课堂上进行。

（2）剩下的部分课外完成，每天阅读一部分，并以文账的方式进行记录。

《天龙八部》阅读之文账				
阅读时间	阅读地点	阅读起止页码	主要内容	我的感悟

2．自读完毕，基础自测

（1）请将四大恶人的外号补充完整：____________、无恶不作、________________、穷凶极恶。

（2）鸠摩智与慕容博结为朋友，用____________的修炼法诀交换，得以学习少林派绝学。

（3）__________教会了萧峰降龙十八掌，萧峰在最后将它传给了__________（人物名）

（4）少林寺方丈玄慈化身迟姓老者，与其他四僧拦住乔峰，并以般若掌最后一招的__________试探萧峰的为人。

（5）李秋水是王语嫣的____________，李青萝是慕容复的______________。（亲戚关系）

（6）段誉先在与萧峰对饮时无意间用____________逼出烈酒，后又用 _________与萧峰比试脚力。（功夫名）

（7）逍遥三老按入门时间先后排列分别为____________、____________、____________。

（8）请根据书中回目将下面这首《水龙吟》补充完整。

燕云十八飞骑，奔腾如虎风烟举。老魔小丑，岂堪一击，胜之不武。__________，__________，尽归尘土。念枉求美眷，良缘安在？__________，污泥处。

酒罢问君三语，为谁开，茶花满路？王孙落魄，怎生消得，杨枝玉露？敝屣荣华，浮云生死，此身何惧！教__________折箭，六军辟易，奋英雄怒！

（9）如果有幸能让你练成天龙八部中的一门武学，你想练哪一门？为什么？

答案附录：

（1）恶贯满盈　凶神恶煞　（2）火焰刀　（3）汪剑通　虚竹　（4）一空到底　（5）外婆　舅母　（6）六脉神剑（或少泽剑）　凌波微步　（7）天山童姥　无崖子　李秋水　（8）王霸雄图　血海深恨　枯井底　单于　（9）凌波微步、传声入密、北冥神功、小无相功、斗转星移、六脉神剑、降龙十八掌、打狗棒法、天山折梅手、八荒六合唯我独尊功（天长地久不老长春功）、生死符、一阳指、参合指、化功大法、火焰刀、冰蚕毒掌、少林寺七十二绝技（包括易筋经、金钟罩、铁布衫、摩诃指、般若掌、大金刚拳等任选一样，言之成理即可）

3．整体把握，多样呈现

（1）如果在《天龙八部》中，你必须经历其中某个人的一生，你会选择谁呢？理由是什么？请将“你”的经历和感受写一本日记。

（2）天龙八部中你印象最深刻的场景是什么？请用一幅画的方式展现。（简笔、海报、油画、漫画均可。）

（学生习作要抽取固定时间进行展示。）

4．群读讨论，碰撞思维

（1）阿朱骗乔峰打死自己是不是也是对乔峰心狠？

（2）《天龙八部》里萧峰、段誉、虚竹三人情谊是否过于牵强？

（3）如果慕容复接受无崖子传功，会有好一点的结局吗？

（4）段誉与贾宝玉有哪些异同？小说最后设定段誉出家，除了家族惯例外，你认为前文还埋下了哪些伏笔？

（5）乔峰在聚贤庄怎样解释才能避免动武？

（6）旧版《天龙八部》中，段誉和王语嫣终成眷属，但新版《天龙八部》中，为何王语嫣最后和慕容复在一起了？

5．它山之石，可以攻玉

自读、群读、讨论过后，你从《天龙八部》中读到了什么？

以下几点仅供独立思考后的参考：

（1）当当网推荐语

生老病死、求不得、爱别离、怨憎会、五阴炽盛是苦，都道是有情皆虐，无人不冤。公子王孙、豪情侠客、如水佳人，叹一句万般皆是命，半点不由人。

（2）文学批评家陈世骧：无人不冤，有情皆孽。

（3）北京大学中文系教授孔庆东评《天龙八部》：

这不是一部普通的武侠小说，而是一部中国的《战争与和平》，也是一部中国的《罪与罚》。书中七个政治族群（宋、辽、女真、吐蕃、大理、燕、西夏）组成的宏大场面，表现了中国文学的雄伟气魄，特别是主人公萧峰为了天下和平而死，是对英雄的最大讴歌，也是对战争的最有力的批判。此书对于人在宇宙间生存的荒谬性的展示，达到了存在主义的思想深度，同时有具有佛教的悲悯精神。

（4）温瑞安：《〈天龙八部〉欣赏举隅》

6．延伸写作，创意表达

（1）若天山童姥被乌老大劫持之后是被段誉救了而不是虚竹，那会发生什么？请由此展开创作。

（2）如果让你为《天龙八部》改写一个大团圆的结局，你会怎么写？

（3）请为书中的某一人物或情节、场景创作一首诗歌、歌词或一篇散文。

参考歌词一：

笑你我枉花光心计　　爱竞逐镜花那美丽
怕幸运会转眼远逝　　为贪嗔喜恶怒着迷
责你我太贪功恋势　　怪大地众生太美丽
悔旧日太执信约誓　　为悲欢哀怨妒着迷

啊……舍不得璀璨俗世　　啊……躲不开痴恋的欣慰
啊……找不到色相代替　　啊……参一生参不透这条难题
吞风吻雨葬落日未曾彷徨　欺山赶海践雪径也未绝望
拈花把酒偏折煞世人情狂　凭这两眼与百臂或千手不能防
天阔阔雪漫漫共谁同航　　这沙滚滚水皱皱笑着浪荡
贪欢一晌偏教那女儿情长埋葬

——林夕《难忘的经》歌词

（用佛教的观点来解读世间众生之苦）

参考歌词二：

如是我闻　仰慕比暗恋还苦　我走你的路　男儿泪女儿哭
我是你执迷的信徒　　你是我的坟墓
入死出生由你做主
你给我保护　　我还你祝福　　你英雄好汉需要抱负
可你欠我幸福　拿什么来弥补　　难道爱比恨更难宽恕
如是我闻　爱本是恨的来处　胡汉不归路　一个输一个苦
宁愿你恨得糊涂　　中了爱的迷毒　　一面满足一面残酷
你给我保护　　我还你祝福　　你英雄好汉需要抱负
可你欠我幸福　　拿什么来弥补　　难道爱比恨更难宽恕
爱比恨更难宽恕

——林夕《宽恕》歌词

（讲述萧峰阿朱阿紫之间的儿女情长）

三、案例分析：多种策略让学生愉快地读起来

1．选对小说，共同进步

中学生课外阅读过程中一直存在一个问题，那就是学生对经典名著不“感冒”，而娱乐至死的社会思潮和网络小说改编的电视剧的流行，让学生更倾向阅读网络小说。如何在阅读作品的艺术性和娱乐性中取得平衡，这是我们在阅读书目的推荐中必须要把握的一个大方向。

《天龙八部》被许多读者誉为金庸小说的顶峰之作，先后被翻拍成

许多部电视剧、电影。它有引人入胜的情节，有性格分明、妙趣横生的人物，有汪洋恣肆的想象，有高深莫测、让我们难忘的武功，还有那古色古香的文字，时不时冒出的冷幽默，相比其他名著的艰涩深奥，《天龙八部》更能吸引学生。是不是好读、耐读就降低了书本的艺术价值呢？显然不是的，也许30年前还有人看不起金庸的小说，但是现在，金庸小说已经走在了经典化的道路上，1994年，时为北京师范大学中文系教授的王一川等主编了一套《20世纪中国文学大师文库》，将金庸与第一流的小说艺术大师并列，且名列第四，排在鲁迅、沈从文、巴金之后，随后北京大学授予了金庸名誉教授的称号。北大中文系前主任严家炎先生就说："金庸小说是娱乐品，但却是有思想的娱乐品。"金庸本人也讲："武侠小说本身是娱乐性的东西，但是我希望它多少有一点人生哲理或个人的思想，通过小说可以表现一些自己对社会的看法。"

2．留足时间，为整本书阅读保驾护航。

万事开头难，所以小说阅读的第一节课一定要在课堂上强制开始。剩下的部分以记书账的方式进行检测，并要求勾画圈点批注，保证了学生在课外阅读的数量、质量。以一个月的时间开展阅读，则是因为《天龙八部》一书五卷五十章，150万字左右的篇幅，没有相应的时间保证很难阅读完。

3．丰富形式，让学生高效读起来

《普通高中语文课程标准》指出："为改变过于强调接受学习、死记硬背、机械训练的状况，特别要重视探究的学习方式，教师应努力提高组织教学和引导学生学习的质量。""合作学习有利于在互动中提高学习效率，有利于培养合作意识和团队精神。应鼓励学生在个人钻研的基础上，积极参与讨论及其他学习活动，善于倾听、吸纳他人的意见，学会宽容和沟通，学会协作和分享。"

根据上述指导思想，抓住人物、情节、环境、主旨等基本要素，我设计了写日记、画画、作诗、写歌词等多样的检测形式，并以班级展览的方式加以激励。此外，结合大多数书迷阅读后的体会，我精心设计了几个容易激发思维碰撞的讨论探究题，力求在课堂交流上学生要动得起来、动得有效、动得高效。

4．借鉴他人阅读成果，自成思想

作品的诞生意味着作者的死亡，一部作品完成后，他所想表达的已经完完全全交给了文字和语言，作者已经没有能力再去左右读者的理解。所以，针对同一本书，不同的读者会有不同的理解，同一个读者在不同人生阶段也会读到不一样的感悟。所谓一千个读者有一千个哈姆雷特，即是如此。

金庸小说的阅读群体广泛，比较成熟的阅读成果也较多。例如同为武侠小说创作者、也取得了巨大成功的温瑞安，就曾出版过《〈天龙八部〉欣赏举隅》一书，对书中的小说技巧和主旨进行过深入探讨。各大高校中文系中也有不少金庸小说的研究者。学生的认识层面固然有限，但若学会站在巨人的肩膀上，阅读、借鉴一些优秀的文学评论，自然能够丰富和提高自己的认识。

5．“同人文”创作，以读促写

“同人创作”源自漫画，所谓“同人文”，一般是指利用原有的漫画、动画、小说、影视作品中的人物角色、故事情节或背景设定等元素二次创作的小说。同人文创作让作品的生命力得到延展，这对创作者而言既是对原文解读能力的考察，又是写作能力的检验。虽然同人文创作目前存在着法律争议，但其在国内国外都很流行，并广泛流行于众多原作的爱好者当中。

仿照这种创作模式，我让学生也对原著部分的情节进行了改写，并提供了香港作词大师林夕分别为 1997 年香港版《天龙八部》和 2003 年张纪中版本的《天龙八部》所创作的两首歌词，让学生的写作能有一个借鉴的蓝本。

伴随着课程改革的推进，语文的课堂改革越来越回归到阅读这个本源问题上来。但要学生真正读起来，我们应当怎么做？给了他多少时间、空间？学生要自主读起来，我们又该如何引导和激发？语文课的魅力和活力如何保持？我坚信，经过每一位语文教师孜孜不倦的思考、探索、创造，语文课堂终将焕发出真正璀璨夺目的光彩。

参考文献

[1] 温瑞安.《天龙八部》欣赏举隅[M]. 重庆：重庆大学出版社，2009.

重拾远逝的温情

——《曾国藩家书》不妨这样读

◎李庆华　重庆市二十九中学校

【摘　要】　《曾国藩家书》是古代家书少有的完备之作。记录文正公30年的翰苑及戎马生涯心路历程，堪称研究文正公第一手史料，也是走进曾国藩内心世界的不二法门。家书历经战乱、贬谪，从未间断。静读其家书，感悟曾公气度，也可弥补历史叙事的疏漏。

【关键词】　元阅读策略　温情　文章　史料

家书在中国源远流长，不论是遥寄相思意，还是片语报平安，都有着渗透纸背的脉脉温情。尤其是“烽火连三月”才更能懂得“家书抵万金”，在你感慨“花自飘零水自流”，感慨“人生到处知何似？应似飞鸿踏雪泥”时才会明白“云中谁寄锦书来”是一件难以言喻的欢欣之事。最熟悉的地方没有风景，只有离乡万里、睹月思人，才会有“乡书何处达？归雁洛阳边”的牵挂，有“重因佳句思樊口，一纸家书百镒轻”的感慨，有“故乡朝夕有人还，欲作家书下笔难”的苦楚。离家日久，心有千言才有“家书言不尽，重拆又重缄”的激动。在那些没有手机、微信的日子里，古人就是依靠着一封封饱含温情与鼓励的家书，度过一个又一个思家千万里的不眠之夜。

家书曾是亲人间传情言志的纽带，从不考虑刊行，更不为示人，因此家书少有粉饰太平之语，也少有互相吹捧之言，它最大的魅力就是真诚。千金易得，真意难求。家书中至真至切的性情、对家国之事与学业的讨论，甚至是有关细碎琐事的絮叨，比任何文本都要直接纯粹，更直接反映了一个时代的生活情态。家书不是刻意为之的写作，文人写家书是常态，以至于“离家一月断家书”，竟有悲切之感。“客雁秋来次第逢，家书频寄两三封”，写了三两封家书竟频频寄送，感慨思乡之切之余，我们也不难看出古人家书写作频率之高。可惜的大部分家书只是零零碎碎，能成体系者甚少。历史上著名的家书中，《颜氏家训》严格意义上只能算是告诫子孙的语录，《了凡四训》只能算作普及佛理的作品，《郑板桥家书》倒是性情文章，但不知何故只有16篇刊行。真正最具代表性的家书可能就是《曾国藩家书》了。所以，体大精深的《曾国藩家书》再如何森罗万象，也不妨仔细读，读出远逝的温情。

曾国藩家书如一条美丽的河，涤荡身心，也像一支流传百年的名曲，温润灵魂。遗憾的是，这条河渐行渐远，这支曲子也终将散去。难道家书也逃脱不了旧物消亡的厄运，终将成为一个并不遥远却很神秘的传说？

一、家书——读出温情与温度

阅读曾国藩家书首先要尊重家书的本质，读出温情与温度。在风云变幻、波诡云谲的晚清，曾国藩身为长子，肩负家庭重责；身为忠臣，肩负国家兴亡重任，主持一方军政。因此，文正公的家书，既有修身劝学、交友处世之道，也有治家、为政、治军之策，包罗万象，妙语连珠。

曾国藩有名言：“打掉牙齿和血吞。”是说受了挫折和委屈，忍一口气，以后争一口气。这种隐忍争气、徐图自强恰恰就是曾国藩的魅力。

读家书，不难发现曾国藩虽本性争强好胜，但却喜欢处处显示出温良恭俭让的姿态。咸丰四年（1854），湘军攻克武汉，曾国藩也掌管湖北一方，署理湖北巡抚，有权有兵，应该腰杆子硬些，但曾国藩遭遇丁忧之苦，为不违礼制，上书向朝廷辞官。按照旧制，皇帝要夺情表扬一番，结果咸丰一道谕旨让曾国藩下不来台了："朕料汝必辞。"甚至指斥"好名之过尚小，违旨之罪甚大，着严行申饬"，事情定性很严重：抗旨不遵。其结果既要免官，还要严厉批评。曾国藩的不满情绪终于在当年九月给弟弟的家书中得以宣泄："人之好名，谁不如我？……我有美名，则人必有受不美之名与虽美而远不能及之名者，相形之际，盖难为情。" 那意思是说，人爱美名都一样，我有了美名，必定有人因此承受骂名，痛苦来源于比较吧。相比之下，别人比我曾国藩更难为情。在家书里，除了让自己释然，还不忘教育弟弟们"兄惟谨慎谦虚，时时省惕而已"。

曾国藩甚至在家书中对自己生闷气有一个总结："余庚戌辛亥间，为京师权贵所唾骂；癸丑甲寅，为长沙所唾骂；乙卯丙辰为江西所唾骂。"骂不能还嘴，还嘴就必死无疑。曾国藩自己倾诉："怄气从不说出，一味忍耐。"徐自图强成了唯一选择。不过，图强是长久事，眼前的情绪就只能依靠文字宣泄了。

曾家兄弟攻破南京，所有人都认为湘军再无对手，可还没缓过劲来，却又杀出了捻军。这支北方骑兵队伍打得湘军摸不着北，连续丧师失地，朝廷对此甚是震怒，下旨痛骂曾国藩的弟弟曾国荃"调度无方"。曾国藩给弟弟壮胆，提出："打掉牙齿和血吞。"他建议弟弟"惟有一字不说，咬定牙根，徐图自强而已"。同治六年（1867），在表弟战死的情况下，他又给弟弟写信，劝导他此次战败是"天之磨练英雄"，要"咬牙励志"。

读曾国藩的家书，你才会发现一个无比丰满、有苦有累、有血有肉的曾国藩。他将自己的心中的恐惧、烦恼、抑郁、失败、痛楚和压力变成了文字，写进了家书，在劝导子弟之余，也宽慰了自己。曾国藩的家书，何尝只是一部教育子弟的作品，它也是写给自己看的。由此，我们也不难窥探家书的意义，家书教育子弟、宽慰自己，也成了我们曾存于世的证据。

口述历史，一旦存活的人离去，也就不复存在，而家书尚在，历史便有另一种重生的可能。抢救家书，是打捞民间记忆。庙堂之高，曾国藩处变不惊；江湖之远，曾国藩韬光养晦。这一封封带着生命体温的家书，一个晚清重臣因它而鲜活，一个风云激变的时代也因它而有了温度。

让我们郑重阅读《曾国藩家书》，重新拾起那一抹逐渐淡去的温情，让远逝的灵魂在我们心田萌生。我们甚至不妨写点家书，虽然在这个微信、QQ 大行其道的时代，家书显得有点落后，但满纸荒唐言又如何，字字皆有暖，行行皆是情，处处都是爱呀。缺乏仪式感也许就是我们缺乏感动的根由，家书就是我们重温家族历史的仪式。

二、家书——读出文章与文正

儒家有立功、立德、立言三不朽，曾国藩戡乱平反，保国安民，功业千秋，古来少有。皇皇巨著原道宗圣，光照千秋，泽被后人，古今罕见。《曾国藩家书》是研究曾国藩其人其事的第一手资料。曾国藩对子侄教读书、做学问，劝家人勤劳俭朴、自立有恒，自己修身做官，与朋友交心谈意，展现出“修身、齐家、治国、平天下”的旷达追求，“不为圣贤便是畜牲”的决绝信念。全书可谓字字珠玑，涉及人生理想、精神境界、道德修养、为人处世等方方面面，通篇妙语，有许多金玉良言。最让人动容的是，在这个充满怀疑的时代，文正公对往圣绝学之推崇、对生民疾苦之关切、对天地良知之坚守、对万世太平之追求，心比金坚。这正是“文正肝胆气，家书抵万金”，“奇文共欣赏，疑义相与析”。

《曾国藩家书》成书于 19 世纪中叶，记录了曾国藩在清道光三十年（1850）至同治十年（1871）前后 20 余年的翰苑和从武生涯。20 余年间，不论战事吃紧还是政务繁忙，家书从未间断，堪称奇迹。曾氏家书行文从容镇定，形式自由，看似随心而发，挥笔自如，实则克制隐忍，家常琐碎之间蕴含着儒家精神，透露出世事洞明的真知良言。阅读曾国藩家书，是需要静气的。首先需要了解选本布局。

《曾国藩家书》选编本都将家书进行了分门别类，如中国华侨出版社《曾国藩家书全鉴》将家书分为修身、治家、为政、劝学、用人交友、治军、处世 7 部分，大体都是按照时间排列，但也有为别类而出现的前后颠倒的情况。而且，曾国藩写家书时，己事、家事、国事常常杂糅一起，需要在阅读中自己不断分辨梳理。儒家有“修身齐家治国平天下”的理想境界，而曾氏确实是晚晴时期真正践行儒家精神的能臣，所以其谨言慎行、务实少言在家书中也可见一斑。一部家书可窥见他的学识造诣和道德修养，以至于曾国藩有“道德文章冠冕一代”的称誉，甚至被许多人誉为中国封建社会最后一尊精神偶像。

览读家书，除了读出温情，更需要熟读目录、阅读前言，最好是手书目录，斟酌编者编辑意图，大体了解《曾国藩家书》内容结构，选出自己喜欢的篇目先读。不必按照编辑顺序阅读。但览读的基本任务是对曾国藩在修身、治家、为政、劝学、用人交友、治军、处世等方面的基本要求有一个清晰的了解。

曾国藩的修身是“常冥心于无用，优游涵养”，也是“念念改过，虽小必惩”(《左传·宣公二年》)，更是“明德、亲民、止至善，皆我分内事也”。既然“吾人只有进德、修业两事靠得住”，“故吾人用功，力除傲气，力戒自满，毋为人所冷笑，乃有进步也”，“人而无恒，终身一无所成”。

曾国藩治家格言为“夫家和则福自生”。治家除了和之外，也以勤奋为要：“家勤则兴，人勤则俭，永不贫贱。”同时他也意识到骄奢的危害，指出：“勤俭节约，未有不兴。骄奢倦怠，未有不败!”曾国藩提出挽救家运有三条：第一贵兄弟和睦，第二贵体孝道，第三实行勤俭二字。曾国藩一生耕读持家，认为读书尤为重大，提出读书三要素：“盖士人读书，第一要有志，第二要有识，第三要有恒。有志则不甘为下流，有识则知学问无尽，不能以一得自足，有恒则断无不成之事。此三者缺一不可。”他要求后辈除读书外，还要注重劳动：“扫屋、抹桌凳、收粪、锄草，是极好之事，切不可以为有损架子而不为也。”

在曾国藩的以身作则下，其夫人也生活简朴，带领子女在乡下老家居住时，甚至有些窘困。曾国藩对女儿的要求同样严格，俗话说“穷养儿，富养女”，但他告诫家中女儿：“衣服不宜多制，尤其不宜大镶大缘，过于绚烂。”曾国藩的幼女曾纪芬一直秉承勤俭家风，她晚年生活条件优越却依旧艰苦朴素、自力更生。

曾国藩从政廉洁，有对联：“养活一团春意思，撑起两根穷骨头。”曾国藩认为身居高位，一字攸关生死荣辱，原文是：“一言之是非，即他人之荣辱予夺系焉。”做官话语权极重大，不能急于发表意见；曾国藩劝九弟曾国荃，处世修身宜明强，认为《中庸》学、问、思、辨、行，其要归于思必明，柔必强，博学、慎思、明辨、笃行，归纳起来就是明强二字，明即对大局预见和掌控，对细节熟知，而强则是坚守到底，充满韧性强势。曾国藩对九弟谈及圣恩，谈报国之道“总求实浮于名，劳浮于赏，才浮于事”。

曾国藩劝学座右铭是“不为圣贤，便为禽兽；莫问收获，但问耕耘”。弟弟来信问曾国藩送王五诗含义，大为赞赏，提出“若事事勤思善问，何患不一日千里”的感慨。早起是曾国藩修身养性的头等大事，他曾断言“勤字功夫，第一贵早起，第二贵有恒”。曾国藩“为学四法”——看读写作：看是泛读，博闻多识；读是精读，学以致用；写是练字，持之以恒；作是文章，冥思苦想。曾国藩的修身十二心法“一曰主敬”“二曰静坐”“三曰早起”“四曰读书不二”“五曰读史”“六曰谨言”“七曰养气”“八曰保身”“九曰日知所亡”“十曰月无亡所能”“十一为作字”“十二为夜不出门”。通过这十二心法，我们可以了解曾国藩的思维模式以及自我修养提升的方法和途径。

曾国藩教育后代，并不热衷于“学而优则仕”，而是主张“经世致用”。曾国藩教育曾纪泽，读书须能做到“虚心涵泳，切己体察”，读出书的意境趣味。曾国藩提出平生三耻：学问各途，皆略涉其涯汜，独天文算学，毫无所知，虽恒星五纬亦不识认，一耻也；每作一事，治一业，辄有始无终，二耻也；少时作字，不能临摹一家之体，遂致屡变而无所成，钝而不适于用；近岁在军，因作字太钝，废阁殊多，三耻也。

曾国藩极重交友，有“八交九不交”。八交是指与以下八种人交朋友：胜己者；盛德者；去围者；肯吃亏者；直言者；志趣广大者；惠在当厄者；体人者。九不交是指避免与以下九种人交友：志不同者；谀人者；恩怨颠倒者，全无性情者；不孝不悌者；愚人；落井下石者；德薄者；好占便宜者。《后汉书》说："与善人居，久入芝兰之室，久而不闻其香，与恶人居，如入鲍鱼之肆，而不知其臭。"可见交友的重要性。曾国藩在道光二十三年（1843）给弟信中说："凡人必有师，若无师，则严禅之心不生，即以丁君为师，此外择友，则慎之又慎。一生之成败，皆关乎朋友之贤否，不可不慎也。"

对待朋友要长存敬畏之心。他在道光二十三年（1843）六月初六写给弟信中说："或师或友，皆宜常存敬畏之心，不宜视为等夷，渐至慢亵，则不复能受其益矣。"意思说：不管是对到老师和朋友，都应当常存敬畏之心，敬重对方，不应该觉得对方和自己差不多，逐渐怠慢人家，那就很难从对方那里得到帮助了。

要充分对朋友了解。他在道光二十二年（1842）十二月二十日写给弟信中说："现在朋友愈多，讲躬行心得者，则有镜海先生、艮峰前辈，吴竹如、窦兰泉、冯树堂；穷经知道者，则有吴子序、邵蕙西；讲诗、文、字而艺通于道者，则有何子贞；才气奔放，则有汤海秋；英气逼人、志大神静，则有黄子寿。"他对每一个朋友都充分了解，知道他们每人的优势和专攻，能从他们身上学到什么。他还说：他们虽所造有深浅，要皆有志之士，不甘居于庸碌者也。

孔子说：君子群而不党，小人党而不群。曾国藩交友，很注意谨防朋党。六弟提醒他：你们不要形成朋党，那样很危险的。他回信说："信中言兄与君子讲学，恐其渐成朋党，所见甚是。然弟尽可放心。兄最怕标榜，常存黯然尚炯之意，断不至有所谓门户自表者也。"意思说：你说的很对，不过请六弟放心，我害怕招摇，所以时常留意，绝不会以门户见解来标榜自己。我专注于学问，不会以到底是不是我的朋友作为标准而有所选择。

曾国藩治军非常务实，他指出："带勇总以能打仗为第一要义。"治军之道，时机战机尤为重大，祁门之败后曾国藩极其低落，但仍然给弟弟写信谈军政大事"目下不可言战，应勉守待机"，意思是：眼下不适合开战，应当尽力守住军营，等待战机。古人云骄兵必败，曾国藩深谙其中道理，获胜后给沅弟写信说："极盛之后应加倍小心。"深合"物极必反，盛极必衰"的道理。

曾国藩首先提出何谓"将材"四条件：第一要"才堪治民"；第二要

“不怕死”；第三要“不急名利”；第四要“能耐受辛苦”。“四者似过于求备，而苟阙其一，则万不可以带兵。”曾国藩儒生治军，终成大业，靠的便是“尚志”“诚实”和“勇毅”，他要求“胸怀广大，须从平淡二字用功。凡人我之际，须看得平；功名之际，须看得淡，庶几胸怀日阔”。

在为人处世上，曾国藩终生以“拙诚”“坚忍”行事。他在致弟信中说：“吾自信亦笃实人，只为阅历世途，饱更事变，略参些机权作用，便把自家学坏了！……贤弟此刻在外，亦急需将笃实复还，万不可走入机巧一路，日趋日下也。”坚忍功夫，曾国藩也炼到了极点。他的名言：“百端拂逆之时，只有逆来顺受之法。”他说：“困心横虑，正是磨练英雄，玉汝于成。李申夫尝谓余怄气从不说出，一味忍耐，徐图自强。因引谚曰：‘好汉打脱牙和血吞。’此二语，是余生平咬牙立志之诀。余庚戌辛亥间，为京师权贵所唾骂；癸丑甲寅，为长沙所唾骂；乙卯丙辰为江西所唾骂；以及岳州之败，靖港之败，湖口之败，盖打脱牙之时多矣，无一次不和血吞之。”曾国藩崇尚坚忍实干，在失意时绝不灰心，他在安慰其弟曾国荃连吃两次败仗的信中说：“另起炉灶，重开世界，安知此两番之大败，非天之磨炼英雄，使弟大有长进乎？谚云：‘吃一堑，长一智。’吾生平长进，全在受挫辱之时。务须咬牙励志，费其气而长其智，切不可徒然自馁也。”

曾国藩谈为人之道：“长傲、多言二弊，历观前世卿大夫兴衰及近日官场所以致祸之由，未尝不视此二者为枢机。”“历观名公巨卿，多以长傲、多言二端而败家丧生。天下古今之才人，皆以一傲字致败；天下古今之庸人，皆以一惰字致败。”曾国藩雅量不凡，会师结友，待以诚恕。

三、家书——读出文章与历史

曾国藩给父亲写信自称是“男”，给所有的弟弟写家书都后缀“左右”或“足下”，对长辈及平辈可谓恭敬有加，对自己的儿子则“字谕纪泽儿”从称呼上看非常严厉。后人对这一位叱咤风云的人物的评价毁誉参半。他组建湘军，振兴清廷军政，被尊为中兴第一名臣；他效法西方，力主富国强兵，素称洋务运动先驱；他义理考据，成就斐然，公推天下文章领袖；他杀人如麻，“剑子手”“曾剃头”，生前令人闻名丧胆；他割地求和，“大汉奸”“卖国贼”，身后骂名不绝。也有人直说家书一部，修身、齐家、治国，用心良苦；戎马卅年，立功、立德、立言，光耀后世！

家书里的曾国藩是一个完人，历史上的曾国藩是一个颇受争议的人。有人说他是半个圣贤，也有人说他是忍人。尽信书不如无书，读《曾国藩家书》，不能仅仅局限在家书里看人。还原到历史上，观其行，回到家书中，看其言，两项综合，才能还原一个你心中的曾国藩。

曾国藩出身偏远寒门，举债赴京会试而平步青云，非为偶然，厚积薄发，知人善辨，处世有度，为官得法。第三次入京得中进士，时年25岁，此前两次落第虽为憾事，不失厚积之机缘，因觉“平生功夫，全未用猛火煮过”。曾氏于二次不中后，借银百两购得《二十三史》，苦读一载，会考即中。

博览精读，每日受益，即为长进。曾国藩提倡，学诗当从性情相近名家入手，看来也是一个性情中人之语。凡一切文章须有性灵，文章不宜犯时而用力过猛之错，恐难求有恒。曾国藩也讲，学问之道无穷，而总以有恒方能入纯熟之境。读书做人喜新不厌旧，贪多求快，自陷困局。有恒有情有趣味，才是曾国藩读书不辍、生机盎然、正气凛然的原因。

写诗作文有“四象”，即气势、识度、情韵、趣味。“气势”为要，少年文章贵有峥嵘，太史公《报任安书》、韩退之《原道》、柳子厚《封建论》、苏东坡《上神宗书》，以及曾国藩《敬呈皇圣德三端预防流弊疏》，皆有最盛气势，非胸襟广、境界高者难有。文章四象不必兼具，亦不能兼具，曾国藩曾言“凡言兼众长者，皆其一无所长者也”，可见见识不凡。古人常说“韩无阴柔之美，欧无阳刚之美”，大抵说如此。情韵、趣味是性情中人才有的倾向，读《曾国藩家书》才能看出曾国藩铁血手腕之余也有柔情温暖一面。不敢说曾国藩文章四者兼备，但观其文章，气势不凡、识度深远、情深趣广，顿觉其杀伐果决之余，有儿女情长、亲家念乡的一面。

孟子有“知人论世”之说，览其文，看涤生水准；阅其人，观文正境界。想曾国藩一生，战战兢兢如履薄冰，慎独自律豁达睿智，仍不免毁誉参半一任世情。我们又何时修得“倚天照海花无数，流水高山心自知”呢？

参考文献

[1] 王天桥.《曾国藩家书》中的治学之道及其价值[J]. 贵州师范学院学报，2019，35（07）：17-22.
[2] 侯倩雯.《曾国藩家书》中的家教观研究[D]. 西北师范大学，2018.
[3] 彭博.《曾国藩家书》中的德育思想研究[J]. 语文建设，2017（21）：55-56.
[4] 张泽.《颜氏家训》与《曾国藩家书》中家教思想的异同[J]. 中国德育，2019（15）：24-27.

整本书阅读背景下的课文节选教学
——以《老人与海》为例

◎刘红枚　重庆市巴蜀中学校

【摘　要】 整本书阅读是提高高中学生语文阅读能力的重要途径，教师要对整本书节选内容的教学进行深入的思考，在有限的课堂时间内给学生带来更具吸引力的教学过程和更有效的教学方法。本文根据收集到的资料，结合自身的高中语文阅读教学中的经验，以《老人与海》为例，就高中语文整本书阅读背景下的课文节选教学阐述了自己的意见，提出了循序渐进的点出和把握小说主题思想等建议。
【关键词】 高中语文　阅读教学　老人与海

阅读是语言的基本能力之一，也是高中语文能力培养的重要目标。“要重视培养学生广泛的阅读兴趣，扩大阅读面，增加阅读量，提高阅读品位。提倡少做题，多读书，好读书，读好书，读整本的书。”这是2011版《语文课程标准》提出的要求。而2017年新版《普通高中语文课程标准》正式提出“整本书阅读”理念，并予之以高度重视。但是课堂时间有限，老师该怎么在保证整本书阅读的前提下让课堂更有效率，让学生的阅读能力在课堂上得到画龙点睛的提升？这就要求教师不断探索和运用新的教学方法，以吸引学生参与课堂教学过程，增强课堂教学的实效性。

一、运用新颖的方法切入所学内容

万事开头难，高中语文教学最难的地方之一就是如何切入所学内容。灵活多样的教学内容切入方法，要求教师必须具有灵活的思维、宽广的知识沉淀与积累、善于联想和想象。笔者在《老人与海》这篇小说的阅读教学当中，就使用了影视片段切入法。《老人与海》这部小说已经拍成了电影，并且取得了巨大成功。在教学之前，我特意从网上下载了这部电影并在课余时间认真观看了这部电影，剪切了电影的开头部分。在课堂教学的过程中，我什么也没有说，只是要求学生抬起头来看大屏幕，然后我开始播放这部电影的开头。影片的一开始就是在一望无际的大海上有一条孤零零的小船，由于这部电影是1958年拍的，当时的摄影技术还不是很好，所以影片的质量也不好，只能看到船上隐隐约约有一个人。海风吹来，船在大海当中摇摇欲坠。刚播到这里的时候，我让同学们回答通过这一段视频想到了哪一部作品？很多学生不假思索地回答出《老人与海》，由此引出了所学内容。在这堂课上，我发现学生的兴趣非常高，还有很多学生表示自己听过一首歌也叫《老人与海》，课堂教学氛围非常好。

二、循序渐进地点出和把握小说的主题思想

1．通过学生复述加深印象

之前多数学生都阅读过这篇小说，但是读的认真程度和内容把握程

度不一，所以在阅读教学过程中，我先抽几个学生复述一下小说的内容，让没有读过或没有认真读过这篇小说的学生能够更清晰地了解这本小说的主要内容，让已经认真阅读过这篇小说的人加深印象，从而为下面更加深入的分析、小说主题的把握做好铺垫。因前期阅读情况不一，在复述的时候几个学生复述的内容有较大的差异，但是这并不会影响到教学的效果，反而会让学生产生一个想法："到底是谁的复述更加准确和全面呢？"这成功地让学生自己带着问题进入下一个教学环节，也就是节选的课文章节的教学环节。

2．带着问题去阅读

除了学生自己产生的问题之外，教师也应该设计一些问题，让学生带着问题有目的地去阅读。我设计了两个比较简单却又不简单的问题："读完之后在你脑海里面出现最多的是什么词语？""这部小说的哪些场景让你印象最为深刻？"我给学生预留了十五分钟的时间去阅读，虽然阅读的时间比较紧张，但是在十五分钟之内，一般学生都能通读一遍这篇小说。而这两个问题，只要学生在阅读的时候稍加注意，就能够回答出来。阅读过去以后，我请四个学生分别回答这两个问题。其中有两个学生的回答很有深度。一个学生回答说，令他印象最为深刻的词语就是数词，小说当中用了大量的数字来描写人物的行为和自然现象，比如说在描写老人与鱼在风雨中搏斗的时候，使用了第一次、第二次、第三次、第四次等数词，这些体现出他不屈不挠，永不放弃的战斗精神。另一个学生回答说，最难忘的场景就是老人与鱼进行搏斗的场景，他说一人一鱼都是为了生存，没有对错，只有坚韧不拔的精神。同时他还说这种精神非常可贵，他很难理解一个老人是如何爆发出如此巨大的力量的。学生这样回答，说明他们在阅读的过程中对小说内容把握得比较准确、理解比较透彻，已经快要抓住小说的主题了。

三、在讨论当中揭示小说的主题

在课堂教学的后半部分，我特意加入了一个简单的讨论环节，让学生自己去讨论把握小说的主题，在这里我也设计了两个问题，第一个问题是："桑提亚哥到底是什么样的人，他的失败有什么象征意义？"在教学中采用分组讨论的方式，由每个学习小组推选出一个人来回答这个问题。有的学生认为桑提亚哥是勇敢与正义的象征，它代表的是迷茫时代的勇气与希望，他的失败恰恰代表着他的成功，因为他在强大的大自然面前，表现出了自己的勇气和无畏。有的学生则认为桑提亚哥比较固执，明知道自己年老体弱，已经不可能战胜那条鱼，还要义无反顾地进行战斗，这是在做无用功，对他的人生并没有具体的实际意义。学生的回答多种多样，老师不要轻易地肯定或否定每一个人的答案，人都是站在不同的角度去看待问题的，事物有千面，不同的角度看到的肯定不一样，阅读教学是带着他们去鉴赏、去品味、去体会，而不是去寻找所谓准确的答案。

总之，整本书阅读背景下的章节阅读教学，高中老师要多思考，要结合整本书本身的体裁特征，以培养学生阅读兴趣、提高学生阅读能力为目标，贯通知识点，循序渐进，从而增强阅读教学的实效性。

参考文献

[1] 代顺丽，王荣生．语文阅读教学有效问题的本质特征[J]．课程·教材·教法，2014（08）．

[2] 祁恒山．浅议对新课程背景下高中语文阅读教学的思考[J]．中国校外教育，2011（01）．

[3] 张磊，刘芳．探求初中语文阅读教学有效性的策略[J]．现代教育科学，2011（12）．

《罗密欧与朱丽叶》究竟是什么戏剧类型

◎李联川　重庆市大足城南中学校

【摘　要】《罗密欧与朱丽叶》究竟是什么类型的戏剧呢？学术界很有争议，但比较普遍的观点是认为它是正剧，也就是悲喜剧。本文从探讨的必要性、正剧与悲剧喜剧的区别、正剧是否就是悲喜剧三个方面进行探讨，认为它具有明显的悲剧色彩，剧中悲和喜只是简单叠加，有着悲喜剧缺少的死亡，没有正剧的说教色彩，应该归为悲剧，或者说至少把它归为正剧是不够准确的。

【关键词】《罗密欧与朱丽叶》　戏剧类型　悲剧　悲喜剧　正剧

《罗密欧与朱丽叶》是莎士比亚（至于莎士比亚是否另有其人，学术界尚有争论，本文不讨论）的代表作之一。“罗密欧与朱丽叶”式的爱情故事，成为戏剧史上的经典。

但是它究竟是一部什么性质的戏剧？有的学者认为它是悲剧，有的学者认为它是喜剧，更多人认为它是处于两者之间的正剧。

按照现行比较普遍的看法，它是正剧，也就是悲喜剧。（悲喜剧是不是就是正剧，下文将做分析。）理由很简单，虽然男女主人公双双殉情，有着浓厚的悲剧色彩，但两家的世仇却得以消弭，是喜剧结局。

可是，一个悲剧故事加上一个喜剧结尾就是正剧了吗？如果按照这样的逻辑，中国四大古典悲剧中，《窦娥冤》中最后窦天章为窦娥平反昭雪，《赵氏孤儿》中赵武终于报仇雪恨，这些难道都是正剧？

一、探讨该剧类型有无必要

关于悲喜剧，我国理论还不太完善，概念和范畴也比较含糊。虽然人们都承认悲喜剧介于悲剧和喜剧之间，但由于悲剧中常存在喜剧因素，喜剧里也不断出现悲剧成分，因此，许多作品究竟是悲剧，是喜剧还是悲喜剧，人们常常争论不休，莫衷一是。

具体到莎士比亚的戏剧，他有意识地打破悲剧和喜剧的严格界限，用喜剧来表现悲剧的戏剧冲突。虽然他也设计了喜剧性的结尾，但实际上问题并没有真正得以解决，因为悲剧的根源依然存在，比如《罗密欧与朱丽叶》中两家依然可能随时再起冲突。这种悲喜混杂的风格，使他的作品具有复杂性，人们很难得出一致的结论。

其实，不少人都认为《罗密欧与朱丽叶》是莎翁抒情色彩最浓的一部悲剧。

的确，《罗密欧与朱丽叶》几乎集中了人类所遭遇的“心理的、环境的、本体的”种种悲剧，主人公不屈于命运的安排，努力反抗，执着地寻找真善美，但最终仍然悲惨地走向死亡。这样，个人的悲剧就变成了时代的、社会的悲剧，具有了更普遍的悲剧意义。

俄国诗人普希金评论《罗密欧与朱丽叶》时说：“除了罗密欧和朱丽叶……全部悲剧中最精彩的人物，就是文雅、情深、高贵而好争论的茂丘西奥。”这也就明确地表明普希金的态度：它是悲剧。

朱生豪——《罗密欧与朱丽叶》的翻译者——曾说：“《罗密欧与朱丽叶》是莎士比亚早期的抒情悲剧。……从这个意义上来看，它无疑是一本讴歌爱情至上的喜剧。”这不但明确表示该剧是悲剧，而且揭示了它的复杂性。

这些都说明，探讨该剧的戏剧类型可能费力不讨好，但是对于我们厘清一些相关概念又是必要的。

二、正剧等于悲剧加喜剧吗

不少人认为，凡是既有悲剧因素又有喜剧因素的就是正剧，或者分不清是悲剧还是喜剧的就叫正剧，又或者悲剧故事加上一个喜剧结尾就是正剧。如果按照这样的逻辑，除了前述的《窦娥冤》《赵氏孤儿》，《梁山伯与祝英台》最终二人化蝶，双宿双飞，《孔雀东南飞》焦刘合葬，化为鸳鸯，岂不也是正剧？其实，中国古代叙事文学通常先悲后喜，最后是一个大团圆的结局。

1．基本概念

关于悲剧、正剧等的概念，目前没有特别准确的解说。现摘取、整合一些表述，做一简单比较。

（1）悲剧：戏剧的一种，主要表现主人公与现实之间不可调和的冲突和悲惨结局，主人公最终失败、受难甚至毁灭。

（2）喜剧：戏剧的一种，以夸张手法讽刺和嘲笑丑恶、落后的现象，台词一般引人发笑，结局常常轻松圆满。

（3）正剧：戏剧的一种，有悲剧与喜剧的因素，而不受喜剧、悲剧特征的严格约束，以表现严肃的冲突为内容，剧中矛盾复杂，但有时冲突得到某种程度的解决。由于同时具有悲剧和喜剧元素，它也被称为悲喜剧，狄德罗把它叫作“严肃喜剧”。

2．三者区别

三者的分别，主要在结局。

（1）悲剧和喜剧：结局一个悲惨一个圆满。

喜剧和正剧：虽然都是大团圆结局，但喜剧整体轻松愉快，正剧却主要是严肃而压抑的。

（2）悲剧和正剧：悲剧的结局是悲惨的，正剧则不是。

3.《罗密欧与朱丽叶》是正剧吗

正剧是 18 世纪法国启蒙运动中剧作家狄德罗创建的新的戏剧形式，又称“启蒙戏剧”，是“介乎英雄悲剧和轻快喜剧之间的中间类严肃戏剧”。博马舍是第一个把它称为“正剧”的人。

正剧的主人公也像悲剧人物一样追求美好，并且可能实现，但这在悲剧中是无法实现的。也许正因如此，有些人认为悲剧情节加上完满结局就成了正剧。

但是，正剧（准确地说，应该是悲喜剧）最主要的特征，是悲剧性与喜剧性的相互调节。它们既对立又相互促进、相互转化。也就是说，悲喜两种因素是融合在一起的，而不是悲与喜的简单叠加。我国的悲喜剧一般是悲剧场面和喜剧场面交替出现，而西方悲喜剧中悲与喜的关系要紧密得多。

《罗密欧与朱丽叶》，很明显是在悲剧之后加了一个“大团圆”的结尾，和《窦娥冤》等悲剧极其类似，而“大团圆”结尾也更像是戏剧的尾声，把该剧归入正剧似乎有些牵强。

三、正剧就是悲喜剧吗

在我国，理论界有些人认为正剧就是悲喜剧，这应该是一种误解。

我国没有完备的悲喜剧理论体系，近代以来对西方的悲喜剧理论的翻译和介绍又远远不够，也就导致了这种误解。

悲喜剧这个词，在罗马第一个有完整作品传世的喜剧作家普劳图斯的《安菲特律昂》中就有拉丁文写法。时至今日，在英、法、德、意大利、西班牙等语种中都有着类似的写法，而且非常流行。但正剧这个词在英文中却没有专用词形，一定程度上说明它不等于悲喜剧。只有在正剧的发源地法国，才有正剧的专用名词。欧美各国的文学和戏剧工具书也都把它解释为法国 18 世纪特有的戏剧样式，比如 1978 年英国出版的《戏剧入门》中说：“正剧（又叫资产阶级戏剧），法国的一种戏剧样式。它起源于 18 世纪……”一般认为，正剧的源头是 18 世纪时法国的流泪喜剧。正剧后来分化成了现实剧、自然剧、浪漫剧、象征剧、心理剧等，而现代戏剧则放弃了正剧这一术语。

悲喜剧和正剧确实容易被混为一谈，因为它们都是“悲喜交加”。但他们又有着实质性的区别。

对于悲喜剧，西方戏剧理论界一般引用 16 世纪初英国悲喜剧作家弗莱契的话作为权威性说明。弗莱契说：“悲喜剧不是欢乐和杀伐的集合。它不是悲剧，也不是喜剧。它必须表现普通人。这些人虽然有烦恼，但对人生并不怀疑。因此，神祇和普通人在悲喜剧中都有存在的理由，正如他们各自在悲喜剧中的合法性一样。”

正剧的人物常常发表一些大道理，有很浓的说教色彩，冲突的结果总是真理战胜谬误、善良战胜邪恶。可能正是因为这个特点，二十世纪六七十年代，正剧在我国很兴盛。1965 年出版的《辞海》解释说：正剧“亦称悲喜剧”，“无产阶级作家所写的正剧，以革命者的英雄形象为中心，揭示旧世界必然灭亡和新生事物不可战胜的规律，具有共产主义思想教育的作用”。这也许就是现在我国理论界认为正剧就是悲喜剧的来源吧。

从戏剧发展角度来看，悲喜剧和正剧可以作为两种流派并列，但从美学实质来看，悲喜剧应该包含了正剧。现在，除了悲剧、喜剧以外的所有戏剧形式，似乎都在广义的悲喜剧范畴当中。

综上所述，《罗密欧与朱丽叶》具有明显的悲剧色彩，“大团圆”的结尾也更像是戏剧的尾声，剧中悲和喜只是简单叠加，有着悲喜剧缺少的死亡，却没有正剧的说教色彩。因此，它更像是一部悲剧，至少把它归为正剧是不够准确的。

参考文献

[1] 赵康太. 悲喜剧理论探索[J]. 南京大学学报：哲学、人文科学，1988（4）.

[2] 中国戏剧研究院. 中国古典戏曲论著集成[M]. 北京：中国戏剧出版社，1959.

[3] 王国维. 王国维遗书[M]. 上海：上海书店出版社，1983.

[4] 吴梅. 吴梅戏曲论文集[M]. 北京：中国戏剧出版社，1983.

用批读读懂整本书中的人物形象

——以《三国演义》中的吕布为例

◎刘　彦　重庆市第四十二中学校

【摘　要】自古而今，批读是人们常用的一种阅读方式，但是大多批读以随感为主。本文主要探讨任务驱动下有目的的批读策略，帮助学生读懂《三国演义》中的吕布，从而掌握用批读来读懂小说类整本书中的人物形象的一般方法。

【关键词】 任务驱动 批读 吕布

《普通高中语文课程标准（2017版）》指出，“整本书阅读与研讨”任务群的学习目标包括：“在阅读过程中，探索阅读整本书的门径，形成和积累自己阅读整本书的经验……用自己的语言撰写全书梗概或提要、读书笔记与作品评介，通过口头、书面形式或其他媒介与他人分享。”语文阅读教学，可以对古人传统批读方式进行继承和发扬，通过批读让学生深度进入文本，与作者充分对话。而批读形成的文字也便于交流分享。批读能有效地实践新课标的要求，培养学生的语文核心素养。那语文老师应该如何在课堂教学中实施操作呢？笔者以研读《三国演义》中吕布形象为例，试图探索以批读方式来读懂长篇小说中人物形象的教学策略。

在具体教学实践中，我们主要通过两大实践活动来完成。

一、感知批读

对于艺术和生活，人们眼之所见，心有所感，不免记之、评之。因此古代画有画批，帖有帖批；现代微信、微博有留言，“网剧”影视有“弹幕”。这就是广义的批读。而今天我们所谓的批读是狭义的，专指对文学作品的评点。

早在唐代，就有了诗的评点，宋代出现了文的评点，后来又出现了小说评点。毛纶和毛宗岗父子、金圣叹、张竹坡、李卓吾（即李贽）以及脂砚斋在明清时广泛地评点小说，甚至创下学派，再加上无数的诗话、词话、曲话，留下珠玑妙语，璀璨夺目，都可谓“批注式阅读”的集大成者。

在群星闪耀的批读中最为经典的是：李卓吾评点的《水浒》、金圣叹评点的《水浒》和《西厢》、毛宗岗父子评点的《三国演义》、张竹坡评点的《金瓶梅》、脂砚斋评点的《红楼梦》。这些批读因何经典？用现代的术语来说：金圣叹评水浒是删改的技术流；评三国是吹捧的技术流；李卓吾评西游是传道的技术流；脂砚斋评红楼是剧透的技术流。无论是哪种，具有以下特点的批读，就可以称得上经典优秀的批读。

1．审美：语言精美

比如毛宗岗评三国一书的各种妙处：

《三国》一书，有同树异枝、同枝异叶、同叶异花、同花异果之妙。

《三国》一书，有星移斗转、雨覆风翻之妙；

《三国》一书，有横云断岭、横桥锁溪之妙；

《三国》一书，有将雪见霰、将雨闻雷之妙；

《三国》一书，有笙箫夹鼓、琴瑟间钟之妙；

此批读用立象的思维和整齐的句式将《三国》一书抽象的妙处评注得具有形象美和对称美。

2．解惑：释疑解惑

比如脂砚斋批《红楼梦》：

原文：这里红玉刚走至蜂腰桥门前，只见那边坠儿引着贾芸来了。

【夹批】妙。不说红玉不走，亦不说走，只说“刚走到”三字，可知红玉有私心矣。若说出必定不走必定走，则文字死板，亦且棱角过露，非写女儿之笔也。

学生读到这里就会产生疑惑：不说红玉不走，亦不说走，只说“刚走到”三字呢？脂砚斋的批读恰好的为读者释疑解惑，让读者更好地走进文本，理解文本。

再比如李卓吾评《西游记》第二十二回《八戒大战流沙河 木叉奉法收悟净》中对沙和尚名为悟净的解释：

若要净，也须沙清金见。即一姓名中，都有微旨。《西游》一记，可草草读耶？

阅读疑惑往往就是作品之妙处，解决了疑惑便是深刻的体悟。

3．有理：思想深刻

比如李卓吾评《西游记》第二回 《悟彻菩提真妙理 断魔归本合元神》：

样样不学，只学长生，猴且如此，而况人乎！世人岂惟不学长生，且学短生矣。何也？酒、色、财、气，俱短生之术也。世人有能离此四者，谁乎？《西游记》极多寓言，读者切勿草草放过。如此回中："水火既济，百病不生。""世上无难事，只怕有心人。""口开神气散，舌动是非生。""你从那里来，便从那里去。"俱是性命微言也。篇中讥刺南赡部洲人极毒，鞭策南赡部洲人亦极慈。曰："着此衣，穿此履，摆摆摇摇，更不曾有道。"见得南赡部洲人，只会着衣，穿履，摇摆而已，并未尝有一个为道者也。混世魔王处亦有意。盖道高一尺，魔高一丈，理势然也。若成道之后，不灭得魔道，非其道也。所以于小报归处，露二语曰："脚踏实地，认得是家乡。"此灭魔成道之真光景也。读者察之。老师父数句市语，遂为今日方士骗人秘诀。

李卓吾的批读解读故事寓意，投射现实，上升为人生之道，从现象透析本质，深刻洞悉了作者的创作意图。

4．有趣：妙趣横生

比如金圣叹批《水浒传》第二回《史大郎夜走华阴县　鲁提辖拳打镇关西》

扑的只一拳，正打在鼻子上，【夹批：第一拳在鼻子上。】打得鲜血迸流，鼻子歪在半边，却便似开了个油酱铺：咸的、酸的、辣的，一发都滚出来。【夹批：鼻根味尘，真正奇文。】郑屠挣不起来，那把尖刀也丢在一边，【夹批：忽叙尖刀。】口里只叫："打得好！"【夹批：还硬。】鲁达骂道："直娘贼！还敢应口！”【夹批：硬，再打。】提起拳头来就眼眶际眉梢只一拳，【夹批：第二拳在眼眶上。】打得眼棱缝裂，乌珠迸出，也似开了个彩帛铺的：红的、黑的、紫的，都绽将出来。【夹批：眼根色尘，真正奇文。】两边看的人惧怕鲁提辖，谁敢向前来劝。【夹批：百忙中偏要再夹一句。】

郑屠当不过，讨饶。【夹批：已软。】鲁达喝道：“咄！你是个破落户！若只和俺硬到底，洒家便饶你了！你如今对俺讨饶，洒家偏不饶你！”【夹批：软又打。】又只一拳，太阳上正著，【夹批：第三拳在太阳上。】却似做了一全堂水陆的道场：磬儿、钹儿、铙儿，一齐响。【夹批：耳根声尘，真正奇文。三段，一段奇似一段。】鲁达看时，只见郑屠挺在地上，口里只有出的气，没了入的气，动掸不得。

整个批读寥寥几语，却读来忍俊不禁，同时又彰显了鲁提辖的正义。

当然对于同学们的日常批读来说，符合以上特点之一者都可以称之为优秀批读，这是我们要努力达到、超越的目标。但是大多数的批注都是个性化、随感性、片段式的，我们今天探寻的是让同学在任务驱动下掌握批读的方法。

二、实践批读

1. 任务驱动

首先，给学生布置总任务：用批读的方式把握《三国演义》中吕布的形象，并做出评价。然后，在总任务之下设定相应的子任务：① 通读全书。任务 1：检索出整本书中关于吕布的所有章节。② 筛选信息。任务 2：用括号标识出整本书中所有描写吕布的文字。任务 3：梳理出有关吕布的情节。任务 1—3 主要是为批读吕布做好准备。③ 批读吕布。任务 4：批读整本书中出现的有关吕布的外貌、行为等直接描写；任务 5：批读整本书中吕布和各种人物之间的关系以及吕布对这些人物的态度；任务 6：批读整本书中你印象深刻的关于吕布的情节；任务 7：比较吕布与关羽、项羽相比最突出的特点；任务 8：在吕布之死章节批读你对吕布总的评价。

2．方法带动

批读的类型方法有很多，为了研究人物形象而进行的批读主要有以下几种方法。

- 批注
  - 按位置
    - 眉批
    - 夹批
    - 旁批
    - 尾批
    - 总批
  - 按形态
    - 文字式
    - 符号式
    - 提纲式
    - 编号式
    - 图表式
  - 按意义
    - 感受型
    - 阐释型
    - 赏析型
    - 质疑型

（1）检索式批读

根据任务圈定在整本书中出现的章节并且用括号标注。

（2）概括式批读

对整本书的情节加以梳理，对人物形象提取特点、品质等。比如毛宗岗评《三国》片段：

> 吾以为三国有三奇，可称三绝，诸葛孔明一绝也，关云长一绝也，曹操亦一绝也。
>
> 历稽载籍，贤相林立，而名高万古者，莫如孔明。其处而弹琴抱膝，居然隐士风流，出而羽扇纶巾，不改雅人深致。在草庐之中而识三分天下，顺达乎天时；承顾命之重，而至六出祁山，则尽乎人事。七擒八阵，木流牛马，既已疑鬼疑神之不

测，鞠躬尽瘁，志决身歼，仍是为臣为子之用心。比管乐则过之，比伊吕则兼之，是古今来贤相中第一奇人。

历稽载籍，而绝伦超群者，莫如云长。青史对青灯，则极儒雅；赤心如赤面，则极其英灵。秉烛达旦，人传其大节；单刀赴会，世服其神威。独行千里，报主之志坚；义释华容道，酬恩之谊重。作事如青天白日，待人如霁月风光。心则赵抃焚香告帝之心，而磊落过之；意则阮籍白眼傲物之意，而严正过之，是古今来将中第一奇人。

历稽载籍，奸雄接踵，而智足以揽人才而欺天下者，莫如曹操。听荀彧勤王之说，而自比周文，则有似乎忠；黜袁术僭号之非，而愿为曹侯，则又似乎顺。不杀陈琳而爱其才，则又似乎宽；不追关公以全其志，则又似乎义。王敦不能用郭璞，而操之得士过之；桓温不能识王猛，而操之知人过之。李林甫不能制安禄山，不如操之击乌桓于塞外，韩侂胄不能贬秦桧，不若操之讨董卓于生前。窃国家之柄而姑存其号，异于王莽之显然弑君；留改革之事以俟其儿，胜于刘裕之急欲篡晋，是古今来奸雄中第一奇人。有此三奇，乃前后史之所绝无者，故读遍诸史，而愈不得不喜读《三国志》也。

这第一段便是对人物形象高度精准的概括式批读。

（3）分析式批读

对人物的特征加以具体的阐释。举例同上。后面三段分别对三绝人物进行了分析和阐释。

（4）鉴赏式批读

这是对文学作品的主题思想、语言技巧、艺术手法等的鉴赏，融合自己的感受，体现作品的艺术价值。这是对学生阅读表达能力要求较高的批读方式。脂砚斋批《红楼梦》就是从叙述模式角度对《红楼梦》的批读：

1505【回末批】《石头记》用截法、岔法、突然法、伏线法、由近渐远法、将繁改俭法、重作轻抹法、虚稿实应法。种种诸法，总在人意料之外，且不见一丝牵强。所谓“信手拈来无不是”是也。

（5）评价式批读

这种批读，是基于整本书综合性地对人物进行褒贬的定性论断。

比如毛宗岗批《三国》第一回 《宴桃园豪杰三结义 斩黄巾英雄首立功》

许劭曰："治世能臣，乱世奸雄。"此时岂治世耶？劭意在后一语，操喜亦喜在后一语。喜得恶，喜得险，喜得直，喜得无礼，喜得不平，喜得不怀好意。只此一喜，便是奸雄本色。

毛宗岗在这里对曹操做了一个定性，承认他是英雄，但是这个英雄却是奸诈的。

以上批读方式同时也训练了高考考查小说人物形象考点所必须具备的筛选信息、概括、分析、鉴赏、评价等基本技能。

3．具体操作

如何用这些批读类型和方法来进行《三国演义》中吕布人物形象的探究呢？

（1）通读全书，检索出整本书中关于吕布的所有章节：第三到第十九回。相关回目略。

吕布相关章节在长达一百二十回的整本书当中只有十七回，只占了全书的十二分之一。篇幅虽少，人物形象却鲜明生动。任务 1-3 为批读吕布做好准备。（任务 2、3 略。）

（2）任务 4：批读整本书中出现的有关吕布的外貌、行为等直接描写。

罗贯中《三国演义》第三回："只见吕布顶束发金冠，披百花战袍，擐唐猊铠甲，系狮蛮宝带，纵马挺戟。"

学生批读：这是吕布在《三国演义》中的第一次亮相，一登台、一亮相，就很吸引眼球。

罗贯中《三国演义》第三回中，董卓也因此对吕布大加赞赏，甚至还感叹道："吾观吕布非常人也。吾若得此人，何虑天下哉！"

学生批读：这句极高的评价体现出了吕布的实力与霸气，

让人有一种“拥吕布者夺天下”的感觉。

罗贯中《三国演义》第五回：“头戴三叉束发紫金冠，体挂红锦百花袍，身披兽面吞头连环铠，腰系勒甲玲珑狮蛮带：弓箭随身，手持画戟，坐下嘶风赤兔马。”王匡赞美他是：“人中吕布，马中赤兔!”

学生批读：虎牢关三英战吕布，对吕布的外形描写更是详细，锦袍、兽面铠、方天画戟、赤兔马，这是吕布的经典形象。作者的寥寥数语，便刻画出一个貌美艺高、威风凛凛的英雄形象，字里行间无不展示着吕布“三国第一猛将”的英姿飒爽，让人印象深刻。一句“人中吕布，马中赤兔”，至今仍广为流传。

（3）任务 5：批读整本书中吕布和各种人物的直接关系以及吕布对这些人物的态度。主要批读吕布对丁原、董卓、刘备、袁术、王允、貂蝉等人的态度。

在十九回结束处批读。

学生 1 批读：吕布先是因为李肃的三言两语外加宝马一匹的诱惑，次日便提着丁原的首级去见董卓。董卓也是极为重用吕布，封他为骑都尉、中郎将、都亭侯，而吕布又认了董卓为义父，但吕布却因为美女貂蝉的连环计，再次杀了义父董卓。杀害了董卓后，吕布在濮阳被曹操打败后投奔刘备，刘备收留了他，可吕布却趁张飞醉酒夺取了刘备的徐州，还想连同袁术一起除了刘备。在和袁术合作的时候，袁术让儿子娶吕布之女，吕布答应了，可是后来不仅悔婚还杀了袁术的使者，又一次失信不义于袁术。正是因为吕布的轻狡反复，曹操才在听到刘备说吕布两度弑父后毅然决然地杀了他。结论：轻狡反复，见利忘义。

《三国演义》第十四回：“甘、糜二夫人见玄德，具说吕布令兵把定宅门。禁诸人不得入；又常使妾室送物，未尝有缺。”

学生 2 批读：吕布的大多行为的确见利忘义，让人不齿，但不能因此而全面否他。比如吕布和司徒王允设计杀死董卓后，李、郭等人起兵造反，反兵杀进了城。危乱中吕布冒死回城去救王允，面对决意以身殉汉的王允，吕布再三劝阻不得，以致错过救护家小的时机。在《三国》中的吕布非常珍爱妻女，在他心里女人不像刘备所说的如“衣服”，而他能为王允做到这种地步，可见也并非完全的无情无义。再比如在两度俘虏刘备家眷时，吕布亦不曾对她们加以迫害，反而加以善待。结论：尚有道义，亦有真情。

《三国演义》第十二回当曹操杀回濮阳，陈宫就上言吕布：“不可出战。待众将聚会后方可。”吕布曰：“吾怕谁来。”

学生批读：吕布不顾陈宫的劝谏，引兵出阵，结果被曹操打败逃去了定陶。

《三国演义》第十九回：“吾有画戟、赤兔马，谁敢近我！”

学生批读：在定陶时吕布又不听陈宫的劝谏，一意要火攻曹操，结果中了曹操的奸计，又被打得落荒而逃，跑到徐州去投奔刘备。在徐州的吕布再一次不听陈宫的进言，被陈珪父子的阿谀奉承所骗。可见吕布好大喜功，不进忠言。在下邳，吕布孤军奋战的危急时刻陈宫又一次献上了良计，让吕布带兵出城形成“掎角之势”，这样就不用怕曹军了。可吕布在出发前又取消了这个计划，因为严氏的妇仁之见而错过了瞬息万变的战机。之后陈宫又了解到曹军缺粮，要到许昌去取粮，再次劝吕布去断其粮道，曹军无粮的话必定不攻自破。这可谓是最后的转机了，然而吕布还是听信严氏和貂蝉的撒娇和诱惑，整日在家饮酒解闷，还狂妄地说出以上话语，彻底错失了最后的战机。结论：不听忠言，狂妄自大，有勇无谋。

（4）任务 6：批读整本书中关于吕布你认为印象深刻的情节。书中描写吕布最出彩的是三个情节。

第五回：三英战吕布

学生批读：我印象最深刻的是“三英战吕布”。先写汜水关华雄英勇无敌，斩鲍忠、败孙坚、杀祖茂；而后关羽上演“温酒斩华雄”，衬托出关羽的英雄本色。在虎牢关前，吕布连斩大将方悦、穆顺，砍伤武安国，大败北平太守公孙瓒，直杀得“八路诸侯心丧胆裂”。在关键时刻，刘备、关羽、张飞三人出马，酣战多回仍不分胜负，只是遏制住吕布势不可挡的攻击。作者层层铺垫，这些情节固然是为了突出刘关张三人的英勇善战，同样充分体现了吕布的英勇神武。要知道关云长乃武圣，温酒斩华雄、怒杀颜良文丑，过五关斩六将，而张翼德在长坂桥一声吼便把夏侯杰吓得肝胆破裂，一把丈八蛇矛勇不可当。如此都不赢吕布，可见“三国第一猛将”果然名不虚传。

第十二回：濮阳大战

学生批读：先是濮阳城外的两场战斗，杀得曹操胆战心惊，有力地衬托出吕布耀武扬威的气势。在这场战斗中曹操猛将许褚、典韦在濮阳城外双战吕布，酣战多时仍未分胜负，最后夏侯惇、夏侯渊、李典、乐进四将一起加入战斗，一共以六人斗战吕布，这才让吕布后退回城。要知道典韦、许褚可比关羽、张飞，夏侯两兄弟胜刘备远矣，况且还有李典、乐进。这样的六员大将都杀不了吕布，可想而知吕布的武艺超群。

第十六回：辕门射戟

学生批读：在“吕奉先辕门射戟”一节中，他能“如提稚童”一般将袁术的上将纪灵随意飞扯，为了阻止袁术攻打刘备而想出“辕门射戟”的计策。“令左右接过画戟，去辕门外远远插定。对纪灵、玄德说：‘辕门离中军一百五十步，吾若一箭射中戟小枝，你两家罢兵，如射不中，你各自回营，安排厮杀。’”这一计策，恐怕当今的世界射击冠军都不一定敢主动提出，但吕布却提出来了，而且他还成功了。吕布以他无与伦比的精绝箭法化解了一场战争，其箭法武力实乃三国之翘楚。结论：英姿飒爽，武艺卓绝。由此也看出吕布并非完全的有勇无谋，还是偶有谋略的。

这个批读环节，学生分享交流，对吕布不同侧面的认知形成碰撞，在交流中，学生思维得到拓展发展，有利于学生形成对问题的辩证思考。

（5）任务 7：比较吕布与关羽。

精选学生批读如下：

相同：英武过人，武艺卓绝

不同：两人最大的不同是关羽忠义，吕布无义。吕布在小说中反复无义，先是收受赤兔马杀丁原，再者为貂蝉诛董卓，最后成为阶下囚之时还向曹操乞怜。而关羽则不然，他自始至终都没能忘记刘备对他的恩德，对曹操的劝降也是本着“只降汉帝，不降曹公”“但知刘皇叔去向，不管千里万里，便当辞去”的原则暂时妥协，一旦得知刘备尚在人世便决然离开曹操。对于曹操的礼遇，关羽也用“斩颜良、诛文丑”和华容道的“义释”作为报答。面对曹操给予的所有优待，关羽选择婉拒而“挂印封金”，这和吕布经不住高官厚禄与宝马的诱惑而弑主相比，高下立判。

（6）任务 8：在吕布之死章节批读你对吕布总的评价。

学生优秀批读：吕布短暂的一生中两认义父，又两度弑父，后来颠沛流离，不断投靠他人，但是终究没有落脚点，最终死于非命。他大战三英，辕门射戟，不愧为“三国第一猛将”。吕布并非完全有勇无谋，他巧用“反间计”，濮阳城中败曹操，“辕门射戟”，救刘备于水火之中。只可惜他狂妄自大，不听忠言，贪图美色，最后被俘而死。吕布既有轻狡反复、见利忘义的一面，亦有重情重义之时。

八个批读任务以及同学们的分享交流活动，不仅让同学们读出一个丰富的吕布形象，也提升了学生的辩证思维，让他们的语文核心素养得到不同程度的提高。

由此，通过对《三国演义》中吕布形象的批读，得出批读长篇小说人物的一般方法：检索人物章节，梳理人物情节，概括人物外貌，比较人物关系，评价人物特点。课后教师还可以继续让学生运用批读的方式，完成对于《三国演义》中曹操、刘备、诸葛亮、关羽等人物形象的评析。

人存在的意义是在这人间留下自己独有的印记，阅读的意义是在你所读的作品中批注下专属于你的痕迹。读吧，拿起笔，用思考证明你灵魂的存在。

参考文献

[1] 唐良鹏. 论吕布形象单一化的演变过程[J]. 重庆文理学院学报：社会科学版，2017（04）：55-59，94.

[2] 钱文娟，王引萍. 也论《三国演义》中的吕布形象[J]. 兰州教育学院学报，2018（03）：23-25.

[3] 张寅潇. 吕布“轻狡反覆”辨析[J]. 渤海大学学报：哲学社会科学版，2018（06）：51-54，75.

[4] 张祝平. 吕布败亡的原因探析及其鉴示[J]. 领导科学，2018（21）：54-56.

[5] 张晓晓. 论悲剧人物吕布的英雄情结[J]. 湖北文理学院报，2018（04）：23-27.

多智而近妖

——论《三国演义》中诸葛亮形象的神仙化

◎刘红枚　重庆市巴蜀中学校

【摘　要】 诸葛亮是《三国演义》中的主要人物，在《三国演义》中无论是内在还是外在，对其描写都具有神仙化的特点。本文就《三国演义》中诸葛亮形象的神仙化进行一定的探究。

【关键词】《三国演义》　诸葛亮　形象　神仙化

诸葛亮是《三国演义》中非常具有代表性的人物。在书中，诸葛亮的智慧被作者进行了积极的突出与强调，多方面的神化描写使其甚至成了一个具有超出自然能力的“神仙”人物，鲁迅也曾给出“多智而近妖”的评价。在作品当中，对诸葛亮神仙化的描写有哪些？“神仙化”诸葛亮背后的原因是什么？笔者尝试进行探究与分析。

一、外观形象

一个人物的外在形象直接关系到该人物的内在气质以及整体特点，小说在实际塑造典型人物时，往往需要在形象上下一定的功夫。《三国演义》中，诸葛亮正式出场之前，我们从徐庶口中有了对诸葛亮的初步感知，徐庶称其为“绝世奇才”，还从司马徽口中得知其“可比兴周八百年之姜子牙、旺汉四百年之张子房也”。之后，作者在很多方面都对诸葛亮的形象进行了描写，如外貌：“玄德见孔明身长八尺，面如冠玉，头戴纶巾，身披鹤氅，飘飘然有神仙之概。”此处直接指明了诸葛亮所具有的神仙气质。之后还从多处对诸葛亮的形象进行反复渲染，成功塑造出了诸葛亮潇洒飘逸的神韵。而在诸葛亮的打扮中，“鹤氅道袍”“羽扇纶巾”也正是其神仙形象的典型特征的物件。作品通过这几部分典型意象的结合，有效将诸葛亮塑造成为旷达、超脱的神仙形象。

二、智慧内心

在《三国演义》中，“拥刘反曹”是主要的思想倾向，该思想形成的原因同作者的人生价值理想、社会政治理想都具有密切的联系。作品中，蜀汉是仁政王道的代表，而曹魏则是暴政霸道的代表，刘备要想讨伐曹魏、恢复汉室，不仅离不开关张赵这几名勇将，也离不开诸葛亮的智慧。在此种情况下，诸葛亮则成为《三国演义》当中的轴心人物。作者所处的时代是一个“乱世英雄”的时代，许多人希望能够在时代中建功立业，作者也不例外。然而对于作者来说，其并没有如诸葛亮一样获得君臣际遇，因此无法实现功名的渴望。在此情况下，其对于智慧、功名的追求则全面渗透在了《三国演义》的叙述当中，也特别寄托在诸葛亮的形象塑造里。

书中的诸葛亮作为刘备的军师、蜀汉的丞相，几乎达到了完人的境界。诸葛亮早期在隆中隐居等待明主，在出山之后，真正地履行了“鞠躬尽瘁，死而后已”，是儒家理想人格的典范。同时，作者也明白，在动乱的时代当中，要想真正建功立业，单纯依靠仁义道德是无法实现的，需要拥有丰富的军事以及政治智慧。于是，作品当中便有了很多关于诸葛亮“巧”“智”“奇”的描写，如舌战群儒、草船借箭以及木牛流马、三气周瑜、七擒孟获等。在诸葛亮这位旁人不可比拟的军师的指挥谋划下，蜀汉一方在斗争中不断取得胜利；而一旦离开了诸葛亮，则处处失败，如关羽的败走麦城、陆逊的火烧连营等都是诸葛亮不在场的情况下发生的。这样的写法，愈加凸显出诸葛亮用兵“鬼神莫测”之“神算”、无人可比的智慧内心。

三、兵法文化

诸葛亮的神仙化体现出多种文化的交融，其中兵法文化特点突出。

1．政治战略眼光

在刘备三顾茅庐时，也正是刘备四处投奔、缺容身之地之时。在隆中，诸葛亮为刘备全面分析了天下大事，指明了未来一段时间内刘备的方向与方式，“先成鼎足之势，然后可图中原”。诸葛亮的隆中对切实可行、高瞻远瞩，刘备之后之所以能够成就蜀汉基业，同诸葛亮的清晰思路与眼光有直接的联系。对于诸葛亮的隆中对，在历史上也有记载，且后续的作用也被历史所证明，如刘备取荆州、劝吴抗曹、亲征南蛮等，充分体现出诸葛亮高明的战略眼光以及政治眼光。

2．战术与计谋

诸葛亮指挥了无数次战役，在不同的较量当中，诸葛亮调兵遣将、运筹帷幄，战术如鬼神一般莫测。他所制定的计谋，对手往往很难识破。其中，周瑜同诸葛亮之间的一系列斗争都非常经典，如草船借箭、智取南郡、“赔了夫人又折兵”等，都体现出了诸葛亮计谋高超，非凡人所能比。而在后续同魏国司马懿的对抗中也是如此，如空城计、司马懿兵困上方谷等，也是诸葛亮高明计谋的体现。可以说，出奇制胜、知彼知己是诸葛亮鬼神莫测计谋与战术的应用基础，但在此过程中，诸葛亮有很多一般人无法想象的计谋出现，不得不让读者生发出诸葛亮“非人而为神”的感慨。

在诸葛亮实施计谋、战术的过程中，也存在一定神秘的方术行为，这也正是诸葛亮在《三国演义》当中形象被诟病的部分。在草船借箭时，诸葛亮在七星坛上仗剑作法，祭来了东南风，令周瑜大为震惊。此外，诸葛亮还多次在战事当中应用到了奇门遁甲之术，如八阵图、使用六甲天书缩地之法等。此外，因魏延脑后有反骨而确定早晚必反、占风知损大将、五丈原续命等，也是非常神秘的表现，也进一步增加了诸葛亮形象中“仙”的成分。

四、文学创作

《三国演义》对诸葛亮进行描写时，缺少了一定的史实，添加了一定的夸张与想象，是一种超越史实的文学艺术性创造。在当时的社会条件下，对人们一直崇敬、喜爱的历史人物进行一定神化、夸张的描写，使其具有超出自然的能力，成为理想的“神仙”人物，同当时生产力低下、人们对世界的认知较浅相符合。人们的审美情趣、情感要求使诸葛亮形象有效地成了理想载体，这种现象也表达出人们的崇敬与喜爱。作品对诸葛亮的神化描写，实际上是对诸葛亮才能、智慧的赞颂，只不过在该过程中，对大胆的虚构、想象方式进行了应用，也因此使表现具有了神奇与夸张的特征。

五、道教文化

对诸葛亮神仙化的形象描写，也同当时的民间道教因素具有一定的联系。当时统治者为了缓解民族矛盾，除了应用儒学外，也尊崇道教，使得当时道教盛行，此种情况也使得诸葛亮具有了“神仙道化”的特点。诸葛亮的形象可说是具有高明道术的神仙同足智多谋的军师的集合，这也是当时人们精神、心理寄托的一种反映。

诸葛亮作为后世不断发展的理想化人物，《三国演义》将其“神仙化”，既寄托了作者的理想，也是时代、历史和文化的体现。

参考文献

[1] 宋杨. 浅谈《三国演义》人物的性格与命运[J]. 科教文汇：中旬刊，2009（02）.
[2] 平玉霞. 浅析《三国演义》中诸葛亮的艺术形象[J]. 河南农业，2009（06）.
[3] 谢全玉. 论《三国演义》塑造诸葛亮形象的艺术手法[J]. 读与写：教育教学刊，2009（08）.
[4] 史红华. 浅析《三国演义》中诸葛亮形象的特征[J]. 湖南行政学院学报，2009（06）.

由四“真”说开去

——浅析《三国演义》中的关羽形象

◎石　莉　重庆市万盛经开区教师进修学校

【摘　要】《三国演义》中的关羽，分别被汉献帝、曹操、华佗、孙权称为“真美髯公也”“真义士也”“真神人也”“真天神也”“真丈夫也”“真忠臣也”，这既是对关羽的称赞，也是对关羽形象的高度提炼。

【关键词】 关羽 真美髯公也 真义士也 真神人也 真天神也

《三国演义》塑造了一大批栩栩如生的人物形象，智谋过人的诸葛亮、奸诈狡猾的曹操、宽厚仁义的刘备，而笔者最青睐的是关羽这个人物形象。对于关羽，作者分别借汉献帝、曹操、华佗、孙权之口做了六次“真”称赞，这六次称赞也高度提炼了关羽的形象。下面，笔者就围绕其中的四次称赞，浅析关羽形象。

一、真美髯公也

“真美髯公也”是汉献帝见关羽须髯过于其腹时的称赞（第二十五回）。髯，即胡须。关羽的胡须有何特点呢？“过于其腹”“髯长尺二”，“尺二”是一尺二寸之意，汉代一尺是 23.1 厘米，一寸是 3.3 厘米，意味着关羽的胡须接近 30 厘米，胡须很长；“约数百根”，意味着关羽的胡须多而密。胡须在古人心中占有非常重要的地位，须发乃“父母所赐，不可毁也”的观念深入人心。关羽对自己的胡须也特别注重保养，“冬月多以皂纱囊裹之，恐其断也”。冬天就用黑纱做一个袋子包裹上，以免折断。关羽也特别喜欢自己的胡须：“见关公左手绰髯，于灯下凭几看书。”一边看书，一边捻自己的胡须。关公生气时是“美髯飘动”。关公显灵时，“飘三缕美髯”“手绰美髯”。

可以说，胡须是关羽区别于其他人物形象的典型标志。“美髯公”既是对关羽胡须长而美的称赞，也是对关羽形貌美和神武形象的称赞。因为在一些史籍或者文学作品中，通常将长须美髯与容仪端正、形貌丰伟等美男特征联系在一起。而胡须长得好，也说明关羽气血足，身体好。正如《四圣心源》所说：“须发者，手足六阳之所荣也。血气盛则美而长，血气衰则恶而短。”这也就不难理解为什么关羽有如此高强的武艺了。

二、真义士也

“真义士也”是曹操见关羽将新袍穿在刘备所赐的旧袍之下时对关羽

对刘备的思念之情发出的感叹（第二十五回）。而在此之前之后，曹操对关羽的“义”都不吝赞美：当荀彧认为关羽请求曹操暂时退军便于其入城见二嫂再投降一事有诈时，曹操认为“云长义士，必不失信”；当张辽将关羽若刘备已弃世“愿从于地下”的心思告知曹操时，曹操再次感叹关羽“事主不忘其本，乃天下之义士也!”；当曹操“具路资相送”仍不能留住关羽时，曹操苦笑“云长天下义士，恨吾福薄，不得相留”。曹操对关羽的“义”，赞不绝口，也借助关羽的“义”解白马之危，解华容之难。

说到关羽之“义”，毛宗岗在《读三国志法》中将关羽冠以“义绝”之称。鲁迅在《中国小说史略》中评价：“惟于关羽，特多好语，义勇之概，时时如见也”。“义”是关羽最核心的形象特点，关羽一生以行义杀人始，以殉义被杀终。而关羽的“义”也有多重内涵。

第一，是江湖侠义。第一回，关羽出场时，就介绍自己“因本处势豪倚势凌人，被吾杀了，逃难江湖五六年矣”。杀掉仗势欺人的本处势豪，凸显了关羽路见不平、拔刀相助的气概。这是维护社会正义，也是一种帮助弱者的义。第十八回，关羽认为张辽有忠义之气，不恶言相加，也不出战；当曹操举剑欲杀张辽时，关羽愿用姓名保护忠义之士。这是英雄惜英雄的侠义。第五十三回，黄忠马失前蹄，关羽不乘人之危，是一种斗强而不凌弱的侠士义气。

第二，是忠君大义。关羽的“义”，是忠君大义。一方面是早期对大汉王朝（或曰国家）的忠义。关羽出场第一句话是：“快斟酒来吃，我待赶入城去投军。”“投军”二字可以看出关羽为国家大义而来，希望进入军队为国家贡献力量，“快”“赶”突出了关羽的急切。桃园三结义的誓词“救困扶危，上报国家，下安黎庶”表明了关羽对国家的忠心，对黎民百姓的关爱，对弱者危难者的帮助救济，这是对国家的忠，也是对人民的义。许田射猎时，当曹操遮于汉献帝之前迎受“万岁”呼声时，关羽愤而欲杀之，是关羽对大汉王朝的忠义。另一方面是后期对刘备政治集团的忠义。关羽受命后，用心经营荆州，而荆州失守，他就像失去自己的孩子一样心痛；他请求刘封和孟达帮助，被残忍拒绝后孤军南下，想凭一己之力夺回荆州；被擒后，面对诸葛瑾（受孙权委托）劝降，宁死不愿背义投吴，都足为他忠于职守、忠于刘备蜀汉政权的有力明证。

第三，是兄弟情义。桃园三结义为兄弟情义奠定了坚实的基础。刘备、关羽、张飞三兄弟“寝则同寐，恩若兄弟”。关羽对兄长的情语让人感动：“但知刘皇叔去向，不管千里万里，便当辞去”“吾必星夜而往”“吾见兄长一面，虽万死不辞”“关某若知皇叔所在，虽蹈水火，必往从之”。关羽对兄长的情义之举让人惊叹：屯土山关公约三事，旧袍罩新袍，封金挂印，千里走单骑，过五关斩六将，善待赤兔马。关羽降曹之后，曹操为了收买关羽，三日小宴，五日大宴，送美女，赠黄金，封侯赐马，无微不至，但仍然没能打动关羽的心，一切都因为关羽念着兄长的情义。

第四，是个人恩义。“滴水之恩，当涌泉相报。”关羽恩怨分明，信义素著。为报曹操的恩，关羽斩颜良、诛文丑，助曹操解了白马之围，还上演了华容道义释曹操的经典情节。人困马乏的曹操本已做好了战败被擒的准备，但是程昱向曹操提议，应让关羽报答之前的恩情。关羽面对生死考验：放曹操，自己就要受军法处置（已立军令状）；而不放曹操，则曹操对自己的深恩难酬，自己就成了忘恩负义之人。在恩义和生命置于天平两端时，关羽舍生取义，宁愿自己被军法处置甚至失去生命，也要放走曹操。

三、真神人也

关羽是五虎上将的第一位。当关羽斩杀颜良，“献首级于操前”，曹操赞叹：“将军真神人也！”这句赞叹可以说高度概括了关羽的神勇、神算。

第一，武艺神勇。关羽“神威能奋武”“气挟风雷无匹敌”。第一回，关羽出场时的外貌描写“身长九尺”“威风凛凛”，自带威风，神勇无比。关羽所配的兵器是“青龙偃月刀”“重八十二斤”，手拿如此重的刀，堪称神勇。敢杀掉仗势欺人的本处势豪，可谓英勇无畏。作者描写关羽第一次正面杀敌：“程远志见折了邓茂，拍马舞刀，直取张飞。云长舞动大刀，纵马飞迎。程远志见了，早吃一惊，措手不及，被云长刀起处挥为两段。”这里通过“舞”“纵”“飞迎”“挥”等正面动作、“惊”“不及”等侧面描写写出了关羽武艺高强、动作迅疾，充分展示了其威力神勇。对关羽的威力神勇，作者用诗称赞：“英雄露颖在今朝，一试矛兮一试刀。初出便将威力展，三分好把姓名标。”

神勇，最突出的例子是“温酒斩华雄”（第五回）。鲍忠、祖茂被华雄斩于马下，骁将俞涉、上将潘凤也被华雄斩杀之后，众人胆战心惊，可见华雄之威力、神勇。但关羽挺身而出，主动请战，“酒尚温”即斩华雄，创下了“威镇乾坤第一功”，使整个战局转被动为主动，更衬托了关羽的自信、神勇、武艺高强。

第二，智谋神算。关羽不仅有“神勇”之力，还有“神算”之智。当董卓怠慢刘备，张飞想要杀董卓时，关羽及时制止：“他是朝廷命官，岂可擅杀？”可见关羽冷静，审时度势，懂政治。而集中体现关羽智谋的典型事件有二：一是“放水淹七军”。关羽抓住大雨后于禁在平地上扎营的弱点，趁着大水，安排好一批大小船只，率领水军向曹军进攻，生擒于禁，威震华夏，让曹操都起了“徙都以避其锋”之议。故有诗赞：“夜半征鼙响震天，襄樊平地作深渊。关公神算谁能及，华夏威名万古传。”二是“大意失荆州”。荆州虽然丢失，关羽也被擒就义，但客观来讲，以关羽荆州之独力，应付曹魏、东吴两大集团“明争（曹魏武力）”“暗斗（魏吴合谋袭取荆州）”，其对曹魏的前线武力“抗争”、其对东吴的后防智慧“布局（烽火台等）”可谓有勇有谋，至于颠覆，可谓“智者千虑必有一失”，或许“此乃天意！”不可谓“不智”也！

四、真天神也

“真天神也”分别出自华佗和曹操之口。

第一，源于刮骨疗毒。“真天神也”首先出自华佗给关羽刮骨疗毒之后对关羽的称赞（第七十五回）。关羽被曹仁放箭，射中了右臂。箭毒入骨，右臂青肿，不能运动。华佗来医治，担心关羽恐惧，谁知关羽先是“笑曰：‘吾视死如归，有何惧哉？’”当华佗叙述医治方法后，一般人可能已经闻风丧胆，但公“笑曰：“如此，容易！”当华佗即将下手，仍担心关羽惊惧，关公却说：“任汝医治。吾岂比世间俗子，惧痛者耶！”关羽谈笑自如、视死如归、无所畏惧的形象跃然纸上。

在医治过程中：“佗乃下刀，割开皮肉，直至于骨，骨上已青；佗用刀刮骨，悉悉有声。帐上帐下见者，皆掩面失色。公饮酒食肉，谈笑弈棋，全无痛苦之色。”这个过程是血腥的，是难以想象的痛苦和折磨，帐上帐下的人都已经痛苦失色，但关羽不仅全无痛苦之色，还能“饮酒食肉，谈笑弈棋”，通过正面、侧面描写，将关羽不畏剧痛、刚毅卓绝、英勇威武的形象刻画得淋漓尽致。

第二，源于死后显灵。“真天神也”也出自曹操之口（第七十七回）。当曹操打开装有关羽头颅的木匣，对着死去的关羽说：“云长公别来无恙！”话未说完，“关公口开目动，须发皆张”，曹操惊倒醒后赞叹：“关将军真天神也！”借神武如曹操者之口，形象而传奇地刻画出关羽死后的威慑力。另有，关羽死后显圣附体，骂孙权追吕蒙，让吕蒙七窍流血而死；在关兴与潘璋交战的时候，再次显圣，让潘璋“神魂惊散”，助力儿子杀了潘璋，取回青龙偃月刀，都非人乃神之举也！

除了以上“四真”，关羽还被曹操赞为“真丈夫也”，被孙权赞为“真忠臣也”，这“两真”与以上的内涵有重合，就不再赘述。当然关羽也有“刚而骄矜”等性格缺陷，但并不影响关羽在大众心中的形象，反而让这个形象更加真实饱满，并渐渐成为一代又一代民间和文人的崇拜对象。

参考文献

[1] 王同书.《三国演义》对关羽的描绘及其文化意蕴[J]. 明清小说研究，2002（2）.

[2] 余跃.《三国演义》关羽形象演变史[D]. 锦州：渤海大学，2019.

[3] 王崇任. 关公崇拜中“义”观念的多重内涵[J]. 运城学院学报，2018，36（05）：10-14.

[4] 唐芬. 浅谈《三国演义》中关羽“义绝”形象的塑造[J]. 文化产业，2018（20）：11-13.

[5] 孙绍振. 关公：从失败的悲剧英雄到“义薄云天”之神（中）[J]. 名作欣赏，2018（10）：117-123.

PART FOUR

元阅读课题探究

为了“元阅读”的开展更具科学性、系统性，我们申报了重庆市教育科学规划重点课题“高中语文元阅读教学研究”“基于元阅读理念的高中语文读写一体化的教学研究”“基于高中语文元阅读理念的写作策略研究”“基于元阅读理念的普通中学诗歌教育教学研究”。研究过程真实，研究成果初显。

化繁为简　意在言外

——基于元阅读理念谈《狂人日记》叙事策略教学

◎李庆华　重庆市第二十九中学校

【摘　要】　为顺应整本书阅读的新形势，我们提倡用元阅读教学策略来切入单篇小说阅读。我们首次尝试基于元阅读理念，通过内容与形式双维度，探究《狂人日记》的叙事策略及文本内涵。即从《呐喊》整本书观照《狂人日记》的独特魅力，从文言白话两种话语透视其极简叙事，从清醒疯狂两极勘破其反讽叙事，再从话里话外两层面领悟其象征叙事。这种叙事策略解析，对于我们今后在整本书教学中裨益甚大，也不失为整本书教学的一个切入点，尤其对于较长篇小说也更加具有实际的操作价值。以此作为元阅读教学策略的一次尝试。

【关键词】　元阅读　整本书意识　内容形式　叙事策略

元阅读理念追求一种大道自然、返璞归真的阅读形式。正所谓，精于心，简于形。元阅读探求小说叙事策略，力求回归内容与形式的双向度，在文本细读中探求文本的文质之辨，进行较为清晰的逻辑分析。基于这一理念，我们提倡不盲从阅读经验，从素读细读中梳理《狂人日记》叙事策略，见微知著，此为元阅读教学策略的一次尝试。

《狂人日记》是中国现代文学史上公认的第一篇白话小说，但长期以来，我们阅读《狂人日记》无非从语言创新、深刻内涵、质疑精神等方面进行阐释。其实，回归“五四”历史现场，看惯了古文的读书人对白话、日记体、狂人呓语一下子充满新奇感，小说还可以这样写？在此之前，其实已有果戈理的《狂人日记》珠玉在前。与《呐喊》中其他篇章相比，《狂人日记》最超绝处，并不是对日记体、意识流的运用，而是根植古文叙事范式，又别有新意和看点，容易被新青年接受，又能达到较好的传播效果。过去对鲁迅小说，我们的解读较为深入，常常上升到国民性、文化观等高度，比如《狂人日记》里主人公竟然可以从写满“仁义道德”的历史字缝里看出“吃人”来的真相，确实可以当作一种揭示传统文化本质的隐喻，代表了一种另类的自我文化认知。但是我们剥离这些因袭认知，从小说本体来看，鲁迅小说的简单纯粹到了一种全新的境地。

鲁迅在《中国新文学大系·小说二集序》中曾提及：“《狂人日记》《孔乙己》《药》等，陆续的出现了，算是显示了‘文学革命’的实绩，又因那时的认为‘表现的深切和格式的特别’，颇激动了一部分青年读者的心。”至此“表现的深切和格式的特别”也就成了鲁迅小说的定论，以后对鲁迅小说的解读都是带着这种先入为主的观念开展。其实鲁迅这段评价尚有后文，即“然而这激动，却是向来怠慢了绍介欧洲大陆文学的缘故”。也就是说，鲁迅原文意思是这种评价是肤浅的，完全忽视了此种形式欧洲文学早已有之，即格式并不特别，内容可能深切。鲁迅继续写道：“一八三四年顷，俄国的果戈理就已经写了《狂人日记》；一八八三年顷，尼采也早借了苏鲁支的嘴，说过‘你们已经走了从虫豸到人的路，在你们里面还有许多份是虫豸。你们做过猴子，到了现在，人还尤其猴子，无论比那一个猴子’的……但后起的《狂人日记》意在暴露家族制度和礼教的弊害，却比果戈理的忧愤深广，也不如尼采的超人的渺茫。”他直白地告诉读者，这篇文章的形式学习果戈理，表现借鉴尼采，只是在家族制度和礼教问题上的探讨超过了两者。鲁迅的自我评价颇为中肯，但未提及其叙事策略。即用最简单的叙事形式，完成了最为深切复杂的人性思想刻画。这简直就是诗的意味。

一、极简叙事：文言白话两重话语

与果戈理的同名小说相比，《狂人日记》无论在篇幅还是叙事节奏上都是极为简单的。日记体小说前加上一篇简单的文言小序，说明写作的背景及命题缘起，同时还加入作者的评价及删改介绍。这种小序的写作方式，可以追溯到诗赋的“赋序”传统。楚辞中宋玉的赋大都有赋序，其后《史记·列传》更是形成一种固定模式，即列传中单个人物传记叙事前都会有一段序文交代大致内容或太史公评价。其后宋话本“引首”、元杂剧“楔子”都是这种模式的沿用。以人物为中心的单线叙事，简洁清晰，介绍人物，交代事件起因、经过、结果，以时间为轴线，来龙去脉一清二楚，典型的惜墨如金，文约义丰。

我们在整本书解读中，必须注意这个文言小序的重要性。某君昆仲中弟弟患病，我去探访，他早已病愈，赴外地候补，唯留下日记二册。这是小说写作背景。身为朋友选择书信的标准，即“略有联络者”选取一小部分，供医家研究，这是写作目的。如此“迫害狂”语言错杂荒唐，日记中有诸多语误竟一字不易。这是强调原貌。文言小序其实已经将日记主要内容略述清晰，但简单的叙述中，透露出一种淡漠的兄弟情，哥哥竟将弟弟的日记全部示人，甚至大笑。这里有两种可能：第一，某君是个疯子，日记里也全是疯语，他庆幸痊愈得以候补，写两册日记自名《狂人日记》，聊以自嘲；第二，某君是革命先驱，自嘲为狂人，虽然看清封建礼教吃人的真相，但有心治国无力回天，候补不是变节就是权宜之举。不过与之相比，大哥和“余”的态度简单直接：大哥认为弟弟是真疯，日记毫无价值，“余”虽懂现代精神病学但拥护正统，也认为“某君”真疯，摘录十三则日记仅仅认为有医学价值。

十三则日记叙事同样极简：第一则是清醒转入狂癫，中间不断加剧，到了最后深陷狂癫，随时都被吃人的恐惧所笼罩的人竟然发出“救救孩子”的呼声。通过比较不难发现，文言小序既是写作背景和补充，同时也是对日记和人物形象的评价。而日记只是某君陷入狂人状态中的迫害妄想。文言中的清醒人，把自己发狂的记忆用白话写成日记，自名《狂人日记》，聊以自嘲。文言小序中某君赴外地候补，白话日记中的狂人虽饱受折磨依然惦记着“救救孩子”。这种强烈的反差似乎就是在讲两件事：清醒人各扫门前雪，只管自己升官发财，狂人深受迫害却心忧天下，呼吁“救救孩子”。越是极简叙事，越是叫人怀疑其真实性，越会觉得别有寓意。

极简叙事，形式上一文一白结构极简，内容上清醒者赴外地候补，大哥和“余”都把日记看作笑谈，癫狂者发狂到病情加重，竟发出“救救孩子”的呼唤，这种结构构建出一种寓繁于简的复义情境，冷静淡漠的他者立场放置在“昆仲”和“余”多重质疑之中，因而简单中似又寄予了深刻的认知。极简叙事也就具有了模糊性，透露出海明威式的冰山理论格调——情游话外，思寓言中。

二、反讽叙事：清醒疯狂两种极端

反讽叙事作为文学术语，源自西方学术体系，从古典主义到现代主义甚至后现代主义都有不同的解说。英国文学批评家米克归纳出了反讽的五要素，即无知或自信而又无知；事实与表象对照；戏剧因素；超然因素；美学因素。《狂人日记》的反讽艺术已被学界广泛认可，推究其原因，除了鲁迅小说的悖论模式之外，文言与白话反差、一本正经的语言形式与狂人呓语的胡说八道构成的落差感，与反讽叙事结构的构造也不无关系。

首先，文言白话互相否定，清醒与疯狂之间两种截然不同的态度。曹雪芹在《西江月》中曾这样描述贾宝玉：“无故寻愁觅恨，有时似傻如狂。纵然生得好皮囊，腹内原来草莽。潦倒不通世务，愚顽怕读文章。行为偏僻性乖张，那管世人诽谤。” 其言行与狂人何其相似。反讽叙事都是借助“满纸荒唐言”与“一把辛酸泪”之间构成的“以情反理”模式推进叙事进程。文言小序中某君赴外地候补，日记中逐渐发狂终至于发出几乎绝望的呐喊——“救救孩子”。如果某君候补只是权宜之计，则堪称大义，但构成一种对现实的反讽：世上容不得清醒者，真正觉醒者却只能通过装睡来蒙混过关，苟延残喘。如果他是变节，那清醒时“外地候补”去做官，疯狂时却要“救救孩子”，则构成了对某君的强烈反讽：哀其不幸，怒其不争。狂人无知或自信而无知，与某君“各扫门前雪”式的独善其身形成对比，一个迫害妄想遭人围观，一个明哲保身致力仕途，到底哪个才是狂人？真是充满深刻意味。尸位素餐饱食终日，便是清醒？敏感脆弱关心时局，就是狂人？两种叙事语言，形成了一种表层与深层的对话，个人与家国的沟通，狂人某君一人双面，孕育出了一种浓郁的反讽意味。

其次，叙事态度与叙事内涵之间，人物言行举止与真实心理之间有着一种疏离感，也具备了一种反讽叙事倾向。文言中明示，作者把日记当作病例供医家研究，若真是这种态度，照抄即可，甚至更符合病例的真实性，却非要还隐去姓名，甚至对日记不易一字，此态度绝非简单。甚至“赵贵翁”“古久先生”“易牙”“桀纣”“陈老五”等名字，显然也有《红楼梦》中“人名双关”的传统，即古久先生不是悠久，而是“古旧”，贵翁也不高贵，迂腐可恶如“鬼翁”，“陈老五”果然“陈腐”“五大三粗”，毫无脑筋可言。

最值得玩味的是人物行为举止与真实心理之间的差距。比如，《狂人日记》满篇都是吃人，但真正的吃人事件只有一个，即第三则日记中狼子村佃户前来告荒，主动告诉大哥，村里杀了一个恶人，还有几个人吃了其心肝壮胆。告荒即禀告地主收成不好减租，却意味深长地讲这么一个“重口味”的杀人案，不怕送官查办？大哥对此反应太过平静。第五则日记中，再次提及狼子村吃人事件，写道“他也毫不奇怪，不住点头”。应该是这是佃户与地主间心照不宣的默契，一方恐吓减租，一方沉着冷静。这种表面上的和谐，与实际心理之间的急切或沉着，构成一种智力与耐心的较量。但狂人不懂，插几句嘴，认真起来便是输了。原来十三则日记中的狂人发狂推进事件，可能是一场彻头彻尾的闹剧。狂人越是认真自信，越发显示出无知可悲。这种近乎偏执的荒唐，终至于绝望到以“救救孩子”结束。

三、象征叙事：话里话外两个层面

意象一般是诗词中的概念，而意象叙事也是借用充满神思意趣的物象，用象与意结合而成的生命体来发挥结构叙事和深化叙事的审美功能。如唐诗中常见的“月即思乡或相思”“书斋即赋闲读书”等象征意义，在《狂人日记》中也有集中体现。杨义认为，这种手法在叙事中发挥了“凝聚意义、凝聚精神”“保存审美意味、强化作品耐读性”的功能。

比如，“月亮”意象，月光好，狂人心情明朗；月光昏暗，他精神恍惚；黑漆漆无月光，他则陷入了癔症中，甚至分不清第六则日记中

“狮子似的凶心，兔子的怯弱，狐狸的狡猾”到底是说狗还是说人，还是说自己，拟或都是？唯一肯定的是，月光的消失似乎也象征了理性的消亡，某君逐渐陷入了疯狂。

“赵家的狗”这一意象，狗不再是忠诚的代言人，而是乡绅赵贵翁这类食古不化的老学究的走狗和帮凶。它内心凶恶，充满吃人的念头；行为怯懦，只敢狗仗人势；生性狡猾，最是可恶。赵家的狗似乎不仅仅是传统家畜，而是乡村社会的监视者、参与者和看客。狗对于狂人的不幸冷眼旁观，却对效忠主人情有独钟，甚至自己也是被侮辱被践踏者，却又反过来侮辱践踏别人。狗象征着被侮辱者与被践踏却依然要来扮演吃人者的帮凶的小丑。

“古久先生的陈年流水簿子”是历史书，“书斋”就成了困住狂人的牢笼。厚重的历史书是陈年流水簿，充满雅趣的书斋活脱脱像是一座监狱。可怕的是，薄薄的流水账簿我们踹了几脚，就遭受白眼甚至威胁，匪夷所思。书斋书房本是“修齐治平”的起点，却早早成了狂人的梦魇——黑漆漆的，不知是日是夜。

这些贯穿了全文的意象，透露出狂人的癫狂，尤其是“桀纣”那段更是逻辑混乱，但同时也推进了情节的发展。狂人越发癫狂越是有超绝的被迫害妄想，同时时刻扭转了全局。狂人到底是不是真狂，也就越发耐人寻味。狂人真狂，思维奇绝；狂人不狂，他只是“人无百岁身，常怀千岁忧”。最有趣的是，日记里写到的每个人，都是不幸的被吃者，也是温柔的吃人者。话里的“我”随时被吃，话外的我何尝不是尝过了几片妹妹的肉。与一般的写作态度不同，狂人毫不隐讳自己的丑陋。《狂人日记》显然是塑造了两种语境：文言小序中，他是富贵人家的二公子，冷漠如斯，赴外地候补；日记中的“我”，热情而恐惧，无知而自信，只能在邻居麻木的围观中终至于绝望。这有点像鲁迅本人，他曾在《呐喊自序》说：“有谁从小康人家而坠入困顿的么，我以为在这途路中，大概可以看见世人的真面目。”鲁迅的作品永远带着一种复调叙事意味。

这些鲜活的意象，不仅推进叙事进程，又让极简叙事与反讽叙事平添几分波澜，增加言外之旨、弦外之音。三者相辅相成，共同成就了中国第一篇白话文从一诞生便走向成熟的奇迹。这正是大道至简。越是深刻的文本越是具有一种极简形式，这也是衍化至繁，我们不能停留在形式表层而忽视了内容有其兴味。我们在元阅读理念下，探究单篇小说，尤其是长篇小说，不会对小说四要素面进行面俱到的解读，日常课堂的容量也不可能容许我们对细节毫无选择，从头至尾分析。换句话说，整本书阅读只能选择最佳的切入点，做到一字立骨、一句立心，牵一发而动全一身。关注整本书或整篇长文阅读，寻找最佳的切入点，一课一得，积极探索，这才是元阅读最大的成功与收获。

参考文献：

[1] 鲁迅. 中国新文学大系·小说二集序[M]. 上海：上海文艺出版社，1983.

[2] 郭海玉. 狂人日记与中国文学叙事传统[J]. 中州学刊，2017（11）.

[3] 王先霈，王又平. 文学理论批评术语汇释[M]. 北京：高等教育出版社，2007.

[4] 杨义. 杨义文存·第一卷·中国叙事学[M]. 北京：人民出版社，1997.

[5] 严家炎. 论鲁迅的复调小说[M]. 上海：上海教育出版社，2002.

从小说阅读中探寻读后感写作的思路

◎程红辉　重庆市梁平红旗中学校

【摘　要】 通过阅读小说，我们能够从小说中产生自身的感悟，并在此基础上进行评价和分析，从而得出自己的观点。小说中很多的情节都是感点，从不同的感点中我们能够产生不同的观点，因此，我们在写小说读后感之前需要确定感点，就这一个感点进行深入的分析。本文通过概述原文、阐明观点和联系实际生活，讲述了小说读后感的一般写作思路。并从小说中读后感的根源，以及读后感感点的确定，详细分析了小说读后感写作的具体内容。

【关键词】 小说 读后感 思路引导

一、前　言

在高中语文课本中，小说占了不少篇幅。这些中外名著、文化精髓是前人留给我们的瑰宝，部部都是经典。这类文学作品情节生动，扣人心弦，写作手法多样，较容易打动阅读者，从而激发阅读者的写作欲望。

然而对于中学生而言，小说易读，读后感却难写好。多数小说的篇幅都很长，各个情节之间环环相扣，共同构建一个巨大的故事网络。如何读、读后如何整理、如何写读后感，都需要老师进行有效的引导。绝大部分学生的读后感写作，包括小说类文学作品的读后感写作，几乎处于一种散漫随性、凭感觉的状态，学生不知道从哪里下手，不知道如何打开读后感的思路，且读后感写作方式单一。因此，教师要引导学生让小说读本为我所用，从中汲取各种养料，提高小说类文本读后感的写作技巧，从而引导学生把内心的波澜壮阔准确地表达出来。要做到这些，需要教师改进自己的教学方法，加深对小说内容的理解，进而创新小说读后感的写作方式。

二、撰写小说读后感的一般思路

1．整本阅读，概述原文

概述原文是读后感写作的一个前提，有读才有感，那么“读”的对象就是小说原文。对小说原文进行概述，是为读后感设定一个对象，这样才能有目的性地阐述自身的观点和想法，同时让别人明确这篇读后感源于哪篇小说。整本小说的篇幅是很长的，那么如何将这些篇幅转换成一个简短的段落，这是小说读后感的一个重要内容。这一内容主要阐述小说的主线，对原文进行概述，尽量用最简洁的语言、最短的篇幅将小说原文的重点内容展现出来，从而为自身的观点提供依据。

2．提炼主题，阐明观点

观点是有感而发，是通过阅读整本小说所产生的想法。人对于任何事物都有自己本身的看法，而不同的人所产生的看法也是不相同的，这个差异主要还是源自人们认知水平和观念的不同。在撰写小说读后感时，主要体现出的是“感”。对原著提出自己的分析和评价，这是“感”的演化过程，同时也是紧扣原著和“感”之间的环，使得自己阐述的观点不会脱离原著。例如：小说《水浒传》，可以对“梁山一百零八个好汉为招安而讨伐方腊，最终落一个凄惨结局”这一事件进行分析和评价，阐明自己的观点。

3．回归本真，联系实际

从不同的事件中我们能够产生不同的观点，同时从不同的事件中我们也可以领悟出同一个道理，这是因为小说中所描述的事情往往都是以实际生活中的事情作为参照，因此，小说中所蕴含的道理往往也能应用于实际生活。阅读整本小说，我们往往能够从小说中得出为人处世的道理，或者能够通过小说对自身进行审视。我们能够紧密联系实际，也可以从实际生活中看出类似的问题，从大处着眼，小处着手。因此，在小说读后感的结尾，我们更要将自己的观点落实到实际生活中，用具体的生活案例对自己的观点加以论证，将自身的观点从虚拟的小说世界转移到现实生活，这样自己的认知水平才能够得以提升，真正达到阅读的目的。读后感最忌讳的就是泛泛而谈，这样的读后感不具针对性，自然也就无法给人以心灵上的感触。

三、寻找小说中读后感的根源

1．立足原文，寻找根源

读后感，“感”是建立在“读”的基础上的，因此，需要对整本小说进行仔细的阅读，这样才能在了解小说内容的基础上产生自己的观点。任何一本小说，叙述只是构建一个载体，这个载体就是作者想要表达思想的平台。而对小说进行深入阅读的目的就是要了解作者想要通过小说表达的思想和情感，从而与作者形成情感上的交流，这样才能有的放矢地阐明自己的观点，这就是小说读后感的根源。想要写好小说读后感，就需要牢牢把握这个根源，这是读后感的关键。

2．立足原文，理清感点

学生在写作文的时候，对于读后感类型的作文往往都无从下手，而之所以学生不会写读后感，就是因为没有找到自己看的小说中的感点。在一篇小说中，有很多的感点。例如：《红楼梦》这本小说中，在林黛玉被接进贾府后，林黛玉当时那种小心翼翼、时时在意、寄人篱下的状态就可以被当作写读后感的一个感点，又或是贾府那种纸醉金迷、奢侈也可以是写作的一个感点等。在小说中，哪怕就是一小部分，其中也会有很多的感点，但是读后感中不可能每个感点都写到，因此，学生只要抓住让自己感悟最深的那个点进行描写就可以了。

3．立足原文，确定感点

一本小说除了主线之外，还有很多的分支，任何一个感点都能够使人产生相应的观点，而且这些观点是不相同的。但是，在撰写小说读后感时，我们不可能把从各种感点中得出的观点一一阐述出来。因此，在写小说读后感之前要做的就是确定感点，就一个感点进行仔细的阐述。待确定感点之后，对这个感点前后所发生的事情进行仔细阐述，将这个感点的内容展现出来，再表明自身就这个感点所得出的观点，这样才不会出现观点混乱、让人捉摸不透的情况。

4. 立足原文，确定类型

为避免学生在写读后感时形式方面的单一，教师要带领学生尝试不同的读后感类型。这里的读后感是个广义的概念，它可以是传统意义上的读后感，也可以是对某一细节的鉴赏、对某一部分的改写或者仿写等。如当读完余华的《活着》，学生可以分析主人公福贵的性格特性，可以探究福贵悲剧命运的根源、可以尝试对故事的结局进行改写、可以对其中的经典句子进行赏析等。我们只有在平日的教学中有意识地引导、规范学生的不同类型的读后感写作，才能让学生读了整本小说后，能有效地确定自己写作的方向以及怎样去写。

总而言之，读后感写作对于学生来说还是有难度的，学生要想写好读后感，就要对小说进行仔细深入的阅读，只有这样才能有感而发。

参考文献

[1] 徐龙民. 节选小说读后感的写作[J]. 中学时代，2014（12）：78-78.
[2] 潘娟. 品味经典 传承美德——以读后感为载体，用经典文学的光辉照亮孩子的灵魂深处[J]. 教育教学论坛，2014（34）：213-215.

探究基于中学语文核心素养的整本书阅读对写作的作用

◎程红辉　重庆市梁平红旗中学校

【摘　要】整本书阅读的特征决定了它在写作教学中的重要性。然而在中学语文教学中，两者常常各为体系，没有系统有效地结合，导致阅读资源浪费，同时写作资源枯竭。这篇论文结合国内外阅读与写作的情况，调查了重庆市部分中学师生在阅读与写作方面的现状，用丰富的数据展示出了当前师生在这方面的各种问题和困惑，并由此提出了通过从整本书阅读中借力来提升高中生写作的各种路径。

【关键词】 整本书阅读　写作　现状　策略

在2017年版的《高中语文课程标准》里，“整本书阅读”被提到，还排在了18个任务群之首。与以往的碎片化阅读相比，整本书阅读更注重整体性和经典型，更能够拓展学生的阅读视野，构建适合学生自己的阅读方法和提升阅读的鉴赏能力，最终提高中学生语文核心素养。基于整本书阅读的重要性和特征，笔者认为，在中学阶段如果能把整本书阅读与写作结合起来，从整本书阅读中借力，或许将是提升中学生写作的有效路径。

一、提高中学生语文核心素养，把整本书阅读与写作结合起来的必要性

基于整本书阅读下的写作与阅读是一个严密的整体，需要最大化地利用整本书资源，让写作有法可寻，激发学生的创作兴趣。《高中语文课程标准》写道：“阅读是收集信息、认识世界、发展思维、获得审美体验的重要途径；写作是运用语言文字进行表达和交流的重要方式，是认识世界、认识自我、进行创造性表述的过程。”整本书阅读既能开阔视野、涵养精神，又能使学生通晓事理、充实智慧，更能提升写作技能。学生用大量的时间进行阅读，整本书阅读的内容、阅读的思维以及阅读的语言都是一些宝贵的资源，可以为学生提供丰厚的养料、严谨的思维和规范的作文语言。从写作的角度去探究阅读，反观阅读在素材、思维、语言等方面的内容，是有价值的研究活动。

基于整本书阅读下的写作体现了写作的真实性、文化性、思辨性、生活化、个性化等特征，符合基础教育课程改革“以人为本”的要求。在书目选择上尽量尊重学生的个性选择，激发学生的阅读兴趣和写作欲望，发挥学生的自主意识。这是倡导学生终身学习和个人发展，提高核心素养的

有效途径，符合“以人为本”的新理念，是我们教育研究的方向。

把整本书阅读与写作结合起来，让写作从阅读中，尤其从整本书阅读中借力，在国内外都能找到先行者们探索的痕迹。

国外教育让学生从小就把阅读与写作结合起来，以此作为重要的学习方向。美国的蒂尔尼和沙纳汉在梳理读写结合路径的过程中，发现读写结合有三个基本的联结路径：修辞联结、程序联结与共用知识。这是美国当前读写结合研究的焦点。日本教学界特别重视的作文训练是读写结合。通过阅读教学，学习了解文本上的文章；尝试通过续写、扩写或仿写的形式改编文章，在原有文章基础上进行再创造；写读后感，抒写自己对文章人物、事件或观点的见解主张；坚持用其他方式进行读写结合的训练，如抄写，摘录，写提要、缩写。

元代学者、教育家程端礼的《程氏家塾读书分年日程》根据朱熹读书法将阅读与写作规范化、系列化，探讨形成了较为科学的作文教学法，强调了学习语文中阅读与写作的重要性。清朝龙启端的《家塾课程》设计了以“看、读、写、作”为纲的作文教学法，每天要自己安排读书计划，并要写读书笔记。程端礼和龙启端的作文教学计划的共同特点是以读带写、以写促读，将读与写有目的、有步骤地结合起来，让阅读，尤其是整本书阅读为写作提供资源。

国内外的其他研究者也越来越注意到阅读与写作是语文教学最重要的两翼，努力把阅读与写作结合起来，让阅读教学与写作教学之间不脱节。研究相关课题时，笔者通过“问卷星”，对重庆市多所重点中学的师生进行了关于阅读与写作结合的内容的调查，调查结果不容乐观。在中学语文教与学过程中仍然普遍存在着一些突出的共性问题，影响着作文教学效果和中学生语文核心素养的提升。

二、中学师生在阅读与写作的教与学以及二者结合上存在的问题

1．学生碎片化阅读多，整本书阅读少

（1）学生每天阅读时间普遍较少，有 42.56% 的学生每天阅读时间

不足 30 分钟，有 78.79% 的学生每天阅读时间在 1 小时以下。学生的阅读是零散的、随意的，不能真正领略经典作品中的精髓，这对于培养学生良好的阅读素养，提高其写作水平带来了不利的影响。这需要教师在阅读的内容上对学生进行有效的引导，激发他们的阅读兴趣。

（2）学生在以往的读书过程中，放弃的居多，坚持的居少。有 44.25% 的学生最多只能坚持阅读完书籍的 25%；有高达 75.41% 的学生最多只能阅读书籍的 50%。但是有 87.63% 学生对于阅读是喜爱的，这是一个庞大的阅读人群储备库，有着极大的发展空间。两方面的鲜明对比说明高中语文教师对于阅读课以及学生阅读时间的安排不十分合理，对于学生读书的进度追踪了解程度有待提高，对此需要大力改变。阅读是写作的基础，没有广泛阅读的基础，怎么写出好的文章呢？

2．学生阅读与写作分离多，利用阅读资料少

在平常写作的时候，有 70.68% 的学生会感到材料枯竭，有 16.66% 的学生有时会感到材料枯竭，只有 12.66% 的学生不会感到。材料枯竭和他们不能有效利用阅读资源、缺乏对阅读资源的整合以及教师对阅读和写作之间关系的引导不足都有着很大的联系。

大部分学生在阅读时会摘抄好词佳句，但是只有 26.27% 的学生会进行进一步的圈批、点评；32.44% 的学生会根据文本写自己的心得或提出疑难问题整理成文。但大部分学生的阅读还只是处于浅层次阅读的范围中。

教师对于学生的阅读指导，有 65.35% 只是书籍的推荐；51.36% 是注重名著导读。教师教学并没有将阅读和写作联系起来，这样使得学生的阅读与写作呈现分离的状态，导致他们的写作效率低、效果差。

3．学生阅读后的创作以读后感的方式多，以其他表现形式少

（1）学生读了经典作品，会主动进行创作的只有 17.37%；58.92% 的学生会在教师的要求下被动进行创作。学生对于写作的积极性并不高，有 52.69% 的学生希望教师可以激发他们的写作兴趣，这无疑指引了高中语文教育工作者的工作方向。

（2）学生的写作，主要以片段式的几句话和读后感占主体，分别占

据 62.88% 和 71.65%，写作体裁单一，对于诗歌、散文、小说这些体裁很少涉及，写作形式主要以议论文为主，占据了 51.74%，只有 11.04% 的学生会进行仿写、9.97% 的学生进行改写、11.23% 的学生进行续写。这对于学生语文素养的培养非常不利。

4．教师指导以应试写作多，培养学生语文素养少

教师在指导学生写作时，有 61.49% 的教师只根据高考常考文章形式讲解作文，开设专门作文课。进行系统讲解的教师只占了 29.72%。教师的指导应付了考试，却没有注重对学生语文素养的培养，导致了学生写作模式的固定，学生对阅读的作用也不再看重，写作和阅读完全分离，在写作的时候就常感觉材料枯竭。

5．教师读写结合的教学低效重复的多、有系统创新的少

有 66.11% 的学生希望语文教师可以开设系统的读写课堂，对他们进行专门性的讲解，而且不仅仅是讲解应试为主的议论文。76.68% 的学生希望教师可以讲解不同题材的写作的方法。85.70% 的学生希望教师可以将读写联系起来，进行创新性讲解，让他们学习到如何将已经积累到的素材运用到作文中去。

从这些调查结果看，我们教师在平日的教学过程中对阅读与写作这一必不可分的教学探究是处于浅层次的，尤其是在整本书阅读策略的探究上，还不够深入。这些因素反馈在学生身上，必然会让学生不能有效地把阅读资源利用起来，不能及时在写作方面有所提高，同时会主观地认为阅读既费时对提高写作也没多大效果。长此以往，中学生语文核心素养的提高就成了一句空话。

“很多家长和老师仍然抱着‘多读多写’的理念来指导教学，他们知道这样传统的办法见效慢且易流于空谈。但这个理念的问题在哪里，以及读什么、怎样读，写什么、怎样写，却很少有人真诚地试图给出答案。”在这样的情形下，对有体系的、基于整本书阅读下的写作的探求势在必行。它将避免学生的孤军作战，改变单一随意的读后感写作形式。写作应该是阅读系统的一个环节，这个环节有严谨的安排，有对应的要求、指导和结果评比。我们可以做以下的尝试。

三、提高中学生语文核心素养，把整本书阅读与写作结合起来的有效路径

1．精选阅读书目，读整本书，为写作做好充分准备

要注重阅读过程，建议学生阅读过程中要立足原著，及时在原著上圈点勾画，最终将阅读书籍时真实、完整、自由的状态呈现出来；要强调阅读意识，强调反思意识、资料意识、问题意识，关注本真阅读后的真实发现，关注笔记梳理后的问题提出，关注阶段资料的整合与分类。如此这般完成对自我阅读系统性、阶段性的梳理，从中汲取营养，自行整合读书笔记，将好的摘抄、有创见的看法或者他人的评价进行梳理并汇总，做好分阶段性的资料完善工作。然后可以到图书馆、新华书店或网上查阅相关的书评、论文或者专著，进行比较阅读，为读后写作做好准备。

2．针对阅读书目，引导学生对整本书阅读内容进行多形式的再创作

写作内容是作文教学的主体，阅读能为我们提供丰厚的营养。叶圣陶先生说："阅读是吸收，写作是倾吐。"要先吸收，倾吐才有力量。我们强调以写作的内容视角关注阅读的内容生成，这将引导我们对阅读内容的选择。因此，从写作层面看，它直接决定了我们怎么读文本，怎么转换阅读材料以及阅读内容的取舍等。然而在日常教学过程中，学生读完一本书后再创作时，总是感到难以下笔，不知写什么，更不知道怎么写。阅读后的兴奋往往停留在读后感这一单一的写作形式，并且这单一的读后感也写得非常随意，不能发挥阅读作品的价值。

笔者发现，学生在生活中阅读得最多的作品往往是四大文学样式：小说、散文、戏剧、诗歌，由此我们可以从这四种文学样式去探究学生阅读后写作的方向，探究四种文体的整本书阅读后如何进行相应的素材整合、仿写、改写、续写以及文学探究等。其中，文学探究包括语言鉴赏、人物鉴赏、写作技巧鉴赏、读后感等。教师应该仔细深入地研究学生整本书阅读后的多种创作形式，从而做到有效的指引。

3．采用多种形式，展示学生成果，通过验收评估的方式激发学生阅读与写作的兴趣，使读写结合成为习惯

开展整本书阅读与写作验收评估。首先可以通过小组评估、班级评估、年级评估、校级评估的方式开展，从学生视角出发，老师提供方法指导，共同完成对整本阅读阶段性、针对性、真实性、系统性等方面的考核。验收评估可以是检查书目阅读情况，可以是针对阅读书目定时完成指导老师命制的 7～10 个阅读检测试题（例如选择、填空或简答），但是评估的重点应该放在学生整本书阅读后的小论文评比上。其次可以联合多所学校，开展“联合整本书阅读与写作”的交流会，展示优秀者的阅读书籍，张贴优秀者的阅读检测，交流小论文。由此按比例进行设置奖励，并推荐学生优秀小论文到校内甚至校外刊物上发表等。

“阅读是收集信息、认识世界、发展思维、获得审美体验的重要途径；写作是运用语言文字进行表达和交流的重要方式，是认识世界、认识自我、进行创造性表述的过程。”把整本书阅读与写作结合起来，并形成一个良性的循环体是提高中学生语文核心素养的一个重要手段。高中生的阅读和写作是一个完整的教学过程。叶圣陶先生也认为：“学语文，岂能仅仅读《语文》，必须在国文教本之外再看其他的书，越多越好。这样才能养成阅读书籍的习惯，培植欣赏文学的能力，训练写作文章的技能。”整本书阅读与写作的结合，这里不仅仅说到了阅读的重要性，也表明了在语文学习的过程在阅读与写作的不可分离。

在中学阶段，把整本书阅读与写作结合起来，充分尊重学生的阅读兴趣和写作自由，再加以科学的方法指引，不仅仅能提高学生的阅读与写作能力，更能够让学生学会学习，增强人文底蕴，从而培养学生的终身发展和社会发展需要的必备品格和关键能力，进而提高语文核心素养。由此，笔者提倡在中学阶段，在教与学的过程中，请把整本书阅读与写作结合起来，落实下去，让写作从整本书阅读中借力！

参考文献

[1] 陈庆烈.“非构思”写作理论及其对中学语文阅读教学的启示[J].

宜宾学院学报，2008（1）：123-125.
[2] 胡勤. 高中语文课程内容结构性重组——我读《普通高中语文课程标准（2017年版）》[J]. 语文建设，2018（4）：13-17.
[3] 华靖. 叶圣陶语文教育思想对中学语文阅读与写作教学的启示[J]. 科学大众（科学教育），2013（5）：13.
[4] 李安全. 怎样读经典——文学欣赏的60条法则[M]. 重庆：重庆出版社，2014.
[5] 梁衡. 我的阅读与写作[M]. 北京：北京联合出版公司，2016.
[6] 谢志礼. 新编写作学实战训练教程——记叙性文体写作[M]. 北京：北京师范大学出版社，2016.

整本书阅读视阈下的读写结合新尝试

——以重构议论文写作教学内容为例

◎周　斌　重庆市巴蜀中学校

【摘　要】对高中生来讲，无论是对论证思维的研究，还是对论证方法的关注，都离不开对写作内容的关注，而写作内容又不同于写作素材，它更强调学生对素材的选择、加工、提炼等，即形成对素材的独特认知。本文从素材意识、问题意识、逻辑意识角度来关注写作内容，力图在整合写作素材的基础上，进一步完善学生对写作内容的深入认识。

【关键词】写作内容　素材意识　问题意识　逻辑意识

议论文写作，不但展现了高中生的作文思维，也体现了他们对材料的把握与理解、对世界与自我的感悟与认识。我们无法列尽写不好议论文的诸多原因，或者说，这样的归结也并无多少现实价值。在短暂的三年中，尽管学生写了不少议论文，涉及的范围、训练的结构、修改的幅度都较全面，但是学生依然觉得无话可说，或者说，一说就说到套路上去了。那么，不如这样认为，平日我们安排了学生整合、积累、消化的素材并没有被他们接受，即便在理解后也未即时转换，甚至与形成思维还有不小距离。说得更明白一点，我们在议论文的写作教学内容层面，还存在一个盲区，而那些所谓的材料搜集，则或多或少地变成一种“掩盖”，无论是平时敞开思维、敞开材料的写作，还是考试时整合思维、提炼思想的应试，都证明了这一点。

众所周知，议论文教学的主要内容是论证方法，教会学生如何论证，而如何论证却不是简单的逻辑思维训练，也不是面对材料的如何组接，而是在理解、消化材料、逐步形成思维的过程中对“内容与表达”“思想与结构”的复杂认识。具体而言，它还是表现为我们对待材料的态度。那么，议论文教学到底从哪里出发才能更适合学生作文的实际？怎样才能有效提高学生的逻辑思维能力，甚至能让其提出自己的见解或思想？写作内容教学是不是不需要例子？怎样的步骤才能让教学内容呈现出序列性与递变性？教师在写作教学内容层面到底扮演怎样的角色？

一、素材意识：质疑思维对材料的标记

可能没有一个高中学生会认可他们缺乏作文素材。随意翻翻高一学生的摘抄本，你就会发现学生收集并精细地分类各种素材，比如名言荟萃、优美语段、思想深度以及按照专题分类的各类例子。你甚至还会发现他们在初中老师的培养下已经初步形成自己的资料意识。但也仅止于此。面对素材，学生有许多困难。一是认知困难，鉴于学生的经验与认识基础，他们很难对材料产生新颖独到的见解，而往往是被素材牵着走，被成人世界的权威牵着走；二是表达困难，也就是学生不懂得何谓思想，甚至连什么算好也不能完全确定，他们只是会告诉你，这则材料新颖、独到、呼应了主题之类，其他时候似乎很难用准确、严谨的语言表明自己的观点。

什么是素材意识？这天天与他们打交道的素材，难道还有不为人知的一面？或者说，我们掌握的只是素材的表面？其实，完全没有那么复杂，素材意识可以表现为我们对材料的质疑、提问、对话等，即不被材料笼罩或掩盖而保持清醒、理智的一种态度。有学生或许会反驳，我们早就意识到这一点了，不信你可以翻看摘抄背后的心得、感悟。这里，也是真正出现差异的症结之所在：那是什么心得、感悟呢？是一两句笼统的正确的废话——记人生动形象、心理刻画精细透彻、情节蜿蜒曲折错落有致吗？还是自己在那续写故事，或者主观臆测主人翁的各种心理？这叫质疑、反思、对话吗？记人如何做到生动形象、心理描写如何展现细致入微、情节错落有致的表现在哪，这些才是提问，也才是真正的心得。也就是说，意识是我们走进并理解、掌握材料的第一步，只有按照正确的方式消化、理解了材料之后，我们才能真正地做到熟稔于心，形成思维，迸发思想。而事例只是作为素材的一部分，很多高中学生在素材方面的缺失，更多地还表现为对思维、思想等逻辑范畴的排斥，这约束了他们对事例认识的深度。在这一点上，老师的指引不可或缺。因为学生很难自发地对思想层面的东西产生兴趣，何况，比较深刻的东西并没有华丽的外表或者较容易接近的方式。比如，在安排“怀疑与信仰”主题时，学生并不懂得如何去搜集这方面的素材，他们直接搜集到的就是这方面的事例，比如布鲁诺被烧死也不低下信仰的头颅，方志敏面对敌人的恫吓依然面不改色等，而少有那种对时代心理、当今信仰缺失后的怀疑心理，甚至怀疑的变体以及这个时代还需不需要信仰等的论述。不难看出，他们对怀疑、信仰的理解大多停留在政治、生活层面，而少有社会、心理、思想层面的。当我给他们推荐了卢新宁的《在怀疑的时代依然需要信仰》与徐贲《怀疑的时代需要怎样的信仰》后，他们的一席话让我印象深刻：我们也想写这样的文章，可是怕读不懂，而且不敢说？高中作文敢这样写吗？

我很担心，怀疑会不会成为我们时代否定一切、解构一切的粉碎机、我们会不会因为心灰意冷而随波逐流，变成钱理群先生所言的“精致的利己主义者”，世故老道，善于表演，懂得配合？而北大会不会像那个日本年轻人所说的，“有的是人才，却并不培养精英”。

——卢新宁《在怀疑的时代依然需要信仰》

伪怀疑时代的一个显著特征，就是犬儒主义盛行，他们将牢骚和诅咒当作武器，虽然可能也是一种拯救，“让人们意识到自己的生活出了毛病”，但其摇摆不定的草尖态度带给社会更多的负面影响，尤其在民主思想萌芽的阶段，这种不负责任的吃肉骂娘行为更是严重的社会误导。

——才云鹏《没有怀疑就没有信仰》

解气、畅快、深刻、到位、有力是学生们阅读后的直接心理感受。而作为素材他们是不是背诵后直接引用就可以了呢？可以说，这只是一方面，它带给学生的是用自我的视角去关注身边自己的“怀疑与信仰”，甚至在他们的引领下思考怀疑在自我身上延伸出的心理甚至视角、看法等。这样，在质疑、提问、对话中就可以慢慢地形成素材意识，也就是素材思维。也可以说，唯有这样，也才可以慢慢改变写作议论文时简单地叙述材料，而不是取其最佳角度恰到好处地概述的现象。也才可以改变学生作文时粗暴的“观点+材料”式的“正确的废话”，也才可以改变突兀地引用一段材料后，除了给人感觉记忆力好之外少有人弄明白他的真正意图的情况。

二、问题意识：发问思维对材料的解构

为什么议论文缺少论，或者说许多学生写议论文总是论证一些不证自明的结论性话题？难道只是“三段论”（论点、论据、论证）惹的祸？先有论点，再找论据，进行论证的逻辑方式到底为何欠佳？笔者看来，最主要源于他们缺乏问题意识，没有面对材料、面对论点、面对权威的看法多问几个为什么，没有坚持用怀疑精神，用自我的思维、经验去对话或碰撞出思想。这就导致文章不但不带有个体色彩，也容易在他人话语权的影响下找不到中心。

对此，孙绍振先生语重心长地强调：“从科学发展来说，提出问题远

比解决问题重要。”有人质疑地问道，那这是不是面对既定结论，故意提出问题？你不觉得这样更加烦琐多此一举吗？笔者在此必须强调，显然这种提问不是无疑而问、故作深沉，而是选择矛盾点、疑惑点的有疑而问，是面对表达方式、叙述逻辑、思维习惯或者思想结论的连续追问，而这也将我们引向对问题的深入思考中。也就是说，在碰到了问题的核心或者他人少有涉及的领域后，提出的问题往往具有不可确定性，答案无方向性，或者说，我们暂时还没有能力找到答案。那么，也许你会质疑，这样的提问有效吗？笔者认为，不但有效，而且也是产生思维、诞生思想的地方，还能让我们在寻找答案的过程中提出其他问题，或者把我们的思考引向深入，从而进一步推动文章的论述。比如孙绍振先生举出的例子，“杞人忧天”这一典故，过去几千年束缚着人类的观念，人们只是考虑着怎么对付、调整自我，超越烦恼，却没有人对此提出疑问，天真的会掉下来吗？如果没有，这岂不是影响千年的历史谎言？而事实证明，天又没有掉下来，为什么呢？在今天看来似乎很简单，可被历史视野与认识局限限制的人类，却最终被牛顿的万有引力回答了。

按照这样的逻辑，议论文写作很容易从淹没于别人的观点这一极端跳入自说自话，完全不顾及别人感受的另一极端。这样的文章，你不能说它没有问题意识、没有对权威观点提出质疑，那它的问题又在哪里？很明显，缺乏对话意识，缺乏尊重读者、把观点引向深入的底气，更缺乏对自我认识的理性裁决与整合。简言之，我们把它称作读者意识的缺失。即把“以理服人”错解为“以众所周知的客观真理服人”（叶黎明），从而导致自我立场的缺失，导致绝对化认识的错误。殊不知，在人类认识问题的心理发展过程中，站在读者的立场、替读者考虑，或者将读者的看法整合、叙述出来，然后在合理的推理过程中表达自己，更能获得论证的公共说服力，也就是真正的“以理服人”。在提问的过程中，读者意识更是一种监督、一种提醒、一种规避，它让我们在提问或追问的过程中，沿着正确的思维理论推进，反对片面化、极端化。比如，在写作“论同情与偏见”时，我给学生铺垫了较为熟悉的语境，即面对乞丐时的第一闪念、捐钱时的心中想法。许多学生总是难以在同情与偏见中找到关联，而只是单纯地叙述人应当有同情心，而对那些泯灭同情心的人予以道德声讨或者认识“偏见”。很明显，这是众所周知的客观真理，当然难以服众，这是典型的受观念制约的“影响的焦虑”。

我一直认为，关于在同情问题的认识上，学生们并不缺乏亲身体验与深刻反省，公路边、大街上、闹市区，哪里没有自己与乞丐的“相遇”？大人的告诫、老师的教导、观念的影响，哪个思维节点似乎都有此番自省。那为什么写不出来呢？在这里，读者意识可能是最重要的因素，因为没有对话意识，他们就没有滤掉自身那些重复的废话，也没有涤除自身对同情的既定认识，自然也就缺乏在“同情与偏见”中对“同情”语境之意义的考量。即在你对他人给予同情的时候，是否贩卖过同情心？你也许会反唇相讥，言及同情本为自我的自由，何来贩卖之嫌。在你对他人给予施舍的时候，你是否也在同情中对自我进行过道德审判，或者在乞丐“不屑”的眼光里，你被他推上了道德的审判台？而这种“偏见”，不是许多人心中无法启齿的心理真实吗？要捐不捐，又怕被骗，还要光天化日之下自我标榜，演绎道德高尚、富有爱心，这不让他人觉得无耻吗？

三、逻辑意识：论证思维对材料的复活

议论文中的材料的生命力不在于在叙述中展现其生动、形象、完整等，而是在于恰到好处地支撑论点后的力度与深刻，就像歌德说：“生活是长青之树，而理论是灰色的。”理论在分析问题的过程中也是有局限性的，它不能穷尽事物的全部属性，而只有材料的生动、细致才能到达。在议论文中，材料被标记、解构直至复活的过程，恰恰体现了逻辑思维，即论证思维对材料的干预和影响。也就是说，体现议论文核心的论证过程，又恰恰镶嵌在对材料的具体分析中。问题再也显明不过了，在这个节点上，我们对待材料的态度、处理材料的方式直接决定了我们的逻辑意识，也就是议论文的好坏。

孙绍振先生对议论文“三要素”的结构顺序大加挞伐，认为先有论点，再找论据进行论证的思维方式扭曲了议论文写作。笔者认为，要摆脱这一逻辑束缚，不是简单地去掉论点，也不是直接分析而不顾逻辑，更多还在于我们论点的处理方式，或者说正确选择我们进入论证的切入

口。在笔者看来，要让论证站得住脚，与其习惯性地选择书中高大上的深奥的道理与思想，还不如从生活中我们经常接触的行为、思想入手，即从我们对现实问题的思考着手，从大家存疑而缺少关注的地方发力，这样的问题不就带有鲜明的说服力或者公共意识了吗？就像写作“论国人情有独钟的抱怨”时，与其引用名人对抱怨的深入认知，与其用深刻的篇幅来阐述抱怨，还不如从身边的矛盾心理切入：我们总在想，这个世界到底怎么了？是抱怨毁掉了“三观”，还是我们本来就没有“三观”；是他人的抱怨感染了我们，还是我们借抱怨在为自己开脱；在不得已的现状里，我们的抱怨如何安放，又怎样在抱怨的阴影下重塑自我精神，选择“与其抱怨社会，不如抱怨自我，直至没有抱怨”的人生？就像水的清澈并不是因为没有杂质，而是因为懂得了沉淀一样，去沉淀你我的抱怨，去选择自己的人生！在这里，提问不但革除了陈述论点造成的先验论，而且还用逻辑约束让文本围绕在“抱怨的影响—抱怨的存在现状与复杂关联—我们对待抱怨的态度”上。

议论文的逻辑意识不单单地体现在提出问题与回答问题上，还体现在其他类型的议论结构中。叶黎明认为，议论文分为四种，分别为“话题型议论文”“建议型议论文”“探究型议论文”“论辩型议论文”。根据叶黎明的研究发现，论辩型议论文是我们教学的常态，而话题型议论文却是学生写作的常态，而探究型议论文、建议型议论文则容易被忽略，这导致学生缺乏训练思维，更缺乏对素材的综合把握。在这一点上，教材给我们提供了许多有益的启示。

如众所周知的西汉宏文《过秦论》，在论述“仁义不失而攻守之势异也”这一论点时，没有论述“仁义不施”导致如何“攻守之势异也”，而是用反面排除法，论述“成败异变，功业相反”的原因。在所有的可能性明显地被众所周知的事实排除后，正面提出结论就显得雄辩且有说服力。按照孙绍振老师的话讲，雄辩，就是“以子之矛，攻子之盾”，以你的道理来证明我的立场。这可能是论证力度较强的论证方式之一，也就是今天我们在哲学上谈到的“归谬法”。再比如我们熟悉的《师说》，作者在论述“师道之不传也久矣”时，没有采用现象陈述或直接罗列，而是用了假设论证，提出满足“师道不传也久”的满足条件：“人之无惑”，可是现实却不能满足条件：“人之无惑也难”。于是，作者通过古今对比，呈现出师道不传的巨大落差——“圣愈圣，愚愈愚”；然后通过身份对比——自己与孩子、读书人与巫医乐师百工之人，得出“吾未见其明也”“位卑则足羞，官盛则近谀”的千古绝论。在结合现实分析上，作者不是“讲道理”，而只是引用巫医乐师百工的话，便让文章顿时拥有了解剖现实、洞穿时代、深入人心的功效。在我看来，贾谊与韩愈的逻辑意识，不在于他们怎么遵循逻辑思维定理，而在于他们切入材料的视角，即用简单的逻辑方法驾驭复杂的现实材料，其最佳结合的部分就是我们称道的地方。

参考文献

[1] 叶黎明. 写作教学内容新论[M]. 上海：上海教育出版社，2012.
[2] 孙绍振. 论高考语文与作文之道[M]. 福州：福建人民出版社，2013.

整本书阅读视野下议论文思维教学的实践初探

◎周　斌　重庆市巴蜀中学校

【摘　要】 对高一学生来讲，如何认识议论文？有观点认为，不同于散文与记叙文，议论文强调缜密推论与犀利论辩后呈现的思想，即通过对话、反驳、重组、建构的形式呈现思维的碰撞，逻辑的演绎。也可以说，具体分析问题的理性思维，全面考量可能的逻辑意识、深入现实的反思力度，是进入议论文思想现场的认知标准，也是拒绝抒情、坚持理性的合理路径。

【关键词】 思辨精神　理性思维　逻辑意识　议论思想

一、坚持理性精神，是否需要感性？

议论文怎么写？面对这较为空洞的论题，大家有着近乎相同的认识：由于许多学生长期笼罩在散文的抒情与记叙文的叙事下，或者说长期的应试结构思维让他们误以为议论文就是记叙文和散文的变体，顶多在篇首加上论点、段首加上分论点就可以了。这种观点让你语塞，不知道是让人愤怒还是悲伤——我们这不照样得高分，谁说技巧不好呢？你们大声疾呼要为万能作文送终，可应试背景下送终不也是丢分了吗？

也有人这样回答："通过有力抒情可以带动思想的火花，或者说通过细致的叙事同样可以折射出思想，这也不照样服务于议论文的思想维度吗？"对此，我没办法否定，但基于议论文写作的复杂背景（对记叙文的叙事不够熟悉、对散文的抒情力度把握不准，就仓促进入议论文学习），我却不敢苟同他们的做法。我甚至武断地认为，和散文写作保持千丝万缕的联系就意味着写不好或者写不来议论文。这不是危言耸听，不信，大家可以仔细看看每年评选出的高考优秀作文，在议论文的点评上却有"叙事详细""抒情深刻"等类似的字眼。在我看来，这不但有着模糊文体的嫌疑，还是积极鼓励大家写作议论散文。那么，什么是真正的议论文呢？他们或许只可想象，却并不明白。所以，我更愿意采取矫枉过正的做法，以摒弃抒情、坚持理性、坚持思辨、坚持深刻来作为我对议论文的要求。很多时候，我们可以说，学生不会说理，责任全在老师，因为我们引导的同时又在反向诱导、纵容学生，这怎么不让议论文成为散文的"遗腹子"。所以，要改变这种认识，我认为，不如先改变自己，做到先有法度后有自由。

我们在思辨的过程中，如果保持抒情，就容易滑入感性的深渊，让思辨的理性精神化为乌有，变成可有可无的点缀或者变成穿靴戴帽的装饰。那么，所谓的议大于论，也就成了一句空话。可是，我们又怎么来坚持文章的思辨性呢？在我看来，审题决定思维走向，立意聚合写作内容。比如，在写作"怀疑与信仰"的主题作文时，学生惯于去寻找"怀疑"与"信仰"的名人事例、社会事件，如布鲁诺、哥白尼、徐霞客以及当今社会的不信任等，而且在写作上也是分别论述"怀疑"与"信仰”，而并没有对二者关系进行论述。殊不知，这才是论证的中心，也可以说“怀疑与信仰”作为硬币的两面，本就密不可分，又怎么能分开论述。我们来看重新审题后的学生论述：

> 怀疑是思想的发端，而信仰是思想的内核。在“怀疑”成为解构这个时代的粉碎机时，人们不但会“怀疑现实世界中的伪价值，而且还会从根本上怀疑人类是否真能拥有长久和普遍的价值”。也就是说，在伴随怀疑精神而存在的信仰消失后，你肯定很担心“圆滑的人说你不够成熟，聪明的人说你不够明智”。那么，谁又来关注我们的信仰在哪？怀疑精神为何不卷土重来？这个社会需要的思想呢？作为个体的“独立与自由”呢？也如徐贲所言，犬儒主义的盛行，导致人类真正缺乏信仰。因而，也只有纠正否定一切的怀疑主义，将我们的理性思考建立在独立的怀疑精神上，才拥有正确的信仰起点。

不难发现，面对自定的立意，学生没有想到怎么用例子，尤其是名人或者历史事件去套作，让结果不证自明或者越证越混；而是根据主题的暗示表达自己对当下心理、热点或者思想的关注。也就是说，你的立意是你对材料的再思考，是自我认识的起点，从而与事件、心理进行对话，或反驳、或瓦解、或建构。在这种认识下，我们发现作者并没有刻意地引用名人名言，也没有用一定的材料正面支撑论点，而是灵活地用源于现实的反思来引领读者进入思考的场景，一起参与对文章意义的建构。可以说，具体分析问题的理性思维、全面考量可能的逻辑意识、深入现实的反思力度，正是进入议论文思想现场的认知标准，也是拒绝抒情，坚持理性的合理路径。

二、对议论文思想的现实认知

不同于散文与记叙文，议论文的落点在于缜密推论与犀利论辩后呈现的思想。可是，在浅阅读风行的当下，人们一提到思想，似乎有点故纸堆里不接地气的意味。他们甚至会严肃地告诉你，思想在现代社会里并没有被否定，只是不在现实生活中，而在人们的精神世界里，是被搁置的一种想象性存在。比如鲁迅的思想、先秦的哲学思想。对高中生来讲，对他们思想深度的要求也不是一味地强调深虑与思辨、逻辑与丰富，而是希望看到他们在具体分析中的逻辑步骤，在对现实反思中的理性思辨以及对自我剖析中的犀利深入等。它多侧重于走进现实、进入具体、接近真实。从这个层面上看，思想不是自我形成的，它更多地存在于人们的认识中、双方的交流里。因此，不是自诩深刻就是思想，也不是自说自话就是思想。它更在于作者论述后使读者形成的印象，比如认可、质疑、反思等。

也就是说，议论文的思想侧重于现实性、交流性、延续性，它并不意味着思考的结束，而是作为观念、作为意识的继续。那么，如何做到与当下接轨呢？是论述那些反映时代旋律、已经引发大家共鸣的话题？还是撷取平凡世界里那些不怎么被大家聚焦，但却充满疑惑的小话题？或者关于社会事件的不同思考？对于高中生来讲，他们对社会的了解更多是现象性的、间接性的，更不是体验性的、认识性的。这就决定了他们的思考更多是对已有问题的继续思考、对不同思考的梳理整合、对已成观点的质疑反思等。在笔者看来，在这样的认识层面上分析问题，恰好能更加激起思考、引起共鸣，毕竟，不同的年龄体验、不同的现实面对、不同的身世背景、不同的学习场景在这里汇集为对共同熟悉话题的思考。所以，大家讨论公共话题，以新闻报道以及人们既有的讨论程度为前提，以我们共同的文化背景与道德心理、良知底线为出发点，讨论道理或引证中关于话题的推论，从而直击现实中的可争议矛盾，将给读者带来不一样的认同起点，或者会将读者的认识凝聚在共同对问题的关注上，这可以说是思想的起点，也可以说思想在作者的指引下，已经在读者的大脑中发芽了。而在我看来，这一过程，就是思想形成的雏形。

针对自媒体时代人们对真相的渴求欲不断增加，当下人们对底线的深度忧虑以及自媒体时代“视野”“真相”不明的现状，我以“媒体担当与社会底线”为话题，让他们论述二者的关联，在课堂上进行十分钟的限时写作。原本以为只是收集了材料的他们，会缺乏理性整合与逻辑提炼，却没想到他们置身的现实语境本已带给他们较为深刻的认识，所以对社会反思的持续思考、对读者意识的适度关注等在他们的论证中游刃有余：

都说群众的眼睛是雪亮的。当下，舆论监督依然敦促着新闻朝着真实、客观的方向发展。可网络时代将舆论分为现实舆论与网络议论后，人们的认识呈现出复杂的态势。有人认为，网上舆论为现实民意的直接反映，可谁都知道，它只代表了部分网民的诉求，加上网络监管的许多盲区，一些网民的跟风、迎合、宣泄心理极易被聚焦、放大且情绪化，在这样的情形下，舆论还客观吗？我们还可轻易相信吗？我们不去计较他们被人利用的嫌疑，就是“乌合之众”的群体心理走向也亟待人们深省，何况微博、微信时代的海量信息与传播速度不但让人咋舌，而且能点燃情绪，快速形成武断、粗暴的话语暴力，往往扼制或左右着新闻的发展方向。道理再为明显不过，舆论希望看到什么样的新闻，也许就会在新闻人的心理或笔下有所体现。

那么，当我们经常指责其他人的角度对新闻的绑架与禁锢时，殊不知，不适当的舆论对新闻的戕害却在道义、弱势、正义之名下让人无法指责。所以，媒体担当总游离在真实、利益、道德的交叉地带而无所选择，尤其是自媒体时代的“真相”更是扑朔迷离，它让媒体、舆论难以捕捉，更让试图了解真相的人多了顾虑，少了信任。那么，我们如何让更多的人祛除情绪、还原现场？媒体担当如何守护，社会底线如何保障？这是原则意识与道德意识必须共同经营好的心理城墙。

据引文可知，议论文的思想不是直接被立意决定的，它更多在于论述后的对话生成以及论证思维或发问在读者大脑中留下的印象。也就是说，媒体责任固然少不了底线意识的强制要求，它更需要媒体人对真实的坚守，对民众、民意的尊重，对人文关怀、道德情操、思想境界的追求。可以看出，这只是一种认识，但不是固定的认知。它经得住推论，也试着把人们的思考引向深入。不难看出，与其说它是已形成的思想，不如说是一种理性认知精神。

所以，我们的论述一般是以道德、良知、底线、规则等为前提，以大众心中的既定标准来衡量，通过横向的对比、纵向的梳理，为当下的社会问题寻找可能性答案。但是，不流于形式、不被大众淹没、不重复他人的界定是什么？有人说，是你的思想。不错，我们可以以别人的观点作为参照，我们可以以别人的观点作为出发点，但是我们的观点一定是在肯定、对话或否定中的建构，是基于我们对问题、矛盾的再认识。

参考文献

[1] 施清杯. 逻辑思维和高中议论文写作十六讲[M]. 上海：上海科学技术文献出版社，2016.
[2] 余党绪. 说理与思辨[M]. 上海：上海教育出版社，2017.
[3] 李建生. 哲学思辨与议论文写作二十课[M]. 上海：上海科学技术文献出版社，2016.

高中现代诗歌综合性学习课程中的语言建构与运用

◎严吉林　重庆市鲁能巴蜀中学校

【摘　要】 本文借鉴义务教育阶段综合性学习的方式，旨在探究核心素养背景下高中现代诗歌综合性学习课程的设计，重在通过用现代诗歌的综合性学习助学生提高语言建构与运用的能力。

【关键词】 现代诗歌　综合性　语言

长期以来，现代诗歌教学在高中语文评价体系的影响下，一步步被边缘化，直到几乎消隐的地步。人教版高中语文必修教材中仅有第一册中《雨巷》《再别康桥》《大堰河——我的保姆》三首现代诗歌，高中的现代诗歌教学往往就此三篇蜻蜓点水，选修教材《中国现代诗歌散文欣赏》选编了大量的现代诗歌精品，但它们在课时紧、抓重点的背景下基本上全被抛弃。

新的《高中语文课程标准》从语言、思维、审美、文化四个角度界定高中语文学科核心素养。在核心素养背景下审视现代诗歌教学，现代诗歌为学生的“语言建构与运用”注入诗性；它能激活学生的联想与想象，助力“思维发展与提升”。它丰富学生对现实生活和文学形象的感受与理解，架起文学与生活之间“审美”的桥梁。它在汉语发展史上扮演的角色对“文化的传承与理解”亦是至关重要。即使从高考语文评价层面来看，学生对文学性文本理解不足、审美乏力，作文语言表达干瘪、同质化严重等问题与用鲜活的现代汉语创作的现代诗歌教学的缺位都有莫大的关联。

现代诗歌学习有现代文或者古代诗歌学习不可替代的独特性。本文借鉴义务教育阶段综合性学习的方式，旨在探究核心素养背景下高中现代诗歌综合性学习课程的开发，重在通过用现代诗歌的综合性学习帮助学生进行诗性语言的建构与运用。窦桂梅老师说：“核心素养的核心是必备品格和关键能力，它的落地需要有校本化的表达，需要以课程框架构建为支撑。”语文综合性学习课程，有利于学生在感兴趣的自主活动中提高语文学习中的关键能力，也是培养学生自主、合作、探究式学习的重要途径。

一、以多元的主题整合语言学习材料

提高语文核心素养，应该能在已经积累的语言材料之间建立有机的联系，将它们进行有机地整合。新的课程观主张“用教材教”，反对“教教材”，在开展综合性学习的过程中，师生尤其要发挥能动性，自主地开发、灵活地运用各种有利于教学的资源。综合性学习的主题课程正基于此理念。人教版高中语文选修教材《中国现代诗歌散文欣赏》以一主题一单元的形式编排，为我们确立现代诗歌综合性学习课程的主题提供了借鉴。就现代诗歌而言，除以内容主旨为划分依据外，还可以从多个角度进行主题划分。总体上可以从内部系统和外部系统两个界域来看。

内部系统中，可以从流派、作者、时代等角度划分。中国现代诗歌草创之始便有鲜明的流派特征，教材选录的作品也基本涵盖了现代诗歌的主要流派。按流派划分可以让学生更好地了解各个流派整体的艺术特色。再例如选修教材《中国现代诗歌欣赏》按诗人划分单元主题，则有利于对某一位诗人的诗风进行集中的学习研究。另外从比较文学的角度，可以引导学生探索中国现代诗歌内部发展的继承关系和不同流派之间创作主张的区别。

外部系统中，选择恰当的主题更能够体现综合性学习的内涵和精神。中国现代诗歌的产生与发展受到西方现代诗歌的直接影响，而西方现代诗歌史几乎又是一部哲学史，从这个层面上可以探索“现代诗歌与哲学”。此外，生活当中其实处处都有现代诗歌的身影，我们还可以选择“广告中的诗”“诗和标语”等具有浓厚生活特色的主题。

二、开展兼具综合性与语文性的语言学习活动

（一）语文学习的综合性

现代诗歌的综合性学习旨在全面提高学生的现代诗歌阅读能力、鉴赏能力、写作能力以及建立现代诗歌知识储备等。现代诗歌综合性学习的“综合性”体现在以下几方面。

语文学科内的综合。在活动设计上，可以将不同文学体裁的学习一定程度上整合在现代诗歌学习的情境中，例如教材中选录的何其芳的《预言》一诗，“年轻的神”是诗中的重要意象，如果单从诗来赏析，学生能体味到的诗韵必然有限，如果能联系诗人 1933 年写的剧本《夏夜》和 1935 年写的散文《迟暮的花》，或许就能体会到诗歌更深层的韵味。

学科间的综合。综合性学习能够消除传统的学科课程的边界，实现不同学科间知识的整合。在现代诗歌的综合性学习中，可以将与现代诗歌有密切关系的领域作为延伸，使学生对于现代诗歌的发展和思维特征等方面

有更为深广的认识。例如中国的现代诗歌脱胎于文化革命，与文化学有密切关系。诗歌与历史的关系非常亲密，不同时期诗歌流派的产生也与一定的时代背景相关，以艾青为代表的七月诗派即与抗日战争的爆发有直接关系。此外，现代诗歌与哲学、绘画、音乐等都存在或多或少的关联。

课内与课外的综合。综合性学习的开放性和实践性可以算是其综合性的延伸。架起学习与生活的桥梁，在生活中学、学用于生活，也是综合性学习的重要内涵。不论现代诗歌的发展如何饱受争议，它与我们生活紧密的关系却从未断开，各种广告词、标语、短信等中都有诗歌的身影出现。海德格尔说人应该“诗意地栖居”，把诗的学习融入生活，定然有助于唤起学生的诗情。

（二）保持语文性与现代诗歌教学的独特性

语文综合性学习作为一种语文学习的方式和形态，打破界限的综合是有必要的，但是在此过程中需要保持学科特色，不可喧宾夺主，“主”即语文学习的“语文性”。如何保持语文综合性学习的语文性一直备受研究者的关注，有学者提出判断语文综合性学习中的一个主题活动的设计是不是“语文的”主题的三个指标：活动量、活动对象和活动效果。活动量是指是否有充分的语文活动，活动对象是指活动是否指向“语文”，活动效果是指活动是否产生了语文范围内的效果，例如阅读能力的提高等。[①]其中，活动对象一项界定不清，依据其文中所举的例子看来不如说是活动内容是否是语文性质的。加上另外两项，确实可以作为一个切实有效的评判指标。从活动内容上来看，其“语文性质”体现在母语学习的“听、说、读、写”四个基本项，必须坚持以语言活动为中心。“活动量”的指标是在“量”的层面强调语言活动的中心地位，在综合性学习中会有各式各样的活动，而其中体现“语文性”的语言活动不仅要存在而且在“量”上要足以使其占据主体地位。“活动效果”指标则要求通过一定的评价手段能够判断出学生活动后在语言能力方面得到提升。

---

① 李海林：《活动量、活动对象和活动成果的语文性——对一个语文综合性学习的案例分析》，《语文教学通讯》（初中刊）2006年第9期。

现代诗歌教学作为语文教学的一部分，有其自身的独特性，这种独特性在综合性学习中的体现，就是整个学习活动的“语文性”的体现。而明晰现代诗歌教学的独特性，又要溯源到现代诗歌的独特性。简言之，现代诗歌有以下主要特点：体例的相对自由、情感的个性多元、意象营造意境等。欣赏现代诗的关键在对诗歌意象的把握，进而领会意境、体悟诗人情感。所以现代诗歌教学重在通过进行一系列围绕现代诗歌的语言活动培养学生欣赏现代诗歌所需要的感受力、想象力、鉴赏力和创造力，以听和朗读为基础，以品读鉴赏为中心，以用笔写、用嘴说为深化，设计朗诵会、赛诗会等活动，结合音乐、话剧、绘画等艺术形式，开展综合性学习，以达到全面提高学生现代诗歌素养的目标。

三、现代诗歌综合性学习课程设计案例——以“挚情的呼唤”为例

（一）主题概说与活动目标

1．主题概说

“挚情的呼唤”是人教版高中语文选修教材《中国现代诗歌散文欣赏》中第二单元的主题，其中选录了毛泽东的《贺新郎》、闻一多的《也许——葬歌》、刘半农的《一个小农家的暮》、痖弦的《秋歌——给暖暖》、江非的《妈妈》以及“思考与探究”部分李汉荣的《生日》，除严格意义上不算现代诗歌的《贺新郎》外，共五篇作品。其单元主题的名称“挚情的呼唤”文学色彩较为浓厚，使人初看难以明白本单元现代诗歌选文的共同的主题特点。翻看作品后，我们会发现，《贺新郎》是写给妻子的，《也许——葬歌》是写给亡女的，《妈妈》和《生日》是写给母亲的。《一个小农家的暮》和《秋歌——给暖暖》两首诗，虽无明确的指向，实则对象感也很强。进一步看，几首诗作都蕴含了诗人对某些人和事深挚的情感，它让人情不自禁地用诗的语言去抒发和呼唤。然而这又似乎是所有优秀诗歌的通性，这与教材本身主题单元的划分不甚

讲究逻辑的严密性有关。从根源上说，文学作品尤其是诗歌作品从主旨层面分类必定会产生相互重叠的部分。但是这并不影响我们的学习，在综合性学习中，学习材料的分类界限本身就是模糊的，主题的作用只在于提供一个入口。根据选文中的抒情对象多是作者的亲人，我们可以宽泛地理解为本主题的学习内容是蕴含了诗人深挚的亲情体验的现代诗歌作品，重在诗的“亲情”，大体以此为标准由教材所选篇目扩展到所有可能涉及的具有相同特质的现代诗歌作品。

2. 活动目标

（1）通过搜集和阅读蕴含深挚亲情体验的现代诗歌作品，增强对现代诗歌的兴趣，感受现代诗歌的特点。

（2）能诵读现代诗歌，大体把握诗意，想象诗歌描述的情境，体会诗人的情感。

（3）通过朗诵现代诗歌、欣赏现代诗歌、学写现代诗歌等活动，提高现代诗歌的鉴赏能力。

（二）整体构思与方法指导

1. 整体构思

考虑到现代诗歌教学的独特性，主要围绕“听、说、读、写”四个基本方面开展活动，以“读”和“写”为主。通过分小组搜集与主题学习相关的现代诗歌作品和评论文章，培养学生的检索能力，贯通课内课外的学习，积累充足的学习材料。学习活动侧重学生自主合作地展开实践活动，课堂活动以汇报为主，教师引导学生联系生活，激发学生对现代诗歌的兴趣，学写现代诗歌，培养诗情。活动形式主要有诗乐配对、诗歌朗诵会、诗册编订、制作原创诗歌贺卡等。

2. 方法指导

（1）指导学生掌握通过图书馆、互联网、采访等途径搜索资料的具体方法。

（2）从分类、排版、推介等方面指导学生的诗册编订活动。

（3）教授学生具体的朗诵技巧，指导学生进行朗诵会的策划。

（三）方案设计

1．实践活动

（1）浏览本单元教材，讨论和制订活动计划。初步了解本单元的教材内容，了解可以参考哪些材料；交流和确定开展哪些活动。

（2）以小组为单位，自行确定范围和方案，搜集与主题相关的现代诗歌作品以及诗歌评论文章，并将其分类，编订成册。

（3）由班级成员自行组成朗诵会的筹备小组，自行制订方案和开展准备工作。按教材所选作品、原创作品和课外搜集作品 1∶1∶3 的比例确定朗诵会的篇目。

（4）为教材所选的作品寻找合适的配乐。

2．课堂活动

（1）阅读教材

阅读教材所选的五首现代诗，结合“导读”内容，展开对问题的讨论。

（2）诗乐配对

由小组上台展示为教材所现代诗歌找到的配乐，并讲解配乐理由。

（3）一句话短诗

教师在课堂上现场征集表达某种情感的动词，例如：思念、眷恋、祝福等，让同学们自由选择几个词语，改用一句话短诗来表达这种情感，之后在课堂上分享。

（4）诗歌“穿越”

师生搜集蕴含深挚情感的古诗词名句，从现有的现代诗歌作品中找与其诗意相匹配的诗句，或由学生用现代汉语转化为现代诗的语言。

（5）为你写诗

学生列出曾经引起自己强烈的情感触动的亲人。为他（她）或他们写一首诗，制作成贺卡。

（6）诗歌朗诵会

朗诵内容包括教材选文、学生原创作品和搜集到的课外优秀新诗作品。

3．活动延伸

（1）诗册宣讲会，由各小组代表在班上展示其编订的诗册，讲述诗册的内容，对每首选录的诗歌要有三百字左右的推荐理由。

（2）挑选合适的诗句，由学生书写，书法作品可作为教室的装饰。

（3）继续搜集相关的诗歌评论文章，编订成册。选定某些新诗，自己写一篇诗评。

参考文献

[1] 冯文炳．谈新诗[M]．北京：人民文学出版社，1984.

[2] 陈怀朗．综合性学习方案设计[M]．北京：语文出版社，2009.

[3] 顾之川．人教课标教材（选修）编辑意图与教学建议（上）[J]．语文教学通讯，2010（28）.

[4] 梁龙开，黄伟．语文综合性学习应坚持语文性[J]．课程·教材·教法，2008（3）.

利用完整的诗歌教学培养核心素养

◎李联川　贺　静　重庆市大足城南中学校

【摘　要】《中国学生发展核心素养》明确了应该培养的中学生的核心素养，党的十九大报告中又明确提出要推动中华优秀传统文化创造性转化、创新性发展。在新形势下如何利用诗歌教学传承优秀传统文化，培养国民浩然正气，培养学生核心素养，这是需要我们认真思考和探索的问题。
【关键词】 诗歌 课堂内外 核心素养

语文学科核心素养与课程标准坚持落实“立德树人”紧密相连，和中学生核心素养与价值观密切相关。在新形势下，中学语文教师如何利用诗歌课堂，传承优秀传统文化，培养国民浩然正气，培养学生核心素养，有很多问题需要我们认真思考和探索。

一、研究基础

孔子说，诗可以兴，可以观，可以群，可以怨。的确，古典诗歌是中国传统文化最好的载体之一，我们可以通过学习诗歌来培养“修身、齐家、治国、平天下”的正气。我们可以在诵读、欣赏甚至创作诗歌尤其是古诗的过程中，受到民族人文精神的熏陶感召，完善自身人格，提升文化品位，自觉地承担起传承中华文明、弘扬民族精神、推动社会进步的历史重任。

抓好诗歌课堂教学，符合“中国学生核心素养”和语文核心素养的培养要求，特别是在以下方面有较大作用：① 人文底蕴，有利于培养学生人文积淀、人文情怀和审美情趣等；② 健康生活，教学生学习古人珍爱生命、健全人格、自我管理等素养；③ 责任担当，让学生从古代诗人身上学会承担社会责任，处理与社会、国家的关系；④ 培养学生审美能力和形象思维能力。

二、研究背景

虽然时代赋予了语文教师更多的使命，古典诗词教学又是高中语文教学的重点和难点，新课改也对高中古典诗词教学提出了新的要求，但是，中国当下诗歌教育尤其是古典诗歌教育形势还是不容乐观。很多学校并没有真正实现古典诗词的有效教学，存在的问题有：教师教学目标设置流于形式，教学内容针对性不强，教学模式和教学评价传统单一；学生学习目的过于功利，学习兴趣不够浓厚，想学习创作却欠缺方法指导等。

事实上，很多学生甚至老师根本不知道古典诗词的格律要求，自然就谈不上真正继承传统，更不用说发挥诗歌的教化作用，涵养浩然正气，培养学生核心素养，促进教师专业发展了。

如何提高诗歌尤其是古典诗词的课堂教学效率，搞好诗歌教育，真正继承传统，培养核心素养，达到“教学与传承齐飞，学生和教师共进”的目标，具有很大的现实意义。

三、存在问题

诗歌教学的问题主要是处理不好“诗”和“教”的关系。

1. 强调教化价值，忽视诗词韵味，以为强调“诗”必定影响“教”的效果。在创作实践上，强调思想性，忽视艺术性，不讲究意象和语言艺术。

2. 强调艺术求美，忽视道德教化，认为“教”必定束缚“诗”的发展。创作时往往远离生活、脱离时代，辗转于一己悲喜，片面追求形式唯美，误以空虚为空灵、以晦涩为含蓄。

3. 只教阅读欣赏，不教创作修改。

四、预期目标

诗歌课堂教学，倡导发挥诗歌的教化功能，力求用诗歌（特别是古体诗词）教育来继承传统，培养学生核心素养，促进教师专业发展，培养一批合格的诗歌读者，培养一批在诗歌写作、批评方面有一定基础的诗词爱好者，总结真正有益于特色发展与教学改革的具有普遍性、可操作性的经验。

（一）丰富课程体系，打造诗意课堂

以诗的形式探讨教育的本质，把素质教育、文化育人及关注学生可

持续发展等教育理念落实到实践操作层面。在执行国家课程的同时，积极整合适合本校师生使用的诗歌教育教学资源，建设以诗歌教育为核心的校本课程体系，为学生提供丰富的可供选择的学习素材和多样化的学习环境，为不同潜质、不同水平学生的发展提供个性化学习的条件，构建科学、高效的诗歌教学序列，打造不同类型和风格的诗歌精品课，开展丰富多彩的诗歌教学活动。

（二）深化教学改革，形成学校特色

诗歌教育将促使教学方式发生重大转变，能切实体现以学生为主体的教学形态。以诗歌课题教学活动为核心，创设开放的对话、探究、建构与反思的育人环境，建构诗歌教育“生活化”“生命化”课堂，打造高质量的诗歌教育精品课或微课，形成“兴趣培养—入格训练—鉴赏提升—小试牛刀—平台展示—推荐发表—形成习惯”的课程教学建模，体现传统文化特色，彰显学校特色。

（三）培养核心素养，促进终身发展

以诗歌教学为切入点，培养学生“语言建构与运用”“思维发展与提升”“审美鉴赏与创造”“文化传承与理解”四个方面的语文核心素养，发展学生的形象思维；培养学生人文底蕴、健康生活、责任担当等核心素养，培养学生的独立精神，增强学生的学习能力，使学生在精神滋养中认识自我、提升自我，培育美好心灵和健全人格，陶冶情操，脱庸免俗，关注民生，关注国家民族命运，从而涵养人生，丰富生命。

五、实施策略

（一）挖掘教材内涵，提高核心素养

教师要利用好教科书，落实教材的基本要求，培养学生的语文能力，促使学生素养形成。要指导学生挖掘教材中所选诗歌的内涵，尝试

通过比较整合，整合内容、主旨相近的诗歌，整合相同相似的意象，举一反三，既提高教学效率，又可以针对性地培养学生核心素养。

（二）打造各种课型，形成明确风格

培养学生的核心素养主阵地是课堂。要简化低效、烦琐的教学环节，让学生充分地阅读、交流和分享，培养良好的学习习惯。不要为了保证教学进度，确保教学成绩，就一味“以教代学”。诗歌教学要以学生学习为中心，让学生在教师的指导下品读、探究、品味诗歌之美。

1. 加强诗歌阅读指导，在阅读中提高语文核心素养

诗歌音韵和谐、语言精美，有音乐美、美术美。要指导学生通过诵读把握诗歌铿锵的音调、和谐的节奏，想象诗歌动人的场面、精彩的画面，理解诗歌深邃的意境和多变的情愫。

要营造诵读氛围，运用多种阅读方法引导学生进行诗歌阅读，理解诗歌作品，培养诗歌语感，培养高尚情操和高雅趣味。

余映潮提出的“四读”值得借鉴：吟读、译读、背读、说读。通过吟读，“与诗人相遇”；通过译读，“与诗人同行”；通过背读，“品诗人笔法”；通过说读，“对诗人说话”。在读中理解文意，在读中体味情感，在读中感受作品意境，从而提高语言感悟能力。

教会学生勾画批注。指导学生在阅读时利用一套自己能理解的符号在书上做上记号，批注出自己的评论、鉴赏、质疑等，养成良好的学习习惯。

可以开展活动，如读书报告、博雅讲堂、古诗词配乐传唱等，展示阅读成果，促进交流与学习。

2. 加强诗歌鉴赏教学，从四个维度培养学生核心素养

阅读欣赏一直是诗词教学的重点，必须抓好“言象情志”四个维度。

（1）“言”，是诗词教学的第一内容。

语言是构成形象、形成结构的重要因素，只有通过对文本语言进行

“细读”，才能探求文本真正意图。《毛诗序》说“诗者……情动于中而形于言”，说明了诗词鉴赏宜从语言开始，逐步进入情意层面。抓住语言本身，掌握表达方式，欣赏表达技巧，是诗歌教学的第一步。

（2）“象”是“言”的具体内容。

“象”主要包括“人”“景”“物”“事”。“象”的教学是诗词教学的基础性工作，是“情”“志”分析的前提与条件。诗词教学中，象的教学是基础。鉴别清楚了象，才能为情、志分析做好铺垫。不然，情、志分析就成了无源之水。

（3）“情”是由言到志的关键。

文学是人学。诗词是充满人性和人情的文学。诗词的象往往是情感的载体，所以要准确解读出其中的情感。

（4）“志”是诗词鉴赏的终极目标。

“志”就是主旨，是诗词表达的终极目标。志的教学，就是概括出人景物事的综合意义。

“诗缘志”与“诗缘情”的争论由来已久。其实，“志”与“情”都是藏在心中之意，具体到作品，总是情中有志、志中有情。“情”与“志”并不对立，它们共同组成了诗词的内核。

（三）抓好诗歌创作教学，通过获得感培养学生核心素养

诗词创作要特别注意格律诗的基本格律要求：绝句每首四句，律诗每首八句；各句字数相等，五言或七言；偶句必押韵，一韵到底，只能押平声韵；符合平仄要求；律诗中间四句必须对仗。

文章不厌百回改，格律诗创作之后必须按照格律要求修改。笔者总结了自己的几点修改方法。

1. 入门方法主要是教学生入格，符合格律要求

（1）入门方法一：一见钟情法。

以自己最喜欢的那句为核心，围绕它来选择格律。

（2）入门方法二：拈轻怕重法。

没有特别喜欢的句子，那就可以看哪一种格式改动最少，做最少的改动。

（3）入门方法三：移花接木法。

有时也可以综合原来的意思，适当调整语序，调换词语。

2．提升方法主要是教学生升格，增加诗歌韵味

（1）提升方法一：锤炼修饰法。

这是修改诗词、提升质量、增加诗味的基本方法。比如大家熟悉的王安石名句“春风又绿江南岸”，我们还可以考虑用其他字替换“绿”字，如惹、醉、染、美、画等。

（2）提升方法二：立意优选法。

同一个题材，可能有不同的立意，可以优选一个比较新颖独特的。比如笔者的《观铁索飞渡》共三首，分别从“赞”“叹”“憾”的角度入手，但是比较新颖的明显是第三首的“憾”这个角度。

（3）提升方法三：打造亮点法。

中华诗词浩如烟海，诗歌创作需要打造亮点才能得到更多的关注。

六、课堂之外

诗歌教学只抓好课堂是不够的，还要抓好课堂之外的工作，作为课堂教学的补充。笔者认为，可以打造好几个平台，促进诗歌教学形成常态。

1．诗歌欣赏、创作指导平台

具备条件的，可以邀请诗词名家或专业作者对师生进行诗歌欣赏、创作的指导，力求每一个师生都懂得诗歌的基本常识，懂得欣赏诗歌的基本方法，成为合格的诗歌读者。

2．经典诗歌诵读平台

以文学社和校广播室等为主体，成立诗歌诵读活动小组，开设“诗歌欣赏”栏目，定期举办诗歌诵读比赛，提升学生文化品位，培养学生审美情趣。

3．师生诗歌创作、展示平台

以文学社为主体，社员定期上交作品。鼓励非社员积极创作，体现个性、提高能力。成立诗歌书画展示小组，以书画作品展、成果陈列室、书画走廊等形式艺术呈现。组建记者站，及时将诗歌教学活动以音像文字形式记录下来。

4．诗歌及衍生艺术表演平台

以社团为主体，成立表演活动小组，与学校音乐组、舞蹈组、美术组等合作，将诗歌及衍生艺术推上校园舞台。

5．作品发表提升平台

以校刊校报为主体发表师生作品。遴选优秀作品，推荐到诗歌刊物发表；推荐作品参加各种竞赛。还可以结集出版师生诗词作品。

学生的核心素养培养是一个艰辛而漫长的过程，利用诗歌课堂内外来培养核心素养永远在路上。

参考文献

[1] 陈建国．语文教学中传统古典诗词阅读教学研究[J]．现代语文：学术综合版，2014（10）．

[2] 吴桐．浅谈中学语文教学中的古典诗词教学[J]．剑南文学：经典教苑，2012（03）．

[3] 朱慧琴．浅议古典诗词在高中语文课堂中的教学[J]．科教文汇：中旬刊，2010（12）．

[4] 段双全．文学作品教学的四个共性内容[J]．课程·教材·教法．2013（03）．

诗词时代风格的趋同性原因探析及其在教学中的作用

◎牛联欢　重庆市复旦中学校

【摘　要】　中国诗教传统悠久，诗歌种类繁多，题材多样，把握历史上的时间分界点，通过群文阅读找出历史巨变之于词人心境变化而导致的词风之变化，通过几首词的阅读归纳，把握一个时代的词作风貌，甚至可以在一首典型的词中窥见整个时代的风貌。这对于在当前高中生阅读时间非常有限的情况下进行诗词教学具有积极意义。

【关键词】　诗教　词风　时代风貌

中国传统文化根基深厚，古人认为诗歌有维持社会稳定、教化人民的重要作用，因此，诗教传统在中国源远流长。虽然古人所谓诗教中的诗更多的是指《诗经》，但考虑到《诗经》是中国诗歌的源头，我们不妨从广义的角度来定义“诗教”这个名词，那么，所有的中国文学宝库中的诗歌都可以归入“诗教”中的诗的范畴。高中语文诗歌教学的含义则为在语文课堂上学生对诗歌的学习以及在诗歌的学习中受到的教育。

古代典籍《尚书》说“诗言志，歌永言，声依永，律和声”，从而确立了中“诗言志”的传统。闻一多先生认为，诗歌是寺人之言，而寺人据《周礼》有关记载，是宫中宦官，地位卑微。大抵那个时候圣明君主少，昏君暴虐之主多，身为君主近侍之臣，还是要尽讽谏之责，抗颜直谏固然为人称道，但若要达到劝谏的目的，身份地位卑微的寺人就不得不采取委婉的劝谏方式来表达心中的“志”，这样一来就造成了诗歌意旨朦胧难解。“诗是语言的精粹”，诗歌讲究语言的高度凝练，诗歌在深层的结构上追求跳跃式的结构形式。这一切使得披文入情、玩味诗歌语言、探寻诗歌之“志”的过程更加不容易。

高中生文言功底差，“象生于意，故可寻象以观意”的解读过程很难进行下去，一些学生或者完全看不懂，或者对诗歌进行谬之千里的解读，言之有物、持之有故的解读寥寥无几。如何让阅读时间有限的学生对诗歌进行比较精准的把握呢？

各个朝代产生的诗歌数量繁多，形式多样，每个诗人个性、气质、经历千差万别，诗歌作品自然也会给人不同的审美感受，如《人间词话》说“温飞卿之词，句秀也。韦端己之词，骨秀也。李重光之词，神秀也。”这种不同的风格的诗歌同时横向地展示在我们面前，似乎显得杂乱。但另一方面，同一个历史时期的政治、经济、文化具有一贯的稳定性，所以，同一历史时期的诗词风貌具有趋同性。由此，如果能够在纵向的时间展开上把握某一历史时期诗词总的风格的话，无疑在教学中具有重要的指导作用。

如何让学生了解这个现象呢？

首先，通过群文阅读引导学生发现这一现象。以靖康之变后北宋诗词时代风格为例，可以选取这一时期几位诗人或者词人的作品让学生阅读并试着找出相同点，形成认识。还可以展示一位词人比如说李清照的作品，从一个人的作品中感受词风的变化。如李清照的三首词。

《如梦令》

尝记溪亭日暮，沉醉不知归路。兴尽晚回舟，误入藕花深处。争渡，争渡，惊起一滩鸥鹭。

《一剪梅》

红藕香残玉簟秋，轻解罗裳，独上兰舟。云中谁寄锦书来？雁字回时，月满西楼。

花自飘零水自流，一种相思，两处闲愁。此情无计可消除，才下眉头，却上心头。

《声声慢》

寻寻觅觅，冷冷清清，凄凄惨惨戚戚。乍暖还寒时候，最难将息。三杯两盏淡酒，怎敌他、晚来风急？雁过也，正伤心，却是旧时相识。

满地黄花堆积。憔悴损，如今有谁堪摘？守着窗儿，独自怎生得黑？梧桐更兼细雨，到黄昏、点点滴滴。这次第，怎一个愁字了得！

这三首词写于李清照不同的人生阶段，分别展现了其不同的生活面貌和情感。李清照 18 岁与情投意合的赵明诚结婚，夫妇诗酒唱和，共同收集整理金石文物，琴瑟和谐。而随着赵明诚的出仕远游，李清照甜蜜宁静的心弦奏出了一首首略带忧愁的望夫词，如果说是忧愁的话，那也是甜蜜的忧愁，更有夫妻双方心心相印和彼此眷顾的幸福感。除了表现对丈夫的深情，词人还表达了对自然，花鸟虫鱼的热爱，这在第二首词中也有明显的表现。

随着 1126 年金兵南侵，靖康之难的爆发，词人幸福平静的生活被打破，人生命运也发生了剧变，国破、家亡、夫死等痛苦的经历使词人心境和词境发生了重要的转变，词的风格也迥然不同。悲苦之音在词中表露无遗，如在第三首词中，此时看到昔日可能会给自己带来远人消息的大雁引发的只能是无限的伤感，雁可北飞而自己却只能流落江南，归家成梦，往日还自比黄花瘦，可如今只能感叹“憔悴损”，如果说以前的望夫词是轻奇妙丽，那么现在的生死恋歌只能给人沉重哀伤的感觉了。词人的风格由轻狂明丽变成了灰冷凝重，这是时代巨变在词人心中引起的激荡所致，所举三首词，从风格上来讲，可看出明显的不同，三首词生动地展现了她的生命历程和情感历程。

那么，李清照词中的悲苦之音在同一时期其他词人的作品中有没有？如果有，那么能不能将这一风格作为此一时期词的共同风格从而对这一时期的词有一个整体的把握呢？

再看同样经历过靖康之难的词人朱敦儒，朱敦儒少年时代是在西京洛阳畸形繁华环境中度过的，所谓“生长西都逢化日，行歌不记流年。花间相过酒家眠。乘风游二室，弄雪过三山。”（《临江仙》）行为颇为疏狂放浪，兼有狂放不羁。所谓“诗万首，酒千觞。几曾着眼看侯王”（《鹧鸪天·西都作》），这似乎是青年时期的朱敦儒的人生宣言，充分表现了对功名富贵的蔑视和笑傲王侯、狂放不羁的个性。但与李清照一样，靖康之难的巨变把他的生活既有的节奏完全打乱，朱敦儒仓皇南奔，时代的苦难、战乱年代漂泊者和逃难者的辛酸使其对民族和国家的苦难有了更深刻的认识，前期词中“且插梅花醉洛阳”（《鹧鸪天·西都作》）的飘逸潇洒不见了，曾经的“山水清都郎”（《鹧鸪天·西都作》）的词风变得凄苦忧愤，如《卜算子》写道：“旅雁向南飞，风雨群初失。饥渴辛勤两翅垂，独下寒汀立。鸥鹭苦难亲，矰缴忧相逼。云海茫茫无处归，谁听哀鸣急。”词中通过独立寒汀的孤雁哀鸣于茫茫云海的情景，淋漓尽致地写出了饥渴疲惫、生命时刻受到威胁的焦虑恐惧和无处归宿的茫然悲哀，从侧面写出了战乱时代民族的悲剧和时代的苦难。如果将朱敦儒和李清照进行比较的话，可以看出，两人的词作呈现出明显的阶段性，他们的词作从纵向的时间上来讲，可以明显地分为前后两个阶段，以 1126 年靖康之难为分界点，前期词作多与自身生活有关，由于当时北宋生活平稳、社会经济繁荣，这些词人也大多过着优哉游哉的生活，所以他们此时的词作艺术性很高。但如果按照王国维“词以境界为最上。有境界则自成高格。五代北宋之词所以独绝者在此”的判断标准，如果将“格”解释为文格、人格的话，应该说文格虽高，但由于他们的视域还没有延及到社会的底层，还没有看到底层人民的血和泪，他们的人格由于还没有受到血与火的淬炼，纵然有文格，但终究显得纤弱，境界不够博大。但一旦他们体验到了锥心之痛后，其词作也俨然境界始大，充满了人道主义的关怀，跳出了个人悲欢的世界。他们词中的悲苦之音也是时代的悲苦之音，抒发伤时念旧和怀乡悼亡的情感，表达自己在孤独生活中的浓重哀愁、孤独、惆怅，表达了时代的情绪。从文史结合的角度看，如果能够把握历史上的时间分界点，那么在某种程度上该时期诗歌作品的总体风格就可以得到把握。找到了诗歌的相似性就能减轻阅读的难度，甚至这些诗歌中的意象也可以得到分析把握。比如说“雁”这一意象，在国破家亡、漂泊无依的词人的笔下，多以“孤雁”“断雁”的悲苦形象出现。通过这些诗歌总体面貌的相似性以及这些诗歌中具有相似性的意象，学生们能够在理解的基础上直达诗歌最核心的情感。

通过不同诗人在同一时期的作品，可以总结出同一时期诗人作品的总体风貌，如果进一步缩小范围，有没有可能把这种具有明显分期特征、表现不同情感的诗作浓缩在一首词作中呢？历史总是惊人的相似，1267年元灭南宋，词人蒋捷经历了这一沧桑变故，其黍离之悲、铜驼荆棘之感，悲欢离合的个人遭遇，在《虞美人·听雨》这首词中表现得尤为充分。《虞美人·听雨》词云："少年听雨歌楼上，红烛昏罗帐。壮年听雨客舟中，江阔云低，断雁叫西风。而今听雨僧庐下，鬓已星星也。悲欢离合总无情，一任阶前点滴到天明。"这首词写出了人生少年、壮年和晚年的特殊感受，少年的追欢买笑到晚年的孤独寂寞在一首词中言简意赅地表现了出来，这种变化是时代巨变、个人际遇之变导致的，虽是个人创作，但足以代表当时词人之普遍心境。

中国诗歌数量繁多，题材多样，风格多样。文学永远是人学，"诗歌只为提供内心关照而工作"。特别是古代读圣贤书的士人，其理想具有趋同性，胸怀兼济独善之志，穷通之际，思想中儒释消长。时代的巨变之于他们的影响并由此产生的对其创作的影响也具有趋同性，通过对几首诗或词进行风格分析，再反观彼时词风或诗风，进而把握彼时词作之风格，这样就会比较容易。如果能够更进一步，找到一首能明显地反映时代阶段性分期与时代风貌的词作，这样更有利于对彼时词风的整体把握，在高中生阅读时间有限的现实面前，这样的策略在我们的诗歌教学中还是能够起到很积极的作用。

参考文献

[1] 李学勤. 十三经注疏·尚书正义[M]. 北京：北京大学出版社，1999.

[2] 王国维. 人间词话[M]. 长沙：岳麓书社，2015.

[3] 黑格尔. 美学[M]. 朱光潜，译. 北京：商务印书馆，1984.

后记：我们与语文有约

肖培东

黄昏的阳光薄薄地笼着温馨，四月的春风从不缺席，这本重庆市高中语文张学忠名师工作室教学案例集更是引我步入春光。读着一个个生动的课堂案例，想着课堂上要发生的美好细节，觉得这个安静的黄昏温暖了许多。一条路伸向远方，一群人稳健前行，那情景，解答了缠绕在心头的诸多疑问。语文教师的专业发展道路该怎么走？我们怎样才能稳稳地发展自己，阔步走进语文教学的春天？

我们要有一位好导师。

年轻时，我们都曾经是怀着热切、勇敢甚至狂妄走上讲台的。在青春激情最为勃发的年代，我们对教学、对课堂、对语文都有过属于自己的理解。站在今天的码头回望，我们会发现那些最初的理解可能是浅薄、苍白的，可是年轻的目光只愿意眺望遥远的阔大和伟岸，却看不清最近处的偏执和狭小，直到被岁月的风雨摔打出醒悟和愧疚，才知道我们需要重新回到起点，去思考我们下一次的整装待发。

导师的意义往往在这个时间点发生。一本好书打开你的心扉，一段文字洗涤你的灵魂，或者一棵树、一条河、一块地，都会用各自的语言在点化着我们，成为我们生命的背景。

当然，最重要的就是语文教学路上的恩师，他们用自己独特的方式和珍贵的品格照亮我们的人生之路，点燃我们对语文教学的热情，指明我们前行的方向，而且，他们从不对你失去信心。和所有成长中的语文老师一样，我也有过一段迷茫又自以为是的时光，蜷缩在自我的小小空间里做着关于天空和大海的梦，却从来不知道自己的每一次任性出发时，与语文的岸，不是靠近，而是远离。适时出现的导师告诉我：语文教学，要老老实实地教会学生读书；语文教学，要引领学生沉潜在文本的语言文字中，要鼓励学生到课文里去“走几个来回”；语文教学，呼唤常识回归，因为“被人们遗忘的、最基本的常识，往往能给人们带来最真实的力量”。“碧波深处有珍奇”，语文的美，在生活的细微处、在文字的罅隙中。“还须凌绝顶，莫待夕阳西”，语文教师要有一颗登高的心，不能松懈，更不能荒废时光。恩师如灯，他们的光亮，让我的内心变得笃定，也让我的语文世界变得纯粹、立体又丰富。尤其在语文教学情况日益纷乱繁杂的当下，张老师对语文教学的求实务本，就更具有照明意义和价值。语文是什么？语文应该怎样去教？语文究竟要教什么？这些看似简单的、基础的语文思考，青年教师却极易忽略。语文教学之路极易走偏，又极难纠正。语文教学的指导上，导师不会为你具体设计，而是为你打底立基，拂拭尘埃。张老师肯定不会细致渗透到学员研究的每一个环节中，但每一个学员研究的背后，都会站着他，站着朴实、纯正的语文思想。很多人的成功都离不开导师的帮助、教导和引领。他，亦师亦友。不仅仅是经师，更是人师，为你勤勉地拂拭心灵深处的尘埃，遍种语文生命的芳草与繁花。

幸运的是，这样的人，我们遇到了，而且，我们也在努力靠近。

我们要有一群好伙伴。

经验总结和教学反思、同伴互助和合作交流是教师专业成长的主要方式。非洲谚语说：“一个人可以走得很快，但不可能走得很远，只有一群人才能走得更远。”那么，怎样才能走得又快又远呢？必须得有一群志同道合又各有思想的人！

滴水汇入溪流才能奔向大海，粒土融进大地才能撑起高山。行进在生命的进程中，每个人都一样落进时间的怀抱，与我们并肩而行，不仅仅有时间，还有相互影响的思想、精神。每一个优秀的生命，既要保持独立的尊严，又脱离不开同行者的激励和抚慰。一群鸟的追逐中，会出现飞得更快的你。一片森林的挺立中，会出现站得更高的你。团队的意义就在于互相成就。只有当无数优秀的生命占据了我们生命的不同的时区，我们的时间才有了更大的价值。

而今，我们正在进入一个新的时代，这一时代具有许多过去没有不曾有过的新特点和新现象需要我们去分析和研究，而这种行为实践，是竞争也是合作。语文教学，也是如此。社会在高速发展，知识在快速更新，浩大、丰富的语文世界，更是要求我们不断更新自己的知识和教学方法。语文教师之间，存在着知识结构、智慧水平、思维方式、认知风格等方面的重大差异，教学内容处理、教学方法的选择、教学整体设计等各有不同。语文教学本身就很讲究个性，那么，融在一个美好的团队里，共同分享经验，相互学习、相互碰撞、相互启发、相互补充，就更容易实现彼此支持、共同成长的美好愿景。阅读此书，我们读到的是一个团队的智慧与力量、思想与气质。这些文章或深刻、或简单，或踏实、或灵动，彰显着一群爱语文的年轻人的心智和情怀。厚重是他们的，浅显也是他们的，精致是他们的，粗糙也是他们的。他们敢于用课堂袒露自己，敢于用教学证明自己。身体上的远行有利于思考，精神上的远行则有利于升华，更何况是这样有趣、生动又有灵魂的一群人在一起前行。我每读一个案例，都有这样一种感觉：我不是在和一个具体的老师对话，我是在和一个团队做交流，他们一起阐释，共同解说，决不让一人落单，甚至辩驳都充满着团队的力量。我能窥探到的，是他们，而不仅仅是他，包括他们的优点和缺点、长处和短板。这个世界最成功的前进，不是单枪匹马的，而是合作的、共同的、一致的。

幸福的是，这样的事，我们遇到了，而且，我们也努力参与其中。

最关键的，要有一颗赤子心。

为人师者，当永存赤子之心。赤子之心，就是指具有婴儿一样的纯洁无瑕的心。教师，是派往孩童世界的使者，他就应该让自己经常维持像孩子一般纯洁的心灵，以天真诚挚的心情去创作他的教学作品。这赤子之心，是童心、是爱心、是恒心、是专心、是真心、是好奇心、是纯净与天然的心，是人类共同的精神故乡，是每一个人都曾经拥有或试图拥有的精神泉源。

有了这样的心，我们才会拥有对教师这个神圣的职业的奉献和热爱，才愿意把自己彻底、纯粹地融入学生的世界中去，才能在当前的背景下坚持职业的操守，享受职业的独特快乐。苏霍姆林斯基说：“童心使我们能够和孩子融为一体。”罗兰说：“一切最美好的都由于它是最真挚的。稍稍有一点流于造作，那价值就降低了。”保持一颗赤子心，把自己变成一个孩童，这是教师职业最基本的素质之一，是教师对学生、